安徽省高校“十一五”省级规划教材

当代旅游学规划教程

旅游经济学

LUYOU JINGJIXUE

赵士德 主编

罗　明　万立军 副主编

合肥工业大学出版社

图书在版编目(CIP)数据

旅游经济学/赵士德主编.—合肥:合肥工业大学出版社,2009.4

(当代旅游学规划教程)

ISBN 978-7-81093-859-4

Ⅰ.旅… Ⅱ.赵… Ⅲ.旅游经济学—高等学校—教材 Ⅳ.F590

中国版本图书馆 CIP 数据核字(2009)第 006295 号

旅游经济学

赵士德 主编　　责任编辑 朱移山

出　版	合肥工业大学出版社	版　次	2009 年 4 月第 1 版
地　址	合肥市屯溪路 193 号	印　次	2009 年 4 月第 1 次印刷
邮　编	230009	开　本	710 毫米×1000 毫米 1/16
电　话	总编室:0551—2903038	印　张	19.5
	发行部:0551—2903198	字　数	328 千字
网　址	www.hfutpress.com.cn	印　刷	合肥学苑印务有限公司
E-mail	press@hfutpress.com.cn	发　行	全国新华书店

ISBN 978-7-81093-859-4　　定价:30.00 元

总 序

随着世界经济快速发展，国际交往日益频繁，现代大众化旅游时代的到来，旅游日益成为文明社会人们重要的生活方式和社会经济活动。据联合国旅游组织预测，到2010年，全球旅游者人数将达到100亿人次，其中国际旅游者将达到10亿人次；到2020年，全球旅游者人数将达到160亿人次，其中国际旅游者将达到16亿人次，旅游业已经成为世界经济中产业规模最大和发展势头最强劲的产业。作为21世纪的"朝阳产业"，世界各国、各地区都纷纷把旅游业作为经济发展的先导产业和重点产业。

我国旅游业在20多年的发展历程中，取得了令人瞩目的成就，由传统的政府接待型转变成国民经济新的增长点，并由过去单一的观光型旅游发展为集观光、商务、会展等多功能于一体的复合型旅游产业。今天，我国旅游业的综合实力已居世界第五。据世界旅游组织预测：到2015年，中国将成为世界第一大旅游接待国和第四大旅游出境国；国际旅游专家们预测："21世纪，中国将成为世界主要的旅游中心。"

我国旅游业持续快速的发展，既依托于旅游教育整体水平的提高，也有力地推动了旅游教育的迅速发展。旅游教育在旅游业发展中发挥着越来越重要的作用，目前我国已形成以研究生、本科、高等职业专科、中等职业专科等多层面全方位旅游教育体系，旅游教育的发展也呼吁高层次、高水平的旅游教材，以满足不断发展的旅游人才培训学习的需要。

为了提高旅游管理专业人才培养的效益和水平，黄山学院旅游学院在积累自身丰富的教学科研和从业实践经验基础上，并充分吸取前人及当今业内人士优秀的探索成果，组织编写了这套面向世界旅游发展的旅游管理系列规划教材。

随着我国旅游事业的快速发展，旅游管理的思想和理念也发生了深刻变化。此套教材的编写更加突出教材的时代先进性、实用性和创新性。先进性，是指系列教材采用最新的世界旅游数据、全面反映现代旅游管理的最新发展状况，多角度透视旅游管理这一特殊的社会和经济现象，具有一定专业前瞻性；实用性，是指该教材在全国旅游业专家和业内人士的关心和指导下，具有较强的可读性和自学指导性，既有理论阐述，又有案例剖析，注重方法的训练和技能的培养；创新性，是指系列教材既注重历史经典的传承又关注当代及未来旅游研究的最新成果，把普及与提高、理论与实践有机的、系统的融合起来，突出教材的创新性。

我期待这套教材能满足旅游高等教育及旅游从业者技能及素质提高的迫切需求，为实现我国向世界旅游强国目标的跨越而贡献一份力量。同时这套教材的诞生得到了各位作者及合肥工业大学出版社的大力支持，在此谨向他们表示最诚挚的感谢，正是他们的努力为缩小旅游教育与企业之间的差距做了十分有意义的尝试。

胡善风

2008 年春于黄山

目 录

第一章 导 论

随着世界经济的发展和人们生活水平的提高，旅游已经成为人们休闲度假的主要方式之一。旅游业的发展不仅给许多国家提供了大量的就业机会，而且还为它们带来丰厚的外汇收入，因此，旅游业日益引起各国政府的重视。据世界旅游和旅行理事会（WTTC）消息，世界旅游业正迎来高速发展期，2005 年全球旅游业的收入预计将达到 60210 亿美元，占全球生产总值的 10%，从业人员达 2. 21 亿。2015 年，世界旅游业的收入将增至 107000 亿美元，从业人数将扩大至 2. 7 亿。在 21 世纪的社会经济发展中，旅游业已成为现代经济中的“朝阳产业”，并展现出良好的发展势头。随着旅游业的快速发展，要求旅游经济理论不断完善和发展，需要大量通晓旅游经济理论和业务知识的专门人才。

一种社会现象能否成为研究者所关注的问题，在一定程度上取决于这种现象表现的时间维度以及它对社会经济发展的影响。研究者的兴趣随着社会现象对社会经济及人们生活的影响程度增加而增加。因此，社会科学研究往往是同研究领域或者研究对象的实践过程相联系的。与其他社会科学一样，旅游学科研究也是同旅游实践发展过程及其阶段性相联系的。从世界范围来看，旅游作为工业化阶段所形成的一种社会现象，其独立性始于近代。与旅游实践发展的历史相对应，有关旅游现象的研究也仅仅只有百年的历史，各项研究工作还是初步的，处于一个发展过程之中。作为研究旅游现象的经济学科，与一般经济学相比较，无论从研究方法、研究范式、理论框架，还是现象概括以及规律总结，都存在明显的差距和不足。因此可以说，到目前为止，旅游经济学科还处于一个初级认识和讨论阶段。

第一节　旅游经济活动概述

一、旅游活动与旅游经济活动

旅游活动早在古代便已出现，而旅游经济活动则是商品经济高度发展的产物。从旅游活动形成和发展的历史过程看，旅游最初只是少数人的活动，仅限于帝王、皇室成员、贵族及特权阶层，由于当时生产力水平很低，交通运输条件较差，旅游活动得以产生的物质条件尚不具备。因此，旅游最初表现为一种社会文化活动，其经济属性很少。

直到19世纪上半叶，随着资本主义登上历史舞台，商品经济迅速发展，全球市场逐步形成，社会生产力大幅度提高，产生了一大批新兴资产阶级，他们有足够的财富与闲暇时间，可以经常外出旅游，因而成为当时商务旅游和度假旅游的主要推动者和组成者。由此，旅游经济活动的需求要素基本形成。

作为旅游经济活动另一要素的旅游供给，在英国产业革命和世界经济浪潮的推动下，以前所未有的速度发展。在欧美一些国家，成立了专门为满足游客需要、以获取利润为目的的旅游经营行业，如餐饮业、旅馆业、交通运输业等，它们构成了最初的旅游供给体系。对旅游发展有决定意义的组织形式——旅行社则创建于19世纪中叶，旅行社作为旅游供给体系中的核心成员，将各自独立存在的旅游双方联起来，旅游活动开始呈现有组织、有计划的特点，旅游产业的进一步演进成为可能。

旅游经济活动是在旅游活动和商品经济发展到一定程度时萌生的，是在旅游供给与旅游需求的相互运动中完成的。可以设想，旅游者在外出旅游的过程中会不可避免地产生各种各样的需要，具体包括食、住、行、游、购、娱等，这必然会形成相当程度的商品与货币交换关系。首先，旅游者为满足旅游活动中的各种需要，必须支付一定数量的货币购买旅游产品，而旅游供给者则要投入大量的资金和人力，用来开发旅游资源，建造旅游设施，组织旅游服务，然后才能将旅游产品按一定的价格出售给旅游者。旅游供给与旅游需求的交换以价值为基础，以价格的形式在旅游市场上实现。由此可见，旅游经济活动是商品经济发展的结果，它本质上反映了旅游需求者与旅游供给者之间通过商品交换发生的经济联系，是这些联系所产生的经济现象和经济关系的总和。

通过商品交换关系进行的旅游活动，就是旅游经济活动。随着世界范围内旅游活动的兴起，参与旅游活动的人越来越多，旅游者的活动范围不断扩大，旅游活动中的商品交换关系不断拓展，旅游业也逐渐成为世界上的最大产业。

[小资料]

旅游业对美国经济的贡献

·美国在1992年用于旅游服务上的消费达到3618亿美元，其中，国内旅游消费占85%，国际旅游消费占15%。

·1993年美国旅游消费额为3970亿美元。

·1993年美国从4600万国际旅游者身上获取了750亿美元的收入，而同期4500万美国人到国外旅行只花去了530亿美元，创造了220亿美元的“旅游贸易”顺差。

·旅游业在美国的GNP中占6%，列第三，仅次于汽车业和食品业。

·1992年，有600万美国人直接从事旅游工作，使之成为雇佣劳动力最多的第二大行业，仅次于卫生服务业。旅游业就业人数在过去的10年中增加56.3%，高于平均增长率的一倍。

·1992年，旅游业产生的工资收入为992万美元，是全国钢铁和制造业工资收入总和的4倍。

·联邦政府、州和地方在1992年从旅游消费中征得的税收为516亿美元。

旅游业对中国经济的贡献

根据世界旅游及旅行理事会（WTTC）的研究，旅游及旅行业在促进中国及世界未来经济和社会发展方面有着巨大的经济潜力。2004年中国旅游及旅行业创造了1360万个直接就业岗位，其对GDP贡献为2892亿元。

WTTC的报告指出，中国未来10年旅游及旅行业前景十分乐观。截至2013年旅游及旅行业年增长率将达10.9%，2013年旅游及旅行业GDP贡献将达8446亿元。2013年旅游及旅行业每年直接就业将达1610万个工作岗位。

WTTC的总裁让·克劳德·鲍歌腾说：“我们认为中国将成为全世界前所未有的旅游经济大国。中国政府将为满足这种消费需求奠定基础，促进交通网络和基础设施的发展以及旅游目的地的规划和建设。”

二、旅游经济活动的特征

现代旅游经济活动具有以下四大特征：

（一）旅游经济活动的大众性

现代旅游的一个重要特征，就是旅游不再是少数富有阶层的特权，大众旅游成为旅游经济活动的主体。我国国内旅游的抽样调查结果可以反映这种大众性，1997 年，我国国内旅游人数为 6.44 亿人次，国内旅游收入达 2112 亿元人民币。

（二）旅游经济活动的全球性

现代旅游不再局限于一国之内，其触角不仅遍布发达国家或地区，而且还向全世界延伸。国家疆界与地区范围的突破，使旅游经济活动表现全球性的特征。与此相应，世界或洲际性的旅游组织如 PATA（Pacific Asia Travel Association）、WTO（World Tourism Organization）和 WLRA（World Leisure and Recreation Association）等也相继成立。

（三）经济活动的综合性

旅游经济活动是一种包括吃、住、行、游、购、娱在内的综合性活动，相对于旅游消费的综合性，旅游供给也表现出综合性的特点，旅游产业既包括旅行社、饭店等核心行业，也包括交通、文物、园林、商业等相关行业。

（四）旅游经济活动的特殊性

与一般的商品经济活动一样，旅游经济活动即旅游产品的交换过程也是由购买环节与销售环节组成的，但旅游产品的交换并不引起产品的移动，而是旅游者产生了购买动机后，通过自身的移动实现对旅游产品的消费，旅游产品交换也不发生产品所有权的转移，而是旅游者对旅游产品具有暂时的使用权。旅行社出现以后，旅游产品的购销分为两个相对独立的环节，旅游产品可以一次组合、多次销售，所有权始终掌握在经营者手中，而使用权却可以多次转移，由此形成旅游经济活动中旅游产品不移动、旅游产品的所有权和使用权相分离的特殊性。

三、旅游经济活动对社会发展影响

（一）旅游经济活动对政治的影响

旅游经济的发展，不仅对经济具有影响作用，而且对国际政治及国内政治均产生相应的影响及作用。从国内情况看，追求生活质量的提高是每一个国家的任务，而旅游经济的发展就在于创造了一种高质量的生活方式及内容，是物质文明和精神文明的结合。因此，大力发展国内旅游，使人民通过旅游活动而开拓眼界、敞开胸怀，更多地了解国家和民族状况，不仅有利于提高人们的爱国心和民族自豪感，而且使人们的身心健康也得到发展，从而提高整个民族的素质，促进政治的开放和民主。从国际上看，通过国际旅游活动，一方面可以增进旅游者对旅游接待国的认识和了解，澄清一些不正确的信息传播，提高旅游接待国在国际上的地位、知名度及影响；另一方面，旅游接待国也借此机会增进对世界各国的了解，宣传自己的政治立场及观点，从而加深了国家之间、人民之间的友谊。从对国际政治影响看，旅游经济的发展一般是以比较成熟的外交条件为基础的。如果国家之间没有建立外交关系，没有航空条约，通常是很难开展国际旅游业务的。因为，在跨国旅游中有关出入签证、外币兑换、人身保险、交通运输及保护本国公民的合法权益等问题都需要通过政府外交途径来解决。所以，国际旅游实际上相当于一种“准外交活动”，其在促进各国人民的相互了解及对世界的共同认识，在协调国家关系，缓和国际危机，以及争取世界和平方面都具有积极的促进作用。

（二）旅游经济活动对经济的影响

1. 增加外汇收入。获取外汇的途径主要有两种：一是通过对外贸易获得外汇；二是通过非贸易途径获得外汇。在新的贸易保护主义的背景下，旅游业以较低的换汇成本（约为一般贸易成本的2/3）和较高的换汇率，成为非贸易外汇收入的重要来源。又由于旅游业提供的主要是劳务性产品，因而消耗的物质产品相对较少，这对于发展中国家来说，具有重要的现实意义。通过旅游活动换取的外汇，在弥补外贸逆差、平衡国际收支方面发挥着越来越大的作用。

2. 加快货币回笼。就我国而言，货币回笼的主要渠道有商品回笼、财政回笼、信贷回笼、服务回笼等。在国家物质生产能力有限、消费的结构性矛盾突出的情况下，依靠商品回笼货币的能力显然是有限的。信贷回笼固然能在经济过热时缓解市场的供求矛盾，但仍然存在随时变成购买力冲击市场的可能。因此，转移人们的购买意向，鼓励人们多消费服务产品，则成为必要的货币回笼渠道。旅游货币回笼，是通过旅游接待服务收费，将旅游者多余的货币转归旅游经营单位，然后回笼到国家银行，实现了社会多余货币所有权的转移。资料表明，1998 年，我国国内旅游总人次数达 6. 94 亿人次，回笼货币 2391. 18

亿元人民币，这无疑给我国的经济建设积累了大量的资金。随着人们收入的增多和消费水平的提高，将会有更多的人把可自由支配的收入用于旅游活动。

3. 扩大就业机会。旅游业属于综合性的劳动密集型产业，它的发展可以带动其他产业的发展。根据世界旅游组织的测算，旅游资源丰富的第三世界国家，如果增加的旅游收入同为3万美元，将增加2个直接就业机会和5个间接就业机会。在我国，由于劳动力成本较低，旅游业吸纳劳动力就业的比例将会更高一些。因此发展旅游业可以大量增加直接从业人员和间接从业人员。

4. 带动相关产业的发展。发展旅游业能够直接或间接地带动或促进交通、金融、邮电、饮食服务、商业等相关行业的发展，使第三产业在国民经济中的比重加大。据有关人士测算，在我国，旅游业每收入1美元，第三产业则相应增加10.7美元。

5. 促进地区经济繁荣。国际旅游可以使物质财富从客源国转移到接待国，使国际财富在不同国家之间再分配，国内旅游则可以使社会财富在不同地区之间再分配，通过旅游者的流动，刺激各地旅游业的发展，进而推动各地区的发展，促进各地区的经济繁荣，缩小地区之间的经济差别。

6. 促进国际交流与国家稳定。通过旅游者的流动，可以加深世界各国人民之间的相互了解，增加国民的爱国意识，开拓人们的视野，提高人们的综合素质，从而对国家稳定与世界和平产生积极影响。

旅游对接待国的社会文化、社会环境、生活方式、价值观念和道德水准会产生一定的影响，如果政策得当，则有利于接待国民族文化的发掘与发展，有利于接待国资源开发与生态环境的相互促进，还可以改善当地居民的生活方式，提高其道德水平，尤其对落后国家和地区的现代文化进程具有显著的推动作用。

（三）旅游经济活动对文化的影响

文化是人类在社会发展过程中所创造的全部物质财富和精神财富的总和。文化作为一种社会现象，是以一定的物质基础为前提的，其内容随社会物质生产的发展而发展，具有很大的内涵性，以至有人认为：人类社会的发展实质上是一种文化的变迁。因此，旅游经济的发展必然与文化产生密切的关联性。一方面，旅游经济活动中的各个过程及内容，无一不是与文化的接触，有旅游就必然有文化，文化是旅游业发展的基础；另一方面，旅游活动是一种流动的活动，是一种文化与另一种文化的交流过程。随着旅游者的流动，就为不同的社会群体及民族文化的接触和交流创造了良好的条件，因而旅游经济的发展过程，也就是世界各个民族文化频繁交流的过程。

旅游对文化的影响及作用，主要表现在：一是旅游经济的发展促使民族优秀的传统文化得到发掘、振兴和光大。在旅游经济活动中，旅游者神往的是各民族独特的文化，它是各国发展旅游业必须珍重并充分利用的旅游资源。许多趋向于衰退和消失的优秀传统文化，只有在旅游的发展中才能重新复活并被振兴和光大；二是旅游经济的发展促使民族文化的个性更加突出。现代文明的发展，促使世界各民族文化的交流，在文化交流中必然有选择和淘汰。旅游经济活动是推动世界各民族文化交流中最广泛、最深刻的方式。在旅游中，通过各种物质文化、非物质文化及语言的广泛交流，使民族文化的精华得到锤炼、保留及发扬，而落后的东西则将逐步淘汰，使各民族文化的个性更加突出，又增强了民族文化特色对旅游者的吸引力；三是旅游经济的发展促进了整个人类精神的进步。通过旅游交往来了解其他国家和人民，是文化交流的重要途径。因此，旅游经济的发展有利于世界文化的共同发展，有利于促进整个人类精神文明的进步。因为，旅游经济活动促使各国人民具有国际观念和开放意识，增强了人们对经济改革与发展的紧迫感，加深了各国人民之间的相互了解与友谊，促进了国家之间科技、文化的交流，等等，这些都从不同角度促进了整个世界文明的进步。

但是，旅游经济发展对文化也有一定的消极影响。一方面，随着外国旅游者带来的外来文化的冲击，可能会造成民族自卑心理的滋生和发展，可能使优秀珍贵的民族文化发生蜕变、甚至消退，可能带来一些腐朽的生活方式，等等，从而使民族文化的健康发展受到冲击；另一方面，适应旅游经济发展的要求，会使许多优秀的传统文化变成一种商业性的娱乐内容，从而失去其原有文化蕴含的特色及内容，并促使一些优秀传统文化的实质发生改变。总之，旅游经济与文化是相辅相成的，从文化角度看，旅游经济也是一种文化现象。因此，在发展旅游经济的同时，必须对民族文化进行分析，以促使民族文化的特色及精华能随旅游经济的发展而发展。

（四）旅游经济活动对环境的影响

旅游经济的发展促进了国民经济的发展，使世界上许多国家竞相大力发展旅游业，并促使各国重视对旅游资源及生态环境的保护，以实现可持续旅游发展。例如，国际、国内进行的各种世界遗产保护、自然保护区、风景名胜区、历史文物的评级和保护，既保护了人类社会的生存环境、优秀文化遗产，又为旅游经济的发展提供了丰富的内容。但是，旅游业的发展也带来了一系列生态破坏、环境恶化的情况。例如，泰国著名旅游风景区帕蒂亚海滩，曾是诗一般的秀丽，而今到处充斥着游客丢下的各种垃圾，大量的排泄物使海水也受到污染；世界登山圣地喜马拉雅山，由于大量的登山者的光顾，而失去昔日“纯洁”的形象；埃及的金字塔及狮身人面像，在许多游客的不文明行为下正遭受着侵蚀性的破坏；中国的故宫由于数以万计的游客参观和游览，使宫墙受损，各种走道、门槛变得坑坑洼洼；一些原始森林因旅游开发而遭破坏。总之，旅游业的发展，对环境造成的破坏性影响也是突出的。

旅游经济发展对环境的不良影响主要表现在：一是旅游产品生产过程所造成的不良影响，如自然景观的破坏，原始森林的砍伐，各种污染物的排放等；二是旅游活动过程中的破坏，如旅游者排放的各种垃圾，各种车辆、运输工具排放的废气、噪音等；游客的过多而造成的人为破坏，交通拥塞等。因此，发展旅游经济必须同保护环境协调起来。通过对环境的保护，为发展旅游业创造更好的条件；通过发展旅游业，改善环境，提高环境的美感，从而把发展旅游经济和保护旅游资源、旅游环境有机统一起来，达到既发展旅游经济，又保护环境的目的。

（五）旅游经济活动对社会行为的影响

旅游经济发展对社会的影响，主要是指对旅游接待国社会的影响。当旅游经济活动发生时，旅游者和旅游接待国人们之间就发生接触并产生一种特殊的社会关系。一方面，旅游者，在一个非平常生活的地方，正沉浸于各种新鲜感受之中，因而精神放松，情绪良好，花费随意大方；另一方面，作为旅游接待国的服务人员通常是固定的，他们大部分时间是为满足游客的需求而提供各种服务，因而他们只是日复一日地重复相同内容的工作。正是由于这种特殊的社会关系，使旅游经济对社会形成不同的影响及作用。

首先，从其对国际社会的影响看，大规模的旅游经济活动，使社会信息得到充分地交流，从而传播了现代文明，促进了各种社会关系的协调及进步。即使是一些非常落后的国家，也因旅游经济发展的影响而不得不打破陈腐的观念及限制，实行对外开放的政策，接受现代文明的洗礼，从而推动了整个人类社会的进步。其次，从其对国内社会的影响看，外国旅游者进入旅游接待国的影响表现在：一是通过旅游者的“示范效应”，引起旅游接待国价值观念和道德准则的变化，如对生活方式的看法，对人生价值标准的转变等；二是引起旅游接待国社会结构的变化，特别是由于旅游业收入较高，女性就业率较高等特点，使旅游接待国的就业结构发生相应变化；三是引起旅游接待国生活方式的变化，特别是青年人受到国外旅游者的“示范”，有些人可能从中受到鼓励，而努力向上，成为社会中富有朝气的人才，也有些人可能更注重外国人的衣着及日用品，从而在生活消费方式上发生改变；四是引起社会环境的改善，例如在交通条件、住宿设施、餐饮特色，乃至个人安全等方面都促使旅游接待国必须加以改善，才能满足国外旅游者的需求。

但是，旅游经济的发展对旅游接待国也会产生一些消极的社会影响。例如，旅游业把过多的基础设施和良好的旅游条件提供给国外旅游者消费，使国内人民产生不平等的社会心理；而国外旅游者的挥霍消费，把富裕展现于贫穷之中，造成人们价值准则、心理压力的影响；国外一些不健康的思想、行为的渗入，造成一些令人不满的社会行为。总之，旅游经济发展对旅游接待国的社会影响是多方面的，有些是可见的、显在的，但有些也是潜移默化的；有些是积极的，但有些也是消极的。因此，要注意分析和研究，制定正确的对策和措施，促使旅游业健康地发展。

第二节 旅游经济学的产生与发展

任何一门学科的形成，都是人类社会发展到一定历史阶段的产物，是对人们社会实践活动的概括和总结。旅游经济学是伴随着旅游经济的产生和发展而形成的一门新兴学科，是对旅游经济活动的理论概括和总结。

一、国际旅游经济学的产生与发展

1840 年托马斯·库克在英国创建旅行社以后，其他一些旅行社在欧洲和北美相继成立，推动了旅游活动的迅速发展。在社会经济现实的影响下，19 世纪末到 20 世纪初，欧洲成为旅游经济学研究的发源地。1883 年斯达内［奥］提出旅游业是一种为外国参观者服务的经济活动；1885 年巴博［法］发表《从文艺复兴到大革命以来在法国的旅行者》的总结；1898 年博迪奥［意］（L. Bodio）《在意大利的外国人的流动及其消耗费用》被认为是旅游经济学的发端；1903 年阿芒加尔［西］发表《外国人的产业》；1909 年贝兰［西］发表《在西班牙发展旅游业所产生的重大效益》；1923 年尼切福罗［意］发表《关于在意大利的外国人流动》；1926 年贝尼尼［意］发表《关于游客的移动计算方法的改进》，随着旅游经济活动的发展，系统性的研究成果陆续出现：

1927 年意大利罗马大学讲师马里奥蒂（A. Mariotti）出版《旅游经济讲义》及其续编；1931 年博尔曼［德］（A. Bormann）发表《旅游论》，认为"旅游论的所属是经济学"；同年，诺威尔［英］（A. Norval）出版《旅游业》，首次系统研究旅游业；1933 年奥格威尔［英］出版《旅游活动》，对旅游者流动规律进行统计分析并从经济学角度给旅游者下了定义；1935 年德国柏林大学的格里克斯曼（R. Glucksmann）出版《一般旅游论》，从经济和社会等方面对旅游进行研究。

二战后的和平稳定和经济复苏，促使旅游经济研究与旅游经济活动一样进一步拓展。在 1960 年之前的旅游研究，主要是从经济学角度，所以多是旅游经济学方面的著作。1960 年以来，国际旅游得到更大发展，旅游经济研究也进一步繁荣。除各种国际旅游刊物刊登旅游经济研究论文外，1995 年专门的旅游经济学期刊 Tourism Economics 创刊。

二、中国旅游经济学的产生与发展

改革开放以后，旅游业的发展亟需理论的指导和借鉴，国外的一些旅游经济研究成果陆续被翻译介绍进来。如：日本田中喜一的《观光事业论》；美国迈克尔·彼德斯的《国际旅游业》；英国伯卡特和梅德里克的《旅游业的过去、现在和未来》；原南斯拉夫翁科维奇的《旅游经济学》；美国伦德博格的《旅游业》；美国华裔学者朱卓任的《旅游业》；法国弗朗索瓦·韦拉的《国际旅游经济与政策》，等等。1980 年，有学者发表了《建立适合我国实际的旅游经济学科》的建议，在此前后相继开办旅游专业教育的院系都在教学计划中安排了旅游经济学课程。1982 年，北京旅游学院王立纲和刘世杰合编的《中国旅游经济学》出版。1985 年，开设旅游专业的几个院校联合编写了《旅游经济学》教材在校内使用。同年，上海社会科学出版社出版了黄辉实编著的《旅游经济学》。1986 年，著名经济学家孙尚清教授主持"中国旅游经济发展战略"研究被列入国家哲学社会科学"七五"重点课题；1990 年该项目主要子课题报告《中国旅游经济研究》结集出版。1992 年该项目总报告《面对 21 世纪的选择——中国旅游经济发展战略》进一步系统整理了研究成果，对旅游经济学理论的探索更加深入。

改革开放以来我国旅游经济学的发展主要从三个层面展开：旅游经济发展现实促使形成大量研究分析；旅游行政部门进行政策研究和工作总结；教育机构编写教科书；旅游专业期刊和其他相关学科刊物以及出版社为旅游经济学成果的发表提供阵地和条件；1990 年后期以来在理论探索和实际应用方面的深度和广度都在不断拓展。

第三节 旅游经济学研究的对象和内容

一、旅游经济学的研究对象

各门科学都有各自不同的矛盾规定性，从而决定了不同的科学有各自不同的研究对象。因此，对于某一现象的领域所特有的某一种矛盾的研究，就构成某一门科学的研究对象。由于旅游经济活动过程中总是存在着旅游需求与旅游供给的主要矛盾及由此而产生的各种矛盾，因而旅游经济学就是要揭示旅游经济活动过程中的内在规律及其运行机制，以便能有效地指导旅游工作实践，促进旅游业持续、协调地发展。具体讲，旅游经济学的研究对象和任务主要有以下几方面：

（一）旅游经济学研究旅游经济的形成过程及规律

旅游经济是伴随着旅游活动的发展而形成的。旅游活动是人类社会发展到一定阶段的产物，是商品生产和交换发展的必然结果。因此，旅游经济学研究的首要任务就是要分析旅游经济的形成条件，揭示其商品化过程的客观规律性，以及其在社会经济发展中的作用和影响。

（二）旅游经济学研究旅游经济运行的机制及实现条件

旅游经济运行是旅游活动在经济领域的表现，而贯穿旅游经济运行的主要矛盾是旅游需求与旅游供给的矛盾，它决定了旅游经济运行中其他一切矛盾。因此，旅游经济学的研究应以分析旅游需求和旅游供给的形成、变化及矛盾运动入手，揭示旅游经济运行的内在机制，分析旅游供求平衡的实现条件，为旅游经济有效运行和顺利实现提供科学的理论指导。

（三）旅游经济学研究旅游经济活动的成果及实现状况

在旅游经济活动过程中，不同的参与者（如旅游者、旅游经营者）有不同的目标和要求，因而旅游经济活动是否有成效就看其达到各参与者的目标的状况，简言之，就是旅游经济活动的效益。这些效益主要体现在三方面：一是旅游经济活动是否满足了旅游者的需求，从而需要对旅游者的消费进行分析和研究；二是旅游经济活动是否满足了旅游经营者的需求，从而需要对旅游经营者的收入和分配进行研究；三是旅游经济活动是否满足了旅游目的国或地区的需求，从而要求对旅游经济活动的宏观效益和微观效益进行综合地分析研究。

（四）旅游经济学研究旅游经济的地位及发展条件

旅游经济是国民经济的有机组成部分，在国民经济中占有十分重要的地位，旅游经济的形成和发展必须以整个社会的经济发展为基础，同时旅游经济的发展又对社会经济、文化及环境产生重要的影响。因此，必须研究旅游经济与社会经济各产业、部门间的相互联系，从整个社会的角度为旅游经济的发展创造良好的条件，以促进旅游经济健康、快速、持续地发展。

旅游学虽然还年轻，但作为一门在科学殿堂占有一席之地的学科，有其特定的研究领域和研究对象。旅游学是研究旅游以及旅游业的发展历史和运动规律的科学。旅游活动及与旅游活动有关的一切有特殊规律的现象，就是旅游学研究的对象。旅游是由旅游主体、旅游客体和旅游媒体三个基本要素构成的。旅游主体即动态的人，如旅游者；旅游客体即旅游的对象及相配套的设施与服务，如旅游景点、旅游饭店等；旅游媒体即旅游主体向旅游客体移动所依赖的组织、手段、方法和信息，如旅行社等。现代意义上的旅游业，是建立在旅游客体和旅游媒体基础上的。即使旅游者去观赏自然天成的原始旅游资源，也离不开旅游业为之提供的服务。旅游主体、旅游客体和旅游媒体三者的联系与运动就产生了旅游活动。旅游学就是研究旅游活动的各要素以及各要素之间的相互关系，研究其产生、发展及运行的最一般的规律。

二、旅游经济学的研究内容

旅游经济学研究的目的是通过对旅游经济活动过程中各种经济现象和经济规律的研究，揭示影响和作用于旅游经济活动的基本因素和经济关系，探索支配旅游经济运行的内在机制和规律性，寻求获取旅游经济效益、社会效益及环境效益的最佳途径，并为各级政府制定旅游业发展规划及各项方针、政策和法规提供理论依据。为达到上述研究目的，旅游经济学的研究内容主要有以下几方面：

（一）旅游经济的形成及产业标志

旅游经济是社会生产力发展到一定历史阶段的产物，是国民经济的有机组成部分。因此，研究旅游经济学首先应明确旅游经济的形成及发展特点，明确旅游经济产业的性质及主要标志，并从社会经济发展的角度把握旅游经济在国民经济中的重要地位，以及其对社会、文化和生态环境的作用和影响。

（二）旅游产品的开发及供求关系

旅游经济活动是以旅游产品的需求和供给为出发点的，但由于旅游产品具有不同于其他物质产品的属性和特点，因而必须研究旅游产品的科学涵义及构成，把握旅游产品的市场寿命周期，并根据旅游产品的市场供求及影响因素，制定合理的旅游产品开发策略，实现旅游产品的供求平衡等。

（三）旅游产品的市场开拓及销售

旅游产品的供给和销售离不开旅游市场。因此，必须加强对旅游市场的研究，掌握不同分类市场的特点及竞争态势，采取合适的市场开拓策略；遵循价值规律的要求，对旅游产品的价格进行合理地分类，掌握各种科学的定价方法和策略，促进旅游产品的销售。

（四）旅游产品的消费及合理化

旅游产品的消费是旅游经济活动的重要环节。由于旅游产品的特殊性，使旅游消费直接表现为旅游经济活动过程之中的现实消费。因此，必须研究旅游者的消费倾向、消费行为和消费结构，探寻旅游消费的合理化途径，以实现旅游者消费的最大满足。

（五）旅游产品的经营成本及效益

追求旅游经济效益是旅游经营者从事旅游经营活动的主要目标，也是旅游目的地国家发展旅游业的基本目标之一。因此，要研究旅游的经营成本及投资，研究旅游的收入及分配，研究旅游的效益指标体系，并通过对旅游经济宏观和微观的效益分析，对旅游经济效益的实现作出合理的评价。

（七）旅游经济结构及发展

旅游经济不仅研究旅游经济现象及其运行机制，还要研究旅游经济活动中各种经济关系，它们对旅游经济的发展会从不同方面产生影响。因此，要研究旅游产品结构、产业结构、地区结构，以寻求旅游经济结构的合理化；要研究旅游业管理体制及制度、法规建设，以加强旅游业的行业管理；要研究旅游经济的发展格局和发展模式，以探寻促进中国旅游经济发展的最佳模式。

第四节　旅游经济学的研究方法

旅游经济学作为一门新兴学科，具有一套适合自己的研究方法。归纳起来，主要有如下几个方面：

一、理论与实际相结合的方法

旅游经济学在长期旅游实践活动基础上产生，反过来又服务于旅游实践。旅游经济学既有丰富的理论内涵，又是一门实践性很强的学科。因此，理论联系实际，是学习和研究旅游经济学的基本原则。

结合实际研究旅游经济，可以采用这样一些方法：（1）观察法，即留心观察形形色色的旅游者的各不相同的行为方式，以及影响旅游经济活动的其他各种因素；（2）个案法，即通过对单个案例在一段时间内进行连续跟踪和调查，来探寻旅游经济活动的规律；（3）模式分析法，即通过对一些典型地区旅游经济发展的经验的分析，寻找并建立旅游经济发展的某种模式；（4）社会调查与统计法，即通过抽样调查或收集旅游统计资料，分析旅游经济现象和旅游市场的变化规律。

二、定性分析与定量分析相结合的方法

一方面，对旅游经济学中的许多范畴都具有质的规定性，才能区别各种不同的旅游经济现象；另一方面，旅游经济的许多范畴同时又具有量的规定性，如旅游产品、旅游需求、旅游供给、旅游经济效益，等等。因此，在旅游经济学的研究和学习中，必须把定性分析与定量分析有机结合起来，通过定量分析揭示各种旅游现象之间的变动关系及发展趋势，为定性分析提供科学的依据；通过定性分析，准确界定事物的本质和属性，为定量分析提供指导，从而达到事物的质和量的统一，促进旅游经济的持续发展。

三、微观分析与宏观分析、中观分析相结合的方法

微观分析主要是描述旅游个体经济成分如何进行选择的科学。微观分析可以说明，一旦影响个体经济单位行为的因素发生变化，个体经济单位的行为以及受其行为影响的经济将发生什么样的变化。

宏观分析主要是从整个旅游地角度研究旅游经济的运行状况和质量，它研究旅游经济体系的整体功能和发展，分析各种宏观因素变化对旅游经济的可能性影响，在比较各种旅游政策导向的前提下，为旅游地选取适当的旅游发展模式。

从旅游经济活动的运行特征分析，除了以上两种因素可能制约旅游地的旅游发展进程之外，旅游产业内部的运作机理也有很大的影响。如各种旅游产业要素内部的关联影响，旅游产业链之间的相互影响，旅游客源地产业链与旅游目的地产业链之间的影响等，都对旅游目的地旅游产业的发展水平和质量存在着决定性的影响，需要做深入系统地分析。因此，产业分析（也称中观分析）也是旅游经济分析方法中不可或缺的内容。

四、静态分析与动态分析相结合的方法

对旅游经济活动的研究，首先要分析它的一般特征，即在规定的理论前提下，也就是运用抽象思维，造就分析的纯粹条件，目的是指示各变量本身的相互依存关系，这称为静态分析。动态分析是指纳入时间等变量，分析的结果随时间等变量的变化而变化的方法，也就是在发展、运动中研究的方法。

第五节 旅游经济学的学科地位及特点

一、旅游经济学的学科地位

任何学科都必须建立在完善的基础概念体系上。基础概念体系不完善，会使建立在其上的研究内容如沙滩城堡一样脆弱。旅游经济学是研究旅游经济活动的运行及其运行过程中所产生的经济现象、经济关系和经济规律的旅游学和经济学的交叉学科。旅游经济学作为一门交叉学科，有其自身的特殊性，在建

立基础概念体系时，必须同时考虑到旅游学和经济学的基础概念和基本规律；其中由于旅游经济学是运用经济学的原理研究旅游问题，所以在建立基础概念体系时更要注重与经济学基础概念和基本规律的衔接。当前的旅游经济学研究中，在建立基础概念体系时，过多地考虑了旅游学方面，而对经济学方面不够重视，结果造成基础概念体系不完善，甚至学科内容与基础概念体系出现一定程度的脱节现象。因此，建立完善的基础概念体系是旅游经济学研究当前的重要任务，这需要国内的旅游经济学教学和研究者对此加以重视，共同努力来完成。

（一）旅游经济学与旅游科学的关系

旅游学研究的是旅游的产生、发展及其活动的最一般规律的科学，涉及多种学科，如经济学、管理学、法学、社会学、历史学、美学等。其中每一种学科的理论同旅游的结合便形成了旅游经济学、旅游管理学、旅游心理学、旅游法学、旅游社会学、旅游史学、旅游美学等。旅游经济学是旅游学的一部分，它是从经济这个侧面来研究旅游活动的学科，所以旅游经济学与旅游学的关系是特殊与一般的关系。

（二）旅游经济学与经济学科的关系

经济学是研究人类社会生产方式及其发展规律的学科的总称。从经济学原理的研究看，在近代和现代社会中存在着两类经济学，一是政治经济学，一是西方经济学。后者又分为宏观经济学与微观经济学。

旅游经济学是研究旅游经济活动的运行及其运行过程中所产生的经济现象、经济关系和经济规律，由于它研究的领域是整个社会经济活动的一部分，因此，旅游经济活动的运行也要受经济活动中一些共同的经济规律，如价值规律、按比例发展规律的作用。由此可见，旅游经济学的研究必须以马克思主义政治经济学的基本原理作指导。

旅游经济是一种外向型经济。它的发展一方面是以本国国民经济的发展为依托，要受本国经济发展方针和政策的制约；另一方面又同国际旅游市场的变化息息相关，要受国际经济运行机制的作用。因此，在研究旅游经济学时，还必须借鉴和吸收西方经济学中一些有关调节旅游供求和资源分配的市场、价格、竞争、分配和消费方面有益的内容。

（三）旅游经济学与其他旅游学科的关系

与旅游经济学成平行关系的学科，如旅游心理学、旅游社会学、旅游法学、旅游地理学、旅游美学等。它们都是分别从旅游活动的不同侧面来探讨旅游与有关学科边缘结合的特点和规律，都属于旅游学的分支学科，它们同旅游学的关系也都是特殊与一般的关系。

与旅游经济学成纵向关系的学科，如旅游市场学、旅游饭店管理、旅行社管理、旅游管理学等。

二、旅游经济学的学科特点

旅游经济学是现代经济学的一个分支。经济学是研究人类社会在各个发展阶段上各种经济活动、经济关系和经济规律的学科总称。而旅游经济学则是以经济学的一般理论为指导，研究旅游经济活动中各种经济现象、经济关系和经济规律的科学。因此，旅游经济学同其他学科相比较，具有不同于其他学科的特点。

（一）旅游经济学是一门应用性学科

旅游经济学同经济学之间既有区别，又有联系。经济学是把整个社会经济作为一个整体，从生产、交换、分配和消费诸环节的内在联系及其矛盾运动中，揭示整个社会经济发展的一般规律性，属于理论经济学的范畴。而旅游经济学则是以经济学的一般理论为指导，专门研究旅游经济活动中的特有现象及矛盾，揭示旅游经济发展的规律及其条件、范围和表现形式，从而指导旅游经济健康地发展，因而具有较强的应用性，属于应用经济学的范畴。

（二）旅游经济学是一门部门经济学

旅游经济学本质上属于部门经济学的范畴。部门经济学是针对某一部门或领域的经济活动进行研究，从而揭示该部门经济运行的内在规律及其外在形式的科学。旅游经济学作为一门部门经济学，是研究旅游经济活动过程中各种经济现象之间的内在联系，揭示旅游经济运行中的特殊矛盾及规律，并把经济学的一般原理用于指导旅游经济活动，以促进旅游业健康、持续地发展。

（三）旅游经济学是一门专业基础学科

旅游经济学是旅游专业的基础学科，但又不同于旅游学和旅游管理学。旅游学是以世界为整体，研究旅游活动产生、发展及其运行规律的科学，目的是揭示旅游活动的内在性质、特点及发展趋势。而旅游经济学则是在旅游学理论指导下，揭示旅游活动在经济领域中所发生的矛盾运动，以及经济关系的发展规律等。旅游管理学则是在旅游经济学的指导下，研究旅游经济活动的合理组织及科学管理，以提高旅游经济运行的效率和效益。因此，旅游管理学实质上是旅游经济学的延伸，是在旅游经济学揭示了旅游经济运行规律的前提下，而进行的经济管理活动。

（四）旅游经济学是一门新兴的边缘科学

旅游经济学因其自身的形成和发展已逐渐成为一门独立的学科，具有区别于其他学科的不同特点。但是，由于旅游经济活动的综合性特点，使旅游经济学同其他学科相比较，实际上是一门新兴的边缘科学。因为研究旅游经济不仅要以经济学、旅游学的理论为指导，还必须借助各种学科的理论及研究成果来丰富旅游经济学的研究内容。例如，运用心理学、地理学、资源学、社会学、统计学、市场学等学科理论和方法，来综合考察旅游活动在经济领域中的各种反映，才能加深对旅游经济内在规律及其运行机制的认识，更好地掌握旅游经济的理论和方法。

[案例分析]

中国的古诗词在日本影响甚广，一般日本人都爱吟唱中国古诗，且尤喜唐诗。张继的《枫桥夜泊》和《寒山寺》在日本可谓妇孺皆知。苏州国旅针对日本游客这一偏好，结合日本人有除夕在寺内敲钟的习俗，决定复原张继诗中的意境，开发除夕夜寒山寺敲钟的旅游产品。

客人们抵达苏州先饱览姑苏城秀色，然后再到各大饭店吃中式火锅，中间还安排一些联欢节目。年夜饭结束后是专场文艺演出。演出结束，千余名日本客人上车前往寒山寺，沿途随处可见的是舞狮、舞龙、荡船等传统的中国文化演出。当车队驶进寒山寺内，气氛立即变得庄严肃穆。寒山寺住持方丈在门口双手合十迎接来宾。四五十个身着袈裟的僧侣口诵佛经，钟鼓齐鸣，人们也纷纷合掌膜拜，默默地祈祷。午夜 11 点 42 分 10 秒起，德高望重的法师在钟楼上敲响寒山寺的第一声钟响，此后每隔 10 秒钟敲一响。最后一响即第 48 响正好是零点整，此刻爆竹齐鸣，除夕夜欢庆活动进入高潮。“姑苏城外寒山寺”这一旅游产品的开发，适应了旅游者的消费偏好，获得了巨大成功，在日本的影响越来越大。

问题：结合案例说明旅游企业提高旅游经济效益的途径？

【思考题】

1. 阐述旅游经济学的学科特点。
2. 旅游经济学的研究对象是什么？
3. 旅游经济学的研究内容有哪些？
4. 研究旅游经济学应采用的方法？
5. 你是否同意“旅游经济学是应用经济学”的说法？试举例说明。

第二章　旅游需求与旅游供给

研究旅游需求与供给的目的，就是要通过对旅游市场上的供给和需求的分析，认清二者矛盾产生的原因和表现，从中寻找出解决矛盾的方法和手段，使旅游市场在供求关系基本稳定、协调的状态中发展。旅游需求与供给是旅游经济学最基本的问题，也是旅游经济领域诸多矛盾中的基本矛盾。一切经济学都必须回答三个基本的和互相有关的经济问题，即生产什么和生产多少；如何生产；为谁生产。对旅游供给与旅游需求的讨论是回答这些问题的基础。

第一节　旅游需求

一、旅游需求涵义及特点

（一）旅游需求概念

在经济学中，需求是指在某一特定时期的每一价格水平下，消费者对某种商品愿意而且能够购买的数量。需求是指买者的行为，相应的，旅游需求是指在不同价格水平下，旅游经营者愿意而且能够购买旅游产品的数量。对旅游需求的理解，可以从以下两个层面理解：

1. 旅游需求表现为一种有效需求。在旅游市场中，有效的旅游需求是指既有购买欲望，又有支付能力的需求。旅游需求除了一般需求应具备的两个基本条件外，还必须有闲暇时间才能实现，因此，旅游需求就是具有支付能力与闲暇时间的人们愿意按一定的价格购买旅游产品的数量。

2. 旅游需求可分为潜在需求和实际需求两类。潜在需求是指已具备旅游需求的各项必要因素（时间、金钱、意愿、能力等），但是缺乏行动的诱因，如有外力的推动（广告、亲朋介绍、旅游业人员推销等）会激发这部分人或群体的需求。

实际需求是指实际从事旅游活动的人的需求。它受到旅游目的地的服务、社会、政治、文化、形象、设施等的影响，这些因素如对旅游需求者产生的阻力越大，旅游需求者参与的意愿就越差；反之，则意愿越强。

综上所述，我们可以用一个简单的函数关系式表示其关系。

$AD = f(PD, R)$ 式中，AD 表示实际旅游需求人数，PD 表示潜在旅游需求人数，R 表示阻力（地理位置、社会政治、文化、形象、观光设施等与旅游需求者心目中的距离）。

旅游需求实质上是指对旅游产品的需求。旅游产品既可以是具体性的单项的旅游产品，又可以看作是总体的或整体性的旅游产品。研究需求问题，我们通常是指对旅游产品的总体需求。

（二）旅游需求特点

1. 旅游需求弹性大。旅游需求弹性是指由于价格、个人收入、汇兑替换性、旅游目的地形象、距离和市场等各种经济及非经济因素的变化而引起旅游需求变化的程度。新开发的旅游区旅游需求弹性较大，但是，随着旅游目的地发展定型，弹性逐渐减小。

2. 旅游需求敏感度高。旅游需求对社会政治状况及旅游风尚的变化特别敏感，如旅游目的地的政治不稳定或社会动乱，则旅游需求减少，不论其旅游产品价格如何低廉，对游客吸引力也不会大。此外，旅游需求对旅游热点的变化亦具敏感性，如 1997 年海尔波普彗星来访地球，就引起某些有利于观看彗星地区的旅游热。

3. 旅游需求有很强的扩展性。旅游需求具有不断扩展和增长的特点，尽管世界各地发生能源危机、经济萧条、军事动乱、贸易冲突等，但旅游需求稳步增长。迄今为止，旅游业已发展成为世界第一大产业。

4. 旅游需求受季节性影响明显。旅游需求具有较强的季节性，具体体现在淡季和旺季之分。旅游需求无法平均分配全年各月份，大量集中在某段时间，如海滨旅游区夏季需求量大，冬季则少。

二、旅游需求规律

在分析旅游需求规律之前，首先要弄清楚旅游需求产生的原因。现代旅游需求的产生，既有主观因素，也有客观条件。从客观上讲，旅游需求是科学技术进步、生产力提高和社会经济发展的必然产物。人们可自由支配收入的提高、闲暇时间的增多以及交通运输条件的现代化是产生旅游需求的三大要素。

（一）旅游需求产生原因

1. 可支配收入的提高是旅游需求产生的前提

随着社会经济的发展，人们的收入增加，生活水平不断提高，消费层次和消费结构也随之发生变化，导致旅游需求的增加。在总收入一定的条件下，人们用于衣、食、住、行的支出基本不变。随着人们收入的增加，用于衣、食、住、行的支出比例相对减少，而用于其他方面的支出比例则相对增加。据有关研究表明：当人均国民生产总值达到300美元以上时，人们就产生近距离的旅游消费需求；当人均国民生产总值达到1000美元以上时，人们就会产生去邻国旅游的需求，从而构成区域性的旅游消费；当人均国民生产总值达到3000美元以上时，人们就会产生远距离跨国旅游的需求，形成国际性旅游消费。因此，可支配收入的提高不仅是产生旅游需求的前提，而且对旅游的出行距离及内容等也具有决定性的影响作用。

2. 闲暇时间是旅游需求的必要条件

旅游活动需花费一定的时间，没有时间就不能形成旅游行为。随着社会生产力的发展和劳动生产率的提高，劳动时间逐渐减少，闲暇时间逐渐增多。特别是许多国家和企业推行“每周五天工作制”和“带薪假期”制度，人们的闲暇时间越来越多，有的国家和地区年假期甚至高达140天，占全年的三分之一时间。这样，人们不仅可以进行短期的休闲旅游，而且还可以去远程旅游及国际旅游，到世界各地游览、观光，到风景名胜区休闲度假。可见，闲暇时间是产生旅游需求的必要条件。

3. 现代交通运输是旅游需求产生的“催化剂”

旅游活动离不开交通运输，特别是远程旅游及国际旅游，更讲求交通运输条件的舒适和方便。随着现代科学技术的进步，交通运输条件得到了显著改善，如大型民航飞机、高速公路、空调客车、高速列车等交通运输的现代化，促使旅游者在旅游活动过程中的空间移动更加舒适、方便和安全，同时，也极大地缩短了旅游的空间距离，从而有效地刺激了人们的旅游需求，“催化”了人们的旅游行为。

总之，可自由支配收入的提高，闲暇时间的增多和交通运输手段的改善是促进现代旅游需求规模迅速扩大的客观基础，而这一客观基础的形成则是现代经济发展的结果。

（二）旅游需求规律

1. 旅游需求表

通常情况下，在某一时间段内，人们对旅游产品的需求数量取决于旅游产品价格的高低。在其他条件不变的情况下，旅游产品价格越高，人们对旅游产品的需求数量就越低；相反，旅游产品价格越低，人们对旅游产品的需求数量就越高。

在其他条件不变的情况下，旅游产品的市场价格和旅游产品的需求量之间存在着一定的关系，这种价格与购买数量的关系可通过表 2－1 表示出来。

表 2－1 旅游需求

	旅游产品的价格（每人次总费用：元）	游客数量（每月万人次）
A	500	9
B	400	10
C	300	12
D	200	15
E	100	20

2. 旅游需求曲线

从表 2－1 的旅游需求中，可以看出旅游产品价格和旅游需求量的关系变化。这种关系可以用图 2－1 的旅游需求曲线更形象地描绘出旅游需求量和旅游产品价格之间的关系。如图 2－1 所示，dd 表示需求曲线，当价格 P 下降时，需求量 Q 上升；相反，当价格 P 上升时，需求量 Q 下降。当旅游产品价格升高时，只有少数收入高的人才能购买该旅游产品；而旅游产品价格降低时，会带来新的购买者，原有的购买者也可能因为价格下降而再次购买。因此，旅游需求曲线呈向右下倾斜的趋势。

根据以上分析，我们可以把旅游需求规律概括为：在影响旅游需求的其他因素不变的情况下，旅游需求与旅游产品价格呈反方向变化。

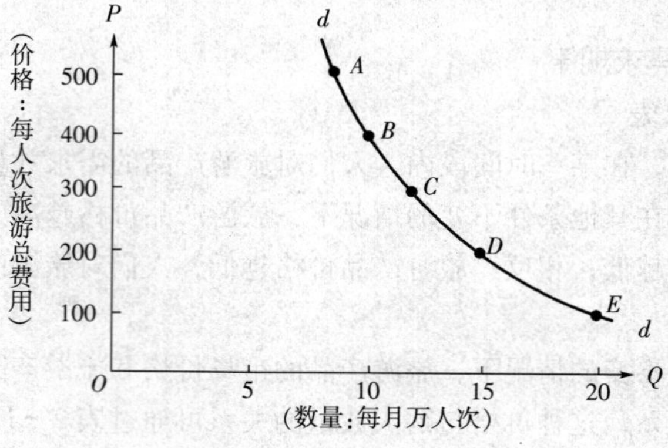

图 2－1　旅游需求曲线

（三）其他因素与旅游需求之间的关系

1. 旅游需求与可自由支配收入的关系

可自由支配收入与旅游需求存在着密切关系。旅游需求是一种有效需求，人们对旅游产品的购买，不仅需要购买欲望，而且还要有购买能力，而可自由支配收入决定了人们的购买能力。单有对旅游产品的购买欲望或购买能力，是不能形成有效需求的。通常情况下，可自由支配收入越多，对旅游产品的需求就越大；相反，可自由支配收入越少，对旅游产品的需求就越小。由此可见，可自由支配收入与旅游需求之间存在着正相关关系。如图 2－2 旅游需求与可支配收入关系。

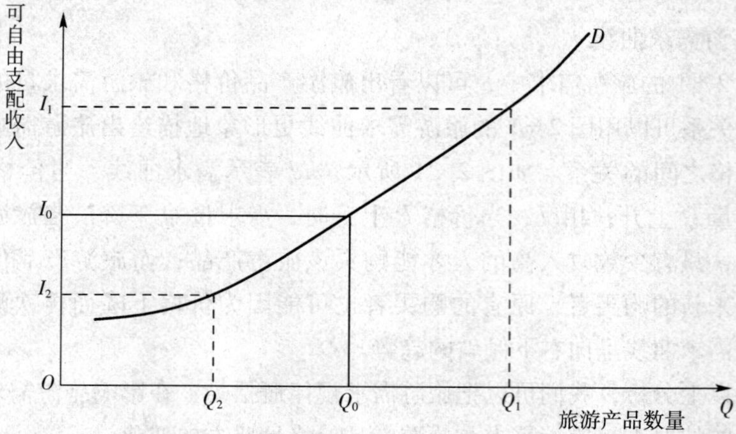

图 2－2　旅游需求与可自由支配收入的关系

在图 2－2 中，纵坐标代表人们的可自由支配收入，横坐标代表旅游产品的数量。可自由支配收入的每一点，都有一个与之相对应的旅游需求量，从而形成了旅游需求收入曲线（D）。该曲线表示：旅游需求量与可自由支配收入成同方向变化。当可自由支配收入由 I_0上升到 I_1时，旅游需求由 Q_0上升到 Q_1；反之，当 I_0下降到 I_2时，旅游需求由 Q_0下降到 Q_2。因此，旅游需求收入曲线是一条从左下方向右上方倾斜的曲线。

2. 旅游需求与闲暇时间的关系

旅游产品的消费是一种特殊的消费，必须占用一定的时间。尽管闲暇时间本身并不属于经济的范畴，并且闲暇时间对旅游需求的影响需以人们的可自由支配收入达到一定水平为前提，只有当人们拥有一定的闲暇时间才有可能外出旅游。实践证明，在其他条件具备的前提下，人们的闲暇时间越多，对旅游产品的需求越大；反之，如果闲暇时间不足或没有闲暇时间，旅游需求也就无从谈起。旅游需求与闲暇时间的这种正相关变化关系只能是定性的、粗略的，是一种趋势与倾向，不能定量地列出其函数关系式，也不能画出其相关关系图。

三、旅游需求弹性及弹性系数

在影响旅游需求变化的诸多因素中，任何一个因素的变化都会相应地引起旅游需求量的变化，这种现象称作旅游需求弹性。以下主要讨论三种弹性及其系数。

（一）旅游需求价格弹性及其系数

1. 概念

根据旅游需求规律，旅游产品价格下降，则旅游需求量增加；相反，旅游产品价格上升，则旅游需求量减少。但旅游产品价格变动所引起的旅游需求量变动的幅度，因不同旅游产品的属性和不同旅游者的情况而异。旅游需求弹性就是衡量旅游产品价格下降或上升一定比率所引起的旅游需求量的增加或减少的比率，即旅游需求量对旅游产品价格变动的反应程度。

2. 计算公式

$$\text{旅游需求价格弹性系数} = \frac{\text{旅游需求量变化百分比}}{\text{旅游产品价格变化百分比}}$$

由于旅游需求与旅游产品价格成反方向变化，故其弹性系数为负值。在实际运用中，为讨论问题方便，弹性系数通常取其绝对值，旅游需求价格弹性系数分点形弹性和弧形弹性两种。

（1）点形弹性是旅游需求对旅游产品价格微小（趋向于零）变化的反应程度。其公式为：

$$E_{dp}=\frac{\Delta Q/Q}{\Delta P/P}$$

式中：E_{dp}为旅游需求价格点弹性；P 为前期旅游产品价格；Q 为前期旅游需求量；ΔQ 为本期旅游需求量与前期旅游需求量之差；ΔP 为本期旅游产品价格与前期旅游产品价格之差。

（2）弧形弹性则是旅游需求对旅游产品价格变化较大时的反应程度。其公式为：

$$E_{dp}=\frac{Q_1-Q_0}{(Q_1+Q_0)\ /2}\div\frac{P_1-P_0}{(P_1+P_0)\ /2}$$

式中：Q_1为前期旅游需求量；Q_0为本期旅游需求量；P_1为前期旅游产品价格；P_0为本期旅游产品价格。

3. 需求弹性的种类

依据旅游需求价格弹性系数 E_{dp}的绝对值大小，旅游需求价格弹性基本上可以分为以下三种：

（1）$E_{dp}>1$：旅游需求富有弹性，表明旅游价格的微小变动会引起旅游需求量的较大变动，即旅游需求量的变动幅度大于旅游价格的变动幅度。或者说，旅游价格每变动 1%，旅游需求量的变动幅度就大于 1%。

（2）$E_{dp}<1$：旅游需求缺乏弹性，表明旅游价格的大幅度变动只引起旅游需求量的较小变动，即旅游需求量的变动幅度小于旅游价格的变动幅度。或者说，旅游价格每变动 1%，旅游需求量的变动幅度就小于 1%。

（3）$E_{dp}=1$：旅游需求具有单一弹性（单位弹性），表明旅游需求量的相对变化等于旅游价格的相对变化。或者说，旅游价格每变动 1%，旅游需求量的变动幅度也等于 1%。

图 2－3 显示的是旅游需求价格弹性的三种情况。

旅游需求价格弹性现实的意义是有利于旅游产品的正确定价。如果某种旅游产品富有弹性，企业采用低价策略，会给企业带来良好的收益，因为产品价

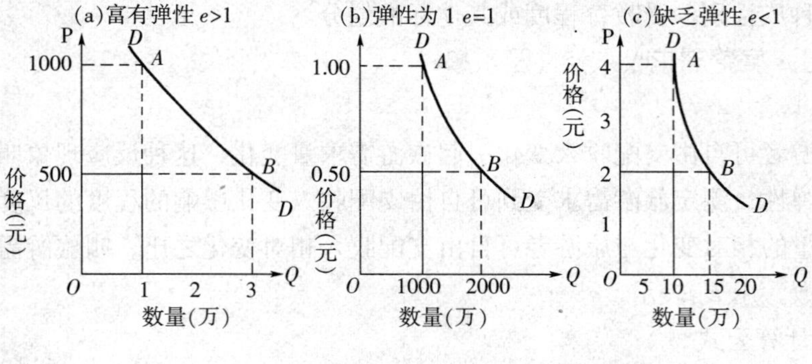

图 2-3 旅游需求的价格弹性

格降低，可以更多地增加需求量，企业的总盈利会增加。因此，对该旅游企业来说，采用薄利多销的营销策略更有利。反之，如果旅游产品缺乏弹性，则不应采取薄利多销的营销策略，因为这样企业获得的需求量增加所带来的收益小于降价所造成的损失。

4. 分析影响需求弹性大小的因素需注意的问题

（1）决定某种物品需求大小的因素是多方面的，以上各种因素对不同物品需求弹性的大小都有不同的影响。所以，在分析一种物品的需求弹性时要把以上因素进行综合分析，不能仅仅看其中的一个因素。当然，各种因素对需求弹性大小的影响也不同，有些因素影响大，有些影响小，有些在短期中影响大，有些在长期中影响大。

（2）一种物品的需求弹性并不是一个常数，而是在变化的。同样一种物品在不同时期，不同地区，需求弹性是不同的。这也与技术变化、资源变动、生产状况相关。例如，上世纪 50 年代以前，民航还不发达，乘飞机旅行是一种奢侈消费，其需求弹性就大，民航公司小幅度降价可以使需求较大幅度增加，降价就是重要的促销手段。但现在，民航业十分发达，其需求弹性变小了，降价对增加需求作用不大，吸引旅客的主要手段就不是降价而是提高服务质量。

（3）对不同消费者集团而言，同一种物品的需求弹性也是不同的。不同消费者集团对某种物品的需求程度不同，收入水平不同，偏好不同，所以，即使是同一种物品，对不同消费者集团而言，需求弹性也不相同。书中所举的例子是美国整个社会对各种物品的需求弹性，但在现实中为了实际运用需求弹性，还应该计算不同消费者集团的需求弹性。这种消费者集团可以根据不同的收入、种族性别、受教育程度或其他标准划分。

（二）旅游需求收入弹性及系数

1. 概念

旅游者可自由支配收入变化引起旅游需求量变化，这种反应现象叫旅游需求收入弹性。测定旅游需求受到可自由支配收入变化影响的程度的尺度，即旅游需求量的相对变化与旅游者可自由支配收入相对变化之比，叫旅游需求收入弹性系数，用 E_{di} 表示。

2. 计算公式

$$旅游需求收入弹性系数=\frac{旅游需求量变化百分比}{可自由支配收入变化百分比}$$

用字母公式表示为：

$$E_{di}=\frac{\Delta Q/Q}{\Delta I/I}$$

式中：Q 为旅游需求量；I 为可自由支配收入；ΔQ 为旅游需求量的变动量；ΔI 为可自由支配收入的变动量。由于旅游需求量随旅游者可自由支配收入的增减而增减，即二者成正相关变化，所以旅游需求收入弹性系数始终为正数。

旅游需求收入弹性同样可以划分三种情况，即 $E_{di}>1$，表示旅游需求收入富有弹性；$E_{di}<1$，表示旅游需求收入缺乏弹性；（3）$E_{di}=1$，表示为旅游需求收入弹性为单位弹性。

一般地说，高档消费品的需求收入弹性比较大，旅游产品作为满足人们高层次生活需求的产品，其需求收入弹性也比较大。但是，随着生产力的发展和社会经济的进步，旅游消费将逐渐成为人们的一种日常生活必需消费，旅游需求的收入弹性系数会逐渐地缩小，但始终为正值。

（三）旅游需求交叉弹性及其系数

1. 概念

由于旅游产品具有替代性和互补性的特点，因而某种旅游产品的需求量不仅对其自身的价格变化有反应，而且对其他旅游产品的价格变化也有反应。所谓旅游需求的交叉弹性就是指某种旅游产品的需求量对另一种旅游产品价格变化反应的敏感性。衡量一种旅游产品随另一种旅游产品价格变化而变化的程度的尺度叫旅游需求交叉弹性系数，用 E_{dc} 表示。

2. 计算公式

$$旅游需求交叉弹性系数 = \frac{\text{Y 旅游产品需求量变化百分比}}{\text{X 旅游产品价格变化百分比}}$$

用字母公式表示为：

$$E_{dc} = \frac{\Delta Q_{\mathrm{Y}}}{Q_{\mathrm{Y}}} \Big/ \frac{\Delta P_{\mathrm{X}}}{P_{\mathrm{X}}}$$

式中：Q_{Y}为 Y 旅游产品需求量；P_{X}为 X 旅游产品价格；ΔQ_{Y}为 Y 旅游产品需求量的变动量；ΔP_{X}为 X 旅游产品价格的变动量。

3. 弹性的种类

由于旅游产品具有替代性和互补性特点，所以旅游需求交叉弹性系数划分为两种情况：

（1）$E_{dc} > 0$：表明这两种旅游产品互为替代品。它说明，在其他条件不变时，如果某种旅游产品的价格上涨了，对该旅游产品的市场需求就会下降，一部分旅游者就会转而寻找和购买可以替代的旅游产品，这样，对后者的需求就会上升；反之，当某种旅游产品的价格下降时，一部分旅游者就会被吸引过来，从而对这种旅游产品的需求会上升，对具有替代性的其他旅游产品的需求就会下降。例如，A、B 两家三星级商务酒店同时在市场上展开竞争，他们的产品替代性很强，目标市场高度一致。这时，如果 A 酒店降低价格，则会把原来属于 B 酒店的一部分客户吸引过来，在其他条件不变时，会导致 B 酒店的市场需求下降。

（2）$E_{dc} < 0$：表明这两种旅游产品之间成互补关系。当其他条件不变时，如果某种旅游产品的价格下降，对该产品需求就会上升，进而会连带引起对与之成互补关系的其他产品需求的上升；反之，如果某种旅游产品的价格上涨，对该产品需求就会下降，进而会连带引起对与之成互补关系的其他产品需求的下降。例如，当旅行社降低价格时，会吸引更多的游客，这时，对民航交通和饭店等方面的需求也会随之增加。

四、旅游需求影响因素

旅游需求受多种因素影响，除了旅游者自身的旅游动机以及个人的收入条件和时间条件外，还受到人口、经济、社会政治、资源等方面的影响。

（一）人口因素

人口是影响旅游需求的最基本因素之一，因为旅游活动本身就是人的一种行为。因此，人口的数量、素质、分布及其构成都会对旅游需求产生影响。

1. 人口的数量、素质及其变化对旅游需求量产生影响。一个国家的人口数量越大，对旅游产品的需求量越多。同样，旅游者的文化素养及受教育程度也会直接影响旅游需求的变化。一方面，由于旅游产品是一种综合性的产品，要求旅游者必须具备一定的文化知识，才能够对旅游名胜、旅游方式、旅游内容作出合理选择；另一方面，受过教育且文化素养较高的人，一般社会地位都相对较高，因而对世界了解的愿望也更强烈，从而刺激产生更多的旅游需求。

2. 人口分布状况对旅游需求量会产生影响。一般来说，城市居民对旅游产品的需求量要比农村居民多。因为城市居民收入一般比农村居民高，具有产生旅游需求的经济基础；同时，城市人口较稠密，环境质量较差，闲暇时城市居民愿意外出旅游以寻求环境的调节；此外，便利的交通条件和发达的信息交流平台，也为城市居民的出游提供了更多的选择。

3. 人口的年龄、性别及职业也对旅游需求产生影响。从人口的年龄构成看，不同年龄的人对旅游有着不同的需求。一般青年人精力充沛，渴望外出旅游，但往往受经济收入不多的限制；中年人虽然也精力旺盛，具有工资收入及带薪假期，但又受家庭拖累；老年人既有经济收入，又无家庭拖累，具有较多的旅游需求，但又常常受身体健康条件的限制。从人口性别上看，一般男性旅游者人数比女性旅游者要多。但随着社会经济发展，家务劳动社会化及妇女争取“男女平等”的要求，许多经济发达国家的妇女出游率也在不断上升，如日本妇女出游率约占出国旅游总人数的三分之一。从职业构成看，由于人们的工作性质不一样，就决定了人们的收入水平、闲暇时间及公务出访机会也不一样，从而产生不同的旅游需求。

（二）经济因素

经济条件是产生一切需求的基础，没有丰富的物质基础和良好的经济条件，旅游需求便不可能产生。因此，国民经济发展水平、人们收入分配、旅游产品价格、外汇汇率等都直接和间接地影响着旅游需求的规模及结构。

国民生产总值（GNP），是指一个国家或地区在一定时期内所生产的最终产品和提供的劳务总量的货币表现，它反映了一个国家或地区在一定时期内整个社会物质财富的增加状况，是衡量经济发展水平的重要指标。从旅游经济的角度看，如果旅游客源国的国民生产总值高，则旅游需求就会增加；如果旅游接待国的国民生产总值高，则旅游设施及接待条件就相应较好，从而吸引旅游者及刺激旅游需求的能力就强。因此，不论是旅游客源国还是旅游接待国的国民生产总值的提高，都会刺激旅游需求不断增加。

从人们的收入水平来看，旅游需求随着人们的收入变化而呈正相关变化。当人们收入越多，则旅游需求就越多；当人们收入减少，则旅游需求也会下降；在总收入不变的前提下，可自由支配收入的多少不仅影响旅游需求的数量，而且会影响旅游需求的结构。即随着旅游者用于旅游消费支出的增加，对某些旅游产品内容的需求会增加，而对另一些旅游产品的需求会减少。

从价格和汇率方面看，旅游需求与价格具有负相关关系。当旅游产品价格上升，旅游需求量就下降；当旅游产品价格下跌，旅游需求量就会上升。另外，外汇汇率的变化对国际旅游需求的影响也是非常明显的。当旅游客源国与旅游接待国之间的货币汇率发生变动时，其实质就是旅游价格的变化。如果旅游接待国的货币贬值，就相当于旅游价格下降，这就会刺激旅游接待国旅游需求增加；反之，当旅游接待国的货币升值，就相当于旅游价格上涨，这就会导致旅游接待国旅游需求减少。

（三）社会因素

社会因素包括的内容很多，其中政治、法律以及文化因素对旅游需求的影响最重要。稳定的社会政治环境，能给人们外出旅游带来安全感，会增加旅游需求，不稳定的社会政治环境则使旅游者在外出旅游时承担一定的风险，会降低旅游需求。一个国家对旅游活动所采取的态度以及相应的政策和法律规定，也将影响到旅游的需求变化。如 1983 年 3 月 25 日法国政府颁布出国旅游外汇管理新规定，规定法国公民出国旅游时只允许携带 2000 法郎，结果导致这一年的 4 月至 8 月出国旅游人次比上一年同期减少了 25%～30%；相反，其他鼓励人们外出旅游的国家，如日本、美国等对旅游者出国旅游时携带的外汇完全不加干涉，这就有利于鼓励外出旅游。当然，一个国家在办理出入境手续等方面的规定，也会对旅游需求产生一定的影响。

旅游是一项文化活动，不同国家和民族具有不同的文化背景，从而在价值观念、语言文字、宗教信仰、美学和艺术等方面都存在着差异，都会影响人们外出旅游的兴趣爱好和对旅游目的地的选择，影响着他们的旅游需求。

（四）资源因素

旅游资源是吸引旅游者的旅游对象物，是一个国家或地区的风貌和社会发展的象征，体现着该国家或地区自然、社会、历史、文化及民族的特色，从而对生活在其他国家或地区的人们产生吸引力。一个国家或地区旅游资源越丰富、越具有特色，就越能激发旅游者的兴趣，从而刺激人们旅游需求的产生；而通过开发旅游资源、接待旅游者，并带来经济收入，从而使旅游目的地国家或地区的资源优势转化为经济优势。可见，旅游需求与旅游资源相辅相成，旅游资源刺激旅游需求的产生；而旅游需求则促使旅游资源转化为经济优势，二者相互影响，相互作用和相互促进。

第二节　旅游供给

一、旅游供给涵义及特点

（一）旅游供给概念

经济学中的供给是指产品供给者在一定条件下愿意并且能够提供某种产品的数量。由此可见，构成供给必须具备两个条件：一是主观上要有供给产品的欲望；二是客观上要有提供产品的能力，两者缺一不可。旅游供给是指在一定的时期和一定的价格水平下，旅游经营者愿意并且能够向旅游市场提供的旅游产品的数量。正确认识和理解旅游供给的概念，必须掌握好以下几点：

1. 旅游供给是以旅游需求为前提条件的。从总体上说，旅游供给与旅游需求是相互依存、相互制约的。旅游供给必须以旅游需求为导向，旅游生产经营单位，必须以旅游者的需求层次和需求内容为客观依据，建立起一套适应旅游活动需要的旅游供给体系，从而保证提供旅游活动需要的全部内容。

2. 旅游供给是一种有效的供给。有效供给是经营者愿意出售并具备出售能力的供给。要真正提供有效的供给，一方面取决于生产者的生产成本与旅游产品价格水平的比较；另一方面取决于生产者现已掌握的生产手段和技术。如有时生产者虽已具备生产能力，但由于旅游产品价格太低，生产者不愿意提供；有时也可能是生产者愿意提供但目前却不能够生产。因此，有效供给必须是生产者的意愿与可行性相结合的供给。

3. 旅游供给包括基本旅游供给与辅助旅游供给两大类。基本供给是指直接为旅游需求提供的设备、设施和服务，包括一切与旅游者发生关系的供给部分，其中旅游资源、旅游设施和旅游服务构成了旅游供给的三大支柱。旅游资源是指具有经济开发价值的旅游吸引物。根据其成因可分为自然性资源、历史性资源、社会性资源和现代人工吸引物四大类；旅游设施包括旅游交通运输设施、旅游食宿设施和旅游娱乐设施等，它和相应的旅游服务构成了一国或一地区旅游业的接待能力；旅游服务指旅游从业人员通过一定旅游资源和旅游设施向旅游者直接提供的劳务。它贯穿旅游活动的全过程，包括入境签证服务、翻译导游服务、住宿服务、往返运输服务以及各种与旅游直接或间接有关的服务，如银行、邮电通讯等。

辅助供给是指为基本旅游供给提供服务的旅游基础设施。它主要包括供水系统、供电系统、供气系统、污水处理系统、电讯系统、信息系统以及旅游目的地的地上和地下建筑，如机场、公路、铁路、火车站、停车场等公用设施。

在市场经济中，旅游供给是一个多层次的网络结构，其直接供给渠道是旅游企业，主要包括旅行社企业、旅游饭店企业、旅游交通企业、游乐企业、提供旅游商品的企业等。

（二）旅游供给特点

1. 旅游供给的多样性。旅游需求的多样性决定了旅游供给的多样性。由于人们习惯了传统产品的有形性，所以对感受型服务产品的认识易失偏颇。其实，在旅游业的经营过程中，不仅有文化，而且也有不经人工雕琢的纯粹自然的东西；既有有形的产品，也有无形的服务产品。

2. 旅游供给的关联性。旅游供给与国民经济各部门有广泛的关联性。据统计，旅游完成每一次供给直接涉及十几个行业，间接涉及行业达70个左右。就整体上说，旅游关联部门高达130个左右，为现有各产业部门关联度之冠。

3. 旅游供给的灵敏性。旅游市场极易受国际、国内形势变化的影响，从而导致旅游需求的波动。旅游供给对旅游需求变动的灵敏度较高，因此，也是调整产品结构、改进经济管理的内在要求。

4. 旅游供给的可替代性。旅游供给具有较强的替代性。例如旅游者住宿时可选择五种星级层次的宾馆，但不可能同时选择住几个饭店，饭店之间具有替代性。又如某个旅游者两年前去过一次黄山，两年后他还想游山，但他可能不去黄山，而是选择泰山或武夷山。因此，在同一类旅游供给中，其替代性很强。

二、旅游供给规律

1. 旅游供给表和供给曲线

旅游供给表和供给曲线表示旅游市场价格和生产者所愿意供给的旅游产品数量之间的关系。假设其他条件不变，如表 2－2 表示供给数量与旅游产品价格之间的关系，即随着价格的上升，供给数量增加；随着价格的下降，供给数量减少，当价格下降到一定程度，供给方由于入不敷出，无利可图，供给数量为0，两者是正比例关系。这种关系在图形上形成一条从左下方向右上方倾斜的曲线，即 *SS* 曲线（供给曲线），见图 2－4。

表 2－2　旅游供给

	旅游产品的价格 （一人次总费用）（单位：元）	供给能满足的游客数 （每月万人次）
A	500	18
B	400	16
C	300	12
D	200	7
E	100	0

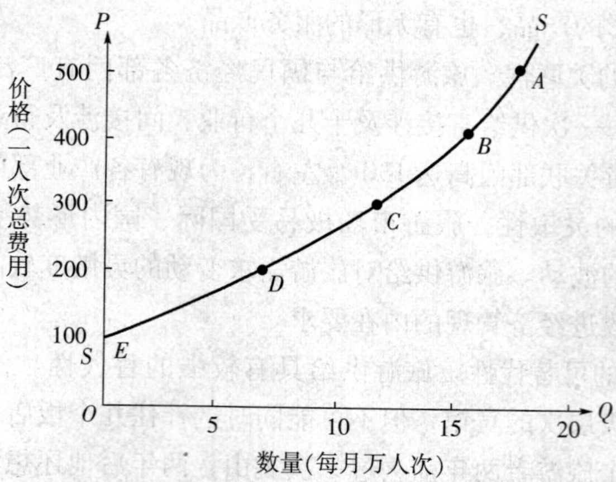

图 2－4　旅游供给曲线

旅游供给的规律也符合一般商品的供给规律，即在其他条件不变的情况下，旅游供给与旅游价格的变化成正比。用函数关系式可表示如下：

$$Q(S)=f(P)$$

式中，Q 表示一定时期的旅游供给量，P 表示价格，f 为函数关系表达式。

2. 供给曲线的移动

由上边分析可知，当其他因素不变时，价格与供给量成正比；但当价格不变，其他情况发生变化时，供给曲线会产生移动。如图 2－5 所示。

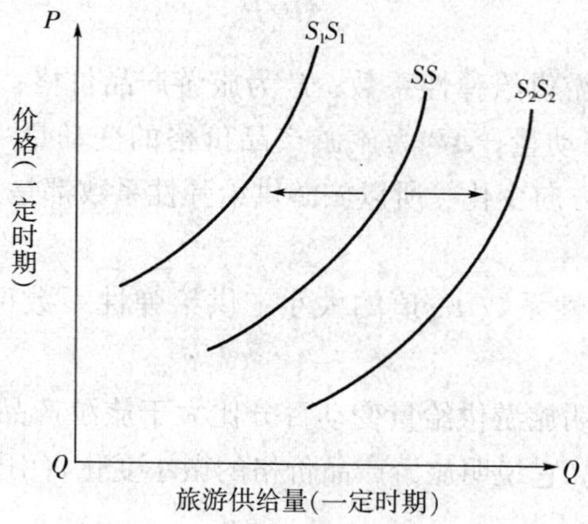

图 2－5 旅游供给曲线的移动

图 2－5 中，SS 表示旅游产品价格一定时的旅游供给曲线，曲线 S_1S_1 表示其他因素变化时引起旅游供给水平下降的情况，S_2S_2 表示其他因素变化时引起旅游供给水平上升的情况。一般来说，影响旅游供给曲线移动的因素有以下三点：技术因素、投入成本、政府税收。通常情况下，技术因素与旅游供给呈正比例变化，而投资成本和政府税收与旅游供给呈反方向变化。

三、旅游供给弹性及弹性系数

由于旅游价格是影响旅游供给的主要因素，因此我们研究旅游供给弹性主要是指供给的价格弹性。

1. 概念

旅游供给随旅游产品价格变动而发生反应的程度，称之为旅游供给价格弹性，亦简称为旅游供给弹性。测定旅游供给量对旅游价格变化反应程度大小的指标，称为旅游供给价格弹性系数，简称旅游供给弹性系数，用 E_{sp} 表示。

2. 计算公式

$$旅游供给弹性系数 = \frac{旅游供给量变化百分比}{旅游价格变化百分比}$$

用字母公式表示为：

$$E_{sp} = \frac{\Delta Q/Q}{\Delta P/P}$$

式中：E_{sp}表示旅游供给弹性系数；P 为旅游产品价格；Q 为旅游需求量；ΔQ 为旅游供给量的变动量；ΔP 为旅游产品价格的变动量。由于旅游供给量与旅游产品价格成同方向变化，所以旅游供给弹性系数都是正值。

3. 弹性的种类

根据旅游供给弹性系数 E_{sp} 值的大小，供给弹性系数可以分为以下几种情况：

（1）$E_{sp} > 1$：表明旅游供给量变动百分比大于旅游产品价格变动百分比，即旅游供给富有弹性。它说明旅游产品价格的微小变化将引起旅游供给量的大幅度变化。

（2）$E_{sp} < 1$：表明旅游供给量变动百分比小于旅游产品价格变动百分比，即旅游供给缺乏弹性。它说明旅游产品价格的大幅度变化，只引起旅游产品价格小幅度的变化，旅游价格对旅游供给量的影响作用不强。

（3）$E_{sp} = 1$：表明旅游供给量变动百分比同旅游产品价格变动百分比是相等的，即旅游供给具有单一（单位）弹性。

除了以上三种情况外，尚有两种特殊情况。一是 $E_{sp} = 0$，称为旅游供给完全无弹性，表明不管旅游价格如何变动，旅游供给量都保持不变，此时供给曲线是一条垂直于横轴的直线，如图 2－6 所示；二是 $E_{sp} \to \infty$，称为旅游供给完全有弹性，或称旅游供给具有无限弹性，表明在既定的旅游价格条件下旅游供给量可任意变化，此时供给曲线是一条垂直于纵轴的直线，如图 2－7所示。

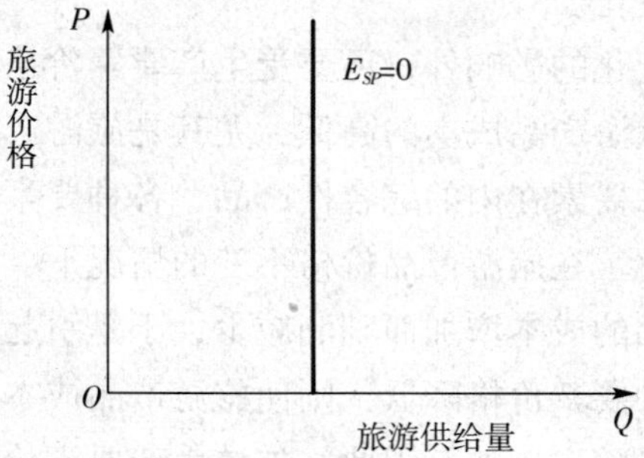

图 2－6　完全无弹性的供给曲线

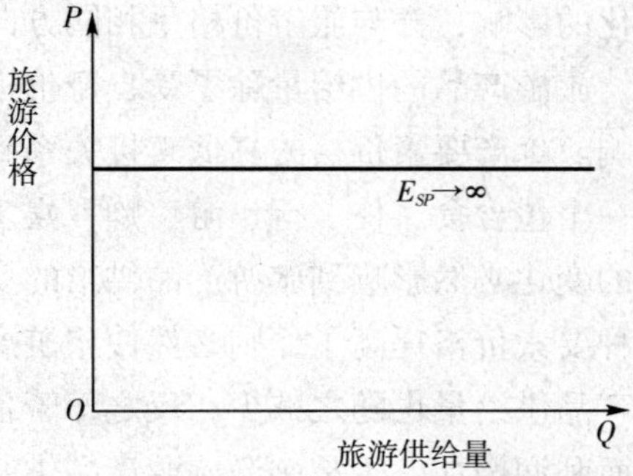

图 2－7　完全有弹性的供给曲线

四、旅游供给的影响因素

在旅游活动中，影响旅游供给的因素有很多，主要是来自旅游目的地国家或地区的各种政治、经济、自然、技术和环境条件。其中对旅游供给起主要作用的因素有以下几个方面。

（一）旅游资源及环境容量

旅游资源是旅游产品开发的基础，是影响旅游供给的基本因素。一个国家或地区的旅游产品的总供给量，首先是由这一国家或地区可供开发利用的旅游资源状况决定的。有了旅游资源的开发，有了旅游的吸引力，才能为其他旅游产品提供发展的空间。一个国家或地区旅游资源的状况，不仅决定其旅游产品开发的方向和特色，而且影响着旅游供给的数量和质量。

此外，旅游目的地环境容量也在很大程度上决定和影响着旅游供给的规模和数量，因为任何旅游目的地容纳的旅游者的数量总是有限度的。如果旅游者超过了旅游目的地的容量，不仅会造成对自然环境的破坏和污染，而且会引起当地居民的不满，甚至产生一系列社会问题，这样又会直接影响到旅游产品对旅游市场的吸引力。因此，旅游资源状况及环境容量是直接影响旅游供给的重要因素之一。

（二）旅游产品价格及生产要素价格

旅游供给直接受旅游产品价格的影响。当旅游产品价格提高，则旅游经营者在同样的成本投入中可获得更多的利润，因而会刺激旅游经营者增加旅游供给量；反之，当旅游产品价格下降，则会导致旅游经营者的利润减少，从而会减少旅游产品的供给量。因此，旅游供给的规模和数量直接受到旅游产品价格变化的影响，并与旅游价格呈相同方向变化。

旅游产品的供给量除了受自身价格变化的影响外，还要受生产要素价格的影响。生产要素价格的高低直接关系到旅游产品成本的高低，尤其是旅游产品是一个包含食、住、行、游、购、娱多种要素在内的综合性产品，各种要素价格的变化必然影响到旅游产品供给的变化。在旅游产品价格不变的情况下，若各种要素价格提高了，则必然使旅游产品的成本增加而利润减少，于是引起旅游产品供给量也随之减少；反之，若各种要素价格降低，则使旅游产品成本降低而利润增加，于是刺激旅游产品供给量随之增加。因此，旅游生产要素价格也直接对旅游供给产生着重要的影响作用。

（三）社会经济发展水平

旅游业不仅是一项综合性经济产业，也是一项依赖性很强的产业。旅游业的健康发展离不开社会生产力的发展，它需要在社会现有的经济发展基础上为旅游业提供必需的物质条件，才能形成旅游的综合接待能力，才能提供一定数量和质量的旅游产品。如果社会经济发展水平低，就不能保证旅游供给所需的各种物质条件。因此，社会经济的发展状况和水平不仅为旅游供给提供各种物质基础保证，而且在一定程度上决定着旅游产品的供给数量和质量。

（四）科学技术发展水平

科学技术是第一生产力，是推动社会经济发展的强大动力，也是影响旅游供给的重要因素之一。科学技术的进步为旅游资源地有效开发提供了科学的手段，为形成具有特色的旅游产品提供了科学的方法，为保护旅游资源、实现旅游资源的永续利用提供了科学依据，并为旅游者提供具有现代化水平的完善的接待服务设施，为旅游经济发展提供管理工具和手段。从而增加有效的旅游供给，加速旅游资金的周转，降低旅游产品成本，提高旅游经济效益。

（五）旅游经济发展的方针和政策

旅游目的地国家或地区有关旅游经济发展的方针和政策，也是影响旅游供给的重要因素之一。特别是有关旅游经济发展的战略与规划，扶持和鼓励旅游经济发展的各种税收政策、投资政策、信贷政策、价格政策、社会文化政策等，不仅对旅游经济发展具有重要的影响作用，而且直接影响到旅游供给的规模、数量、品种和质量。因此，旅游方针、政策是决定旅游供给的重要因素，是不断提高旅游综合接待能力的生命线，也是促进旅游经济发展的重要力量。

第三节　旅游供求调节机制

一、旅游供求平衡论

在前两节的分析中，是假设旅游产品的价格任意去定的，而旅游产品的实际价格并不是随意去定的，它是在旅游产品供给和需求的共同作用下形成的，本节阐述的供需平衡论就是来分析供给和需求相互作用关系的。

（一）均衡价格

在旅游经济活动中，旅游供给和旅游需求是对立统一的两个侧面，两者既相互对立又相互联系，既相互制约又互为条件。旅游需求需要旅游供给来满足，而旅游供给又必须通过旅游者对旅游产品的需求来实现其价值，双方都以对方的存在为自己存在和实现的前提条件。作为市场上的买方，旅游需求者希望旅游产品价格越低越好，而作为市场上的卖方，旅游供给者则希望旅游产品价格越高越好，但只有当旅游需求方和旅游供给方能够以双方同意的价格交换彼此认可数量的旅游产品时，旅游供求平衡才能实现。在这种价格水平下，愿意供给的数量和愿意需求的数量相等的价格称为均衡价格。在竞争的市场上，均衡价格必然位于供给曲线和需求曲线的交点上。

从表 2－3 中可看出，价格达到 300 元时，供给与需求数量相等，即达到了均衡状态。而在其他情况下，竞争会对价格从不同方面产生压力，使它逐步趋于均衡状态。

表 2－3　旅游供需

	可能的价格（一次性旅游总费用）	游客数量（每月万人次）	供给能满足的游客数（每月万人次）	对价格的压力
A	500 元	9	18	向下
B	400 元	10	16	向下
C	300 元	12	12	中立
D	200 元	15	7	向上
E	100 元	20	0	向上

在图 2－8 旅游供需平衡图中供给曲线 *SS* 与需求曲线 *DD* 只相交于一点，*E* 点表示均衡的价格和数量。

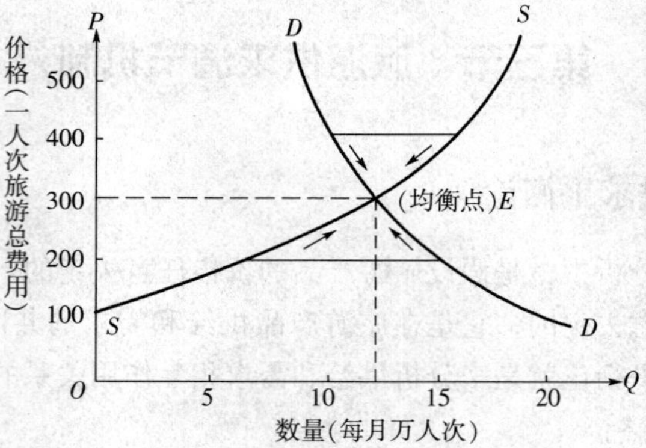

图 2-8　旅游供需平衡图

E 点上方的横线表示供给超过需求的数量，指向下方的箭头说明由于供给与供给的竞争，价格将要变动的方向。E 点下方的横线表示需求超过供给的数量，需求与需求的竞争使箭头指向上方，说明它们对价格的压力，这种合力最终在 E 点抵消。

（二）旅游供给与需求的静态均衡

旅游供给与旅游需求的均衡，如图 2-9 所示，当价格 $P_1 > P_0$ 时，由于价格水平高，企业获得高额利润。旅游供给企业或者景点会增加其吸纳能力和时间，此时反而使得供给大于了需求，使得 $Q_3 > Q_4$，供需失衡。当供给能力剩余后，价格水平会下降，逐步降到相对均衡水平。

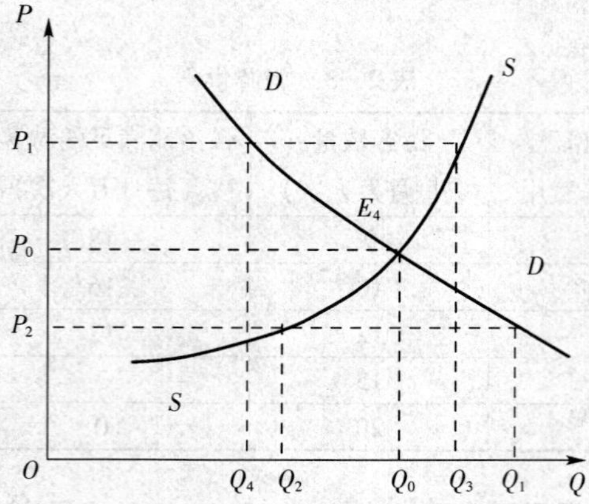

图 2-9　旅游需求变动引起价格变动

（三）旅游供给与需求的动态均衡

（1）旅游需求变动引起的动态均衡，当旅游供给保持不变时，如果需求变化会改变供需平衡，而使得价格水平变化。如图 2－10 所示，需求降低时，需求曲线向左移动，导致均衡点向下移动，价格由 P_1 下降到 P_2。被打破的均衡重新建立起来。

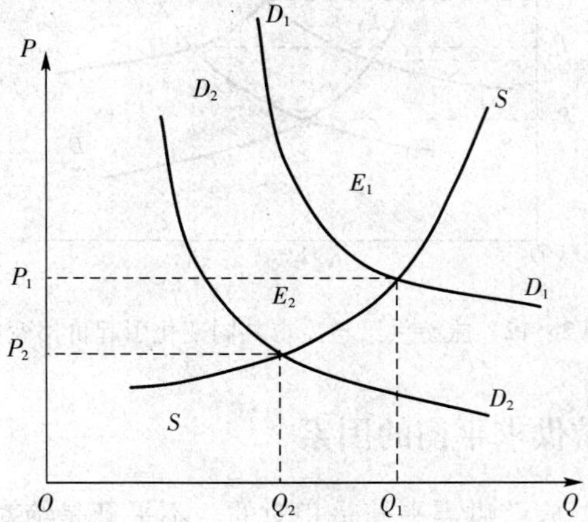

图 2－10　旅游需求变动引起价格变动

（2）旅游供给变动引起的动态均衡，当旅游需求保持不变时，如果供给变化会改变供需平衡，而使得价格水平变化。如图 2－11 所示，供给增加时，供给曲线向右移动，导致均衡点向下移动，价格由 P_1 下降到 P_2。被打破的均衡重新建立起来。

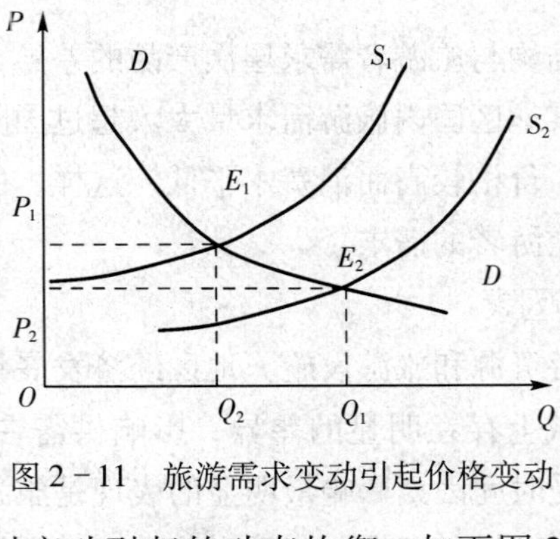

图 2－11　旅游需求变动引起价格变动

（3）旅游供求同时变动引起的动态均衡，如下图 2－12 所示，供需的共同变化是比较常见的一种情况，但是也符合供需单独变化时的情况。

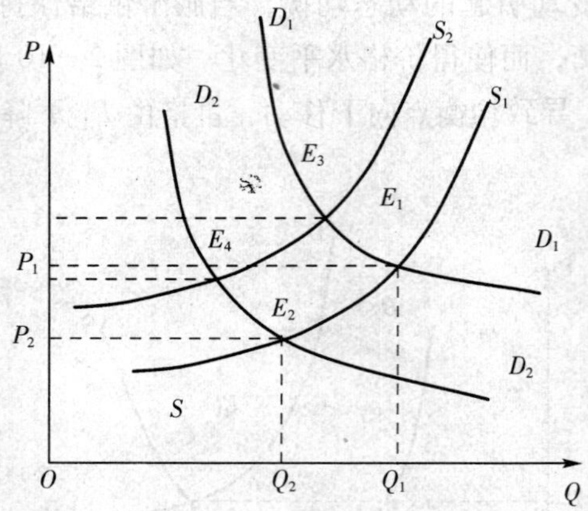

图 2-12　旅游供给与需求共同变化引起价格变动

二、影响旅游供求平衡的因素

在旅游市场中，旅游供需平衡是相对的，不平衡是绝对的。影响旅游供需平衡的因素有以下几点：

（一）数量和结构因素

在一定时期内，旅游供给量与旅游需求量之间存在一定量的差异。旅游需求量是一个多变量，它随着外界环境的变化而变化，相对应旅游供给量在一定时期内是比较稳定的。当旅游需求量发生变化时，供需量不相等，导致旅游供需平衡点发生改变。

旅游产品的供应结构与旅游者需求层次产品的差异，也是影响旅游供需平衡的一大因素。例如某地区国内旅游需求量大大超过国际旅游需求量，但该区的宾馆以高星级为主，价格较高而消费水平低，这样，由于大众化的宾馆偏少而远远不能满足国内旅游者的需求。

（二）地区和时间因素

由于不同地区旅游资源和旅游设施、地区经济发展状况与条件不同，使得旅游供给与需求在地域上存在明显的差异，影响供需在一定区域内的平衡发展。旅游供给与需求受时间因素影响最明显的表现是旅游的淡季和旺季，节假日和平时。淡季和平时，供过于求；旺季和节假日，则供不应求。

（三）影响旅游供需平衡的其他因素

（1）社会因素。主要指人口结构、人口总数，以及地理分布、性别、职业、年龄构成、受教育程度等因素对供需平衡的影响。

（2）政策因素。旅游目的地和客源产生国（区），以及两者之间的一些政策，如金融政策、旅游收入的分配政策等的实施与推行，对促进旅游需求和供给的平衡至关重要。例如，中国不少省市将旅游业作为新的经济增长点和支柱产业加以扶植，制定了一系列的优惠政策，大大推动了当地旅游供给的发展，完善的旅游供给设施又引发了新的旅游需求。

（3）促销因素。旅游目的地有计划、有力度的促销措施，包括广告宣传、优惠等举措，大大刺激了该地区旅游需求量的增加。尤其是淡季推出的差价旅游项目，吸引了众多的旅游者，缩小了旅游供需在季节上的差异，达到了一定的平衡发展。

（4）偏好因素。个人偏好是影响旅游需求的主要因素之一。由于偏好不同，旅游者对供给的质量和旅游产品的需求条件常常有所区别。如果旅游者对某种旅游产品有特别的偏好，他就会无需其他理由而选择这项旅游产品，如某人特别喜欢大海，每到假期就首选海滨度假胜地。

三、旅游供求调节

旅游市场上的供求矛盾，需要我们通过一定的手段和方法对其进行调节，促进供求矛盾的不断转化，推动旅游市场的供给与需求不断趋于平衡。在市场经济条件下，调节旅游供求矛盾，主要依靠经济手段，即依靠价值规律和旅游供求规律的自身作用进行调节，同时还必须辅以一定的法律手段和必要的行政手段，只有各种调节手段综合运用，才能保证旅游市场稳定、健康地发展。

1. 价值规律、旅游供求规律的调节

（1）价值规律的调节。价值规律对旅游供求矛盾的调节主要是通过价格机制来表现和完成的。在旅游市场上，旅游产品价格的变化会促使旅游供给和需求分别作出自己的反应。旅游产品价格的上涨会促使需求量的减少和供给量的增加；旅游产品价格的下跌则会影响到需求量的增大和供给量的减少。因此，价格机制成为调节旅游供求平衡的一个重要杠杆。通过市场价格地不断调整，促成旅游需求量与供给量之间的平衡。如图 2－13 所示。

由图 2－13 可见，*D* 为旅游需求曲线，*S* 为旅游供给曲线。当旅游供给曲

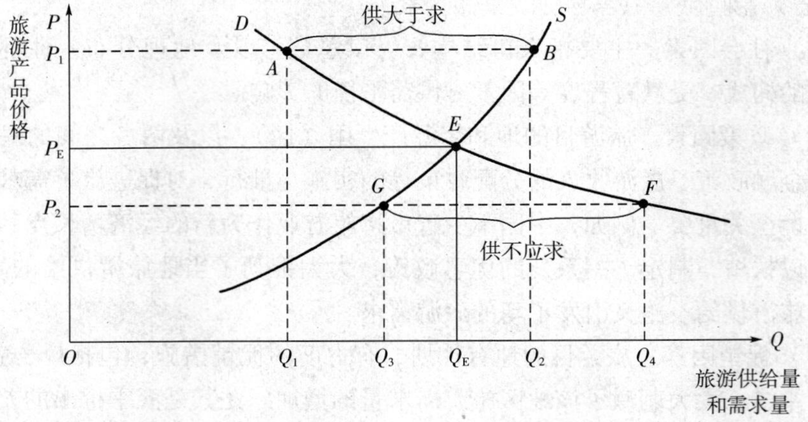

图 2 - 13　旅游供求量与旅游产品价格关系

线 S 与旅游需求曲线 D 相交于 E 点时，所对应的旅游供给量与需求量都为 Q_E，说明供求平衡，E 点所对应的价格为 P_E，此时的价格 P_E 就是均衡价格。假如由于某种原因，使旅游产品价格上升到 P_1 时，供给便会沿着供给曲线 S 向右上方移动，移至 B 点，对应的供给量为 Q_2，比供求平衡时的供给量 Q_E 增加了；同时旅游需求便会沿着需求曲线 D 向左上方移动，移至 A 点，对应的需求量是 Q_1，比供求平衡时的需求量减少了。此时我们可以看到在价格上升到 P_1 时，供给量 Q_2 大大超过了需求量 Q_1，在旅游市场上表现为供给大于需求，这就必然造成一部分旅游产品销售不出去，迫使旅游供给者压缩生产，减少供给，或者是迫使旅游供给者降低价格，增加需求。这使得价格又逐渐地回落到原来的 P_E 点上，重新达到供求平衡。同理，如果旅游产品价格下落到 P_2 点时，旅游市场上便会出现供不应求的局面，在图上则表现为供给量 Q_3 远远小于需求量 Q_4，这样由于供求关系的作用，又会推动价格的上涨，价格上升又进一步推动供给的增加，需求的减少。供给与需求又会分别沿着自己的曲线进行移动，最终又使二者相交于 E 点，供给量与需求量都达到 Q_E，供求平衡，价格又回到均衡价格 P_E 上。

（2）旅游供求规律的调节。旅游供求规律对旅游供求矛盾的调节主要是通过市场机制来表现和完成的。当旅游市场出现供大于求的情况时，旅游产品难以全部售出，因而旅游业中的部分资金便会转而投向其他产业，从而使旅游供给减少；当旅游市场出现求大于供的情况时，随着旅游产品价格的上扬，不仅旅游业自身会努力扩大再生产，而且很多来自其他产业的资金也会投向旅游业，从而使旅游供给扩大。

2. 法律和行政手段的调节

行政手段和法律手段都是国家所运用的手段。我国已制定了多部与旅游活动相关的法律和法规，如环境保护法、资源保护法、消费者权益保护法等。很多省、市根据国家有关法律、法规，结合本地区的实际情况，进一步制定了旅游管理条例。这些地方性的旅游法规的制定，是为了加强旅游管理，合理利用和保护旅游资源，建立良好的旅游市场秩序，维护旅游者和经营者的合法权益，促进旅游业的发展。国家通过立法的形式，从总体上规范了旅游供给和旅游需求行为主体的行为，这有助于调节旅游市场上的供求关系。采取一定的行政手段对旅游市场的供求矛盾进行调节也是十分重要的，这体现了国家对旅游业发展的宏观调控。这些手段主要包括制定旅游发展的总体规划，制定各项政策，如税收政策、价格政策、信贷政策，公布旅游市场信息，等等。

总之，旅游市场供求关系，从宏观上来说，依靠国家在总体上利用各种手段进行调控；从微观上看，依靠旅游经营者利用价格为主要手段调节市场的供求矛盾。

[小资料]

我国旅游供需平衡的发展

我国旅游业大规模发展是在1978年改革开放后开始的，至今，旅游的需求和供给都得到了长足地发展，其结构也渐趋于合理和平衡。

改革开放初期，由于国内外旅游者的大量增加，旅游需求激增，引起旅游供给严重不足，在行、游、食、住方面远不能满足国外旅游者的需求。供给不足的突出表现之一是饭店床位奇缺，1979年全国涉外饭店接待外宾的床位仅3万张，地区分布也极不平衡；供给不足的表现之二是行路难，交通运输供给量的不足成为制约旅游业发展的“瓶颈”。

80年代中期至今，我国的旅游供给得到了很大地发展。为缓解旅游供需的矛盾，我国政府提出了“国家、部门、地方、集体、个人一起上，自力更生与利用外资一起上”的建设旅游基础设施的方针，调动了各方面、各部门的积极性，改变了我国旅游供给不足的状况。

首先，旅游饭店建设取得突破性进展，旅游饭店已从发展旅游业的制约因素转变为促进因素。目前我国已出现了一大批具有国际管理水平的现代化旅游饭店。

其次，旅游产品供给更趋丰富。“七五”期间，国家把旅游业纳入国民经济和社会发展计划，确定了北京、上海、西安、桂林、杭州、江苏、广州等七个重点旅游城市和旅游区，还有14个重点旅游区，逐步使旅游资源利用、开发、建设和保护纳入国家和地方的计划。各地发展旅游业的积极性很高，旅游景点建设和基础设施建设势头迅猛，这就大大加强了我国旅游产品供给的整体竞争力。

第三，旅游交通发展迅速。10多年来，我国旅游交通发展很快，仅民航运力就增长了5.2倍，再加上高速公路的增加、铁路的提速、游轮的升级换代，已使全国初步形成了旅游交通的立体化网络。

第四，旅行社大发展。1979年以前，我国只有中国国际旅行社、中国旅行社和中国青年旅行社三大旅行社。1999年年末，全国已发展到7326家旅行社，其中经营国际旅游业务的有1256家，经营国内旅游业务的有6070家。

第五，旅游专业教育的发展和职工队伍的壮大。我国旅游专业教育从无到有，从小到大，现已形成从研究生、本科、大专到中专、职校完整的教育体系；从事旅游业的人员不断增加，1980年国际旅游业从业人数只有37228人，1996年为1119710人，其中绝大多数受过高等或中等教育及经过专业培训。

【思考题】

1. 什么是旅游需求？试述其特点及基本规律。
2. 旅游供给的基本内容有哪些？
3. 阐述旅游供需平衡论的主要思想。
4. 影响旅游供需平衡的主要因素有哪些？
5. 某旅游饭店第一年客房价格为240元/间，第二年初该饭店将价格调整为270元/间。第一年出租房间为39000间，但由于价格上涨，第二年出租房间数下跌到31000间。试计算其价格弹性，并从营业收入角度评价该涨价策略是否恰当。

第三章　旅游价格及策略

供需决定价格，但同时又被价格所影响。旅游价格是旅游产品供需的一个重要调节器，它即调节旅游经营者旅游产品的供给，也调节旅游消费者的需求，同时也是旅游宏观调控的一个重要手段。本章从理论上分析了旅游价格的概念、特点及种类；旅游价格的形成与定价；旅游价格弹性；旅游的矛盾与供求平衡。

第一节　旅游价格特点及分类

一、旅游价格的特点

价格是单位所得对应的所失。得与失都有对象，所以最初的价格表现为失去的物品量与得到的物品量的比例。旅游价格是旅游者为满足旅游活动的需求而购买单位旅游产品所支付的货币量，它是旅游产品价值、旅游市场的供求和一个国家或地区的币值三方面共同作用的反映。

在市场经济中，一方面旅游活动的商品化是必然结果，旅游者食、住、行、游、购、娱等需求必须通过交换活动，通过支付一定的货币量才能获得满足。另一方面，旅游经营者在向旅游者提供旅游产品时，必然要求得到相应的价值补偿，于是在旅游者与旅游经营者之间围绕着旅游产品的交换而产生了一定货币量的收支，这就是旅游价格。从旅游经营者的角度看，旅游价格又表现为向旅游者提供各种服务的收费标准。由于旅游产品不同于一般产品，其特殊性决定了旅游价格具有不同于一般产品价格的特点，主要表现在以下几方面：

1. 旅游产品价格的虚幻性和实际性

旅游产品中主要部分是自然资源，其次是劳动产品。自然资源部分不存在无差别的人类劳动，因而从价值存在角度可以认为其没有价值。而现实中又存在自然资源产品部分的旅游价格，可以认为所表现出来的价格，是无限期或一定年期资本化的地租，是一种虚幻的价格形式，而且价值同样也是虚幻的。有些东西本身并不是商品，例如良心、名誉，等等，但是也可以被它们的所有者出卖以换取金钱，并通过它们的价格，取得商品形式。因此没有价值的自然资源在形式上可以具有价格，在这里，价格表现是虚幻的，由此派生的旅游自然资源价格的构成实体是地租而不是价值实体。当然，在现实社会经济生活中，旅游产品还存在实际性，即通过人为创造的旅游产品本身存在价值，并且与自然旅游产品融合在一起共同组成了旅游产品的价格，同样体现了商品经济中的生产关系。价格符合价值是相对的同时，价格背离价值也是绝对的，价格符合价值是相对的，价格围绕价值上下波动。

2. 旅游价格的综合性与协调性

旅游产品要满足旅游者食、住、行、游、购、娱等多方面需求，旅游价格必然是旅游活动中食、住、行、游、购、娱等各项价格的综合表现，或者是这些单个要素价格的总体显示。同时，由于旅游产品的供给方分属于不同行业与部门，因而必须经过科学的协调，使之相互补充、有机搭配，因此旅游价格又具有协调性，以协调各有关部门的产品综合地提供给旅游者。

3. 旅游产品垄断性与市场性

旅游产品的基础是旅游资源，而独特个性是旅游资源开发建设的核心，这就决定了旅游价格具有一定的垄断性，它表现为，一方面在特定时间和特定空间范围内旅游产品的价格远远高于其价值，高于凝结于其中的社会必要劳动时间。另一方面，旅游产品又必须接受旅游者的检验，随着旅游者的需求程度及其满足旅游者需求条件的改变，旅游产品的垄断价格又必须作相应的调整，从而使旅游价格具有市场性，即随着市场供求变化而变化。

4. 供需弹性的不一致性与高附加值性

一般商品的价格受供给和需求共同作用于该商品的市场价格。然而，旅游资源资产的价格则不同。由于旅游需求受到诸多不可预测因素的影响，使旅游者的旅游需求及旅游动机也是千变万化的。相反的，旅游供给却又相对地稳定，于是这种供求之间矛盾所造成相同旅游产品在不同的时间里价格差异较大，从而使旅游价格具有较高的弹性。从宏观上看，旅游资源的存在是有限的、确定的、不可再造的、难以更改的，因此，旅游资源的经济供给弹性很小。相反，旅游产业的发展对旅游资源的需求却很大。所以，相对于需求而言，旅游资源有效供给的变动总是很小的，旅游资源资产价格主要受旅游资源需求制导，它的价格制导具有需求单向性。从微观上看，就某一具体区域市场，就某一类特色的旅游资源而言，旅游资源的供给是有弹性的，特别是对某一类型旅游资源需求者而言，是可以在某一价格水平下在众多的旅游资源供给中选择自己所需的旅游资源。

从某种程度上讲，旅游活动就是旅游者获得一次独特心理感受的过程，在不同档次的旅游环境中，相同的旅游产品给旅游者的感受差异会很大。旅游产品的档次愈高，服务愈好，旅游者愿意支付的旅游价格也会愈高，其中便蕴含了较高的附加值。

5. 所有权价格与使用权价格

旅游产品在出卖时根据自身的特点，包括出卖使用权来获得货币和出卖所用权获得货币两种。其中，如餐厅的食品、旅游纪念品等商品，是使用权与所有权都出售，其价格是一次性的；此外，诸如旅游景点、旅游交通和客房等均只出售使用权而不出售所有权，从而造成不同时间的价格有所不同，因而又存在多次性价格。因此，旅游产品价格实质上是一次性与多次性相统一的价格。

6. 旅游资源价格的个别性

旅游资源是一种特殊的“自然物—商品综合体”，既不能批量生产，也不能统一作价。受空间区位与其所处的社会经济条件与环境的影响，世界上没有完全相同的旅游资源。因此，其价格也不可能取得由社会必要劳动时间所决定的一种平均价格水平，而只能大体地测算其区域价格水平。由于旅游资源位置的固定性，在地区性市场之间，旅游资源价格很难形成统一的市场价格，其资产价格具有明显的地区性特征。

7. 旅游资源资产价格的增值性

随着旅游产业的快速发展，旅游人数的增加，旅游资源的需求日益扩大，从而拉动旅游资源资产价格上升。旅游资源资本开发投入地增加，使旅游资源增值速度加快，这也推动着旅游资源的利用效益日益提高，进而使旅游资源资产价格上升。同时，社会经济的发展也带来了高科技高投资的日趋发达，工人活劳动总量在生产中的比重日趋缩小，从而使整个社会的资本有机构成提高，社会平均利润率下降，导致利息率有下降的趋势，以至于表现为旅游资源价格呈上升趋势。

二、旅游价格的分类

旅游价格可按照不同标准进行不同的分类。从旅游经营的角度出发，常见的旅游价格分类主要有以下几种：

1. 一般旅游价格和特种旅游价格

这种分类是按照旅游产品构成内容的不同而分类的。一般旅游价格是指以旅游产品价值为基础来确定的旅游产品价格，如餐饮价格、住宿价格、交通价格、日用生活品价格等。这些旅游产品与国民经济的其他相关行业、部门的产品具有明显的替代性，因而它必须按照社会平均利润率，以旅游产品的价值为基础来制定。特种旅游价格是价格与价值背离较大的旅游产品价格，如旅游购物品中的古玩、名画的价格，名人住过或游览过的旅游景点的价格，这些旅游产品在特定的时间和空间内具有独占性，其价格也可以视作垄断价格，其价格制定不受成本高低的影响，而主要取决于市场的供求状况。

2. 基本旅游价格和非基本旅游价格

这种分类是按照旅游者在旅游活动中对旅游产品需求程度的差异而分类的。基本旅游价格是旅游活动中必不可少的旅游需求部分的价格，包括食宿价格、交通价格、游览价格等；非基本旅游价格是指旅游活动中对每个旅游者来说可发生也可不发生的旅游产品价格，如纪念品价格、通讯服务价格、医疗服务价格、娱乐服务价格等。基本旅游价格是满足旅游者基本需求部分的价格，基本旅游价格不合理，旅游者的基本需求得不到合理地满足，旅游活动要么无法进行，要么留下遗憾，从而直接影响到旅游客源的多少。因此，合理地确定基本旅游价格十分重要。大量非基本旅游价格是在旅游者基本需求获得满足基础上产生的，从而有利于刺激旅游者的进一步需求，影响旅游者的旅游消费结构，从而增加旅游目的地的收入。这就要求在制定非基本旅游价格时，必须充分考虑基本旅游需求的独特个性，并按照其功能特性，制定合理的价格。

3. 包价、部分包价和单项价格

这种分类是按照旅游者购买旅游产品的方式划分的。旅游包价也叫统包价格，是旅行社为满足旅游者的需要所提供的旅游产品基本部分和旅行社服务费的价格。它由三部分组成：一是旅游出发地与旅游目的地之间的往返交通费；二是旅游目的地向旅游者提供的旅游产品的价格；三是旅行社的管理费用和盈利。旅游包价是旅游者一次性支付的价格。单项价格是旅游者按零星购买方式所购买的旅游产品的价格，亦即是在一定时期内不同旅游经营者所规定的各种单项旅游产品的价格，如客房价格、餐饮价格、交通价格、门票价格等。部分包价是介于包价与单项价格之间的旅游价格，指旅游者一次性购买部分旅游产品的组合，同时又以零星购买方式而购买另外的单项旅游产品，如参加某次运动会、某项球赛、某种娱乐的价格，或以某个特殊地方为目标地参观游览所提供特殊产品和服务的价格。随着旅游客源由团队向散客方向的发展，部分包价和单项价格将逐渐增多。

4. 国际旅游价格和国内旅游价格

这种分类是按照旅游者的国籍不同而分类的。国际旅游价格是向海外游客标明的价格，国内旅游价格是向本国旅游者标明的价格。由于不同国家的经济发展水平不一样，不同国籍的旅游者的购买力客观上有差异，因此，区分国际旅游价格与国内旅游价格不仅符合旅游经济活动的实际，而且有助于经济相对落后的国家或地区吸收更多的外汇。通常的表现是，发展中国家的国际旅游价格比国内旅游价格要高得多。随着经济的区域化和全球一体化进程的加深，服务贸易将日益世界化，旅游价格的国际、国内差异也将逐渐缩小。

因此，区分和确定国际旅游价格和国内旅游价格的差异，必须以世界经济的发展，尤其是世界服务贸易的发展状况为依据，才能制定出既符合实际，又科学合理的旅游价格。

三、旅游价格体系

旅游经济活动是一种综合性的经济活动，它涉及众多的行业和部门；旅游消费是一种综合性消费，它围绕着旅游者的食、住、行、游、购、娱等需求涉及繁多的旅游产品的交换。不同的旅游产品在质量、规格、花色、式样上各不相同，这些旅游产品在再生产过程中还存在所处阶段上的差别、地区上的差别和季节上的差别等。因此，不同旅游产品存在的价格各异，相同旅游产品也有价格的不同。由于旅游价格是纷繁复杂的，各种旅游价格之间是相互联系、相互制约的，其客观上存在着一定的组成结构和比例关系，从而形成了旅游产品的价格体系。

所谓旅游产品价格体系是指各种旅游产品价格相互联系、相互制约而形成的旅游产品价格的总和或旅游产品价格组成的有机整体。

科学合理的旅游价格体系，既能满足旅游者在支出一定旅游费用的情况下获得最大需求满足；又能使旅游经营者获得适当的利润，促进旅游企业的发展；还能调节旅游市场的供给与需求，推动旅游经济健康运行，促进旅游业蓬勃发展。因此，分析和研究旅游价格体系，不断地保持旅游价格体系的科学性和合理化，具有十分重要的意义。旅游价格体系的科学性和合理化就是旅游价格之间的比例合理化。旅游价格的比例关系主要有旅游产品的比价、旅游产品的差价和旅游产品的优惠价。

1. 旅游产品的比价

旅游产品的比价是指不同旅游产品价格的比较关系，其形成的基础是生产不同旅游产品所耗费的不同社会劳动量的比例，即价值量的比例。旅游产品比价安排得合理，有利于旅游产品的生产与流通，从而有利于旅游市场的供求平衡。如果旅游产品的开发结构不合理，如饭店过剩、景点不足或景点没有特色，则旅游产品比价就表现为饭店价格高、景点价格低或者饭店价格低、景点价格高，从而使旅游产品比价不合理，其结果必然影响饭店与景点的生产与流通，影响旅游市场的供求平衡。此外，合理的旅游产品的比价还能使各类旅游产品的生产者都能得到社会平均利润，有助于调动生产者的积极性，促进旅游经济的发展。旅游产品的比价大致可以分为两类：一类是具有互补关系的旅游产品之间的比价关系，如旅游产品中食、住、行、游、购、娱之间的比价关系，这类旅游产品比价合理化的前提是各类互补旅游产品之间质量、档次、数量、比例上的相互对应和一致。另一类是具有替代关系的旅游产品之间的比价关系，如一般旅馆、商务旅馆、汽车旅馆、度假村、农舍式旅馆等之间的比价关系，安排这类旅游产品的比价，要在遵循价值决定价格的基础上，着重考虑旅游市场的供求与产品的特色。如一个有特色的一般旅馆的床位价可能与一家星级饭店的床位价相差不远，而农业旅游发展中的农舍式旅馆的价格与其他具有替代关系的旅游饭店的价格显然差异较大。

2. 旅游产品的差价

旅游产品的差价是指同种旅游产品由于购销环节、购销地区、购销时间及其他原因而引起的价格差额。旅游产品差价的实质是旅游产品在流通过程中自身价值（基础劳动量）和新增价值（流通中新投入劳动量）的货币综合表现。旅游产品差价的大小，决定着旅游产品价格水平的高低，从而影响到旅游者和旅游经营者的经济利益。通常，旅游产品的差价主要有以下几种类别：

（1）批零差价。一般是指同种旅游产品在同一时间、同一市场零售价格与批发价格的差额。由于零售产品比批发产品要多投入人力、物力、财力，因此零售价格客观上要比批发价格高。同时，随着社会分工地深化，现代旅游经济活动中，旅游产品的销售成为旅游经济运行的重要环节，这也推动着旅游产品批零差价的形成和合理化。

（2）地区差价。地区差价是指同种旅游产品在不同购销地区的价格差额，它是购销差价在空间上的反映。旅游地区差价可以调节不同地区间的旅客流量，刺激“冷点”地区旅游业的发展，减轻“热点”地区旅游环境的压力，起到平衡各地区旅游业经济效益的作用。

（3）季节差价。季节差价是指同种旅游产品在同一市场不同季节的价格差额，它是购销差价在时间上的反映。旅游季节差价是为了调节旅游“淡旺季”的游客流量，以达到淡季不淡，旺季不要过分拥挤的目的。

（4）质量差价。一般指同种旅游产品在同一市场上由于质量不同而形成的价格差额。任何旅游产品都存在着质量高低的差别，如饭店不同星级有不同服务质量。为了实行按质论价、优质优价，就要通过合理的质量差价来保护旅游者和旅游经营者双方的利益，使旅游者获得与价格相一致的服务，使旅游经营者获得与价格相一致的收益。

3. 旅游产品优惠价

旅游产品优惠价是旅游产品供给者在明码公布的价格基础上，给予一定比例的折扣或优惠的价格，其实质也是一种差价。如有的航空公司对团体旅游实行每 16 人可以免票一张的优惠。旅游产品优惠价主要有以下几种类型：

（1）销量优惠。即根据购买旅游产品数量的大小实行优惠，游客数量越大，优惠越多。具体又分为累计折扣优惠和非累计折扣优惠。累计折扣优惠是在规定时间内同一旅游者累计购买旅游产品或服务的数量超过一定数额时，可给予一定的折扣优惠，它有利于建立旅游企业与旅游者之间长期固定的合作关系，有利于稳定客源渠道，保持旅游人数的稳定增长。非累计折扣优惠是规定旅游者每次达到一定数量或购买多种旅游产品达到一定金额所给予的价格折扣，它有利于鼓励和刺激旅游者扩大购买量，同时减少交易成本。

（2）同业优惠。指旅游产品批发商给予零售商的折扣，如旅游目的地饭店业给旅行社优惠住房价和一定的佣金。同业优惠可以充分发挥中间商的销售职能作用，是稳定销售渠道的重要措施之一。

（3）季节优惠。指旅游企业在经营季节性波动较大产品和服务时，常在淡季给予旅游者的价格优惠。它有利于旅游企业的设施和服务在淡季时被充分利用，有利于旅游企业的正常经营。

（4）现金优惠。是为鼓励旅游者以现金付款或提前付款，而给予旅游者一定折扣的优惠，以加快资金的周转，减少资金的占用成本。

第二节　旅游价格形成与定价

一、旅游价格的构成

从旅游产品经营者的角度看，旅游价格是由成本和盈利两部分构成。成本是指生产费用，它包括生产旅游产品时用于建筑物、交通运输工具、各种设备、设施及原材料等物质的耗费和旅游从业人员旅游服务的劳动补偿部分。盈利是指旅游从业人员新创造的价值部分，它包括向政府交纳的税金、贷款利息、保险费用和旅游商品经营的盈利等。在旅游单项价格构成中，旅游价格包括旅游经营者的成本与利润；但在统包价格中，旅游价格则由各个单项旅游产品的单价之和加上旅行社的成本与盈利所构成。

在旅游价格的构成中，成本不是旅游企业的个别成本，而是社会平均成本，即旅游企业的平均成本。成本是企业在正常的市场环境中定价的最低点。在一定时期内社会平均成本是一个相对固定量，如果旅游企业的个别成本低于社会平均成本，在市场竞争中就占有利地位，对价格制定就拥有较大的灵活性，能获得较好的经济效益；反之，如果旅游企业个别成本高于社会平均成本，则将处于被动地位，旅游定价的自主权就小，经济效益也差。因此，旅游企业应当尽可能降低个别成本，以争取较大的定价自主权。

旅游价格中的盈利是一个变量，它有一个最高界限和最低界限。最高界限是以多数旅游者能够接受为限度，最低界限是以社会平均利润率为依据。超过最高界限旅游者接受不了，会造成客源减少，旅游收入降低，从而影响旅游业的发展；低于最低界限则将使旅游企业得不到正常利润，使已有的旅游投资撤出旅游业，而新的投资不愿进入旅游业，从而引起资源的重新配置，并阻碍旅游经济的发展，长此下去，会导致旅游业无法维持和发展。因此，旅游价格中的盈利应当在最高界限与最低界限之间变动。

从旅游者的角度看，旅游价格的构成分为基本构成和自由选择两部分。基本构成是旅游者在出游前对旅游产品的感性认识和粗略理解基础上所预算的旅游支出构成；自由选择是旅游者在旅游过程中，通过对旅游产品的亲身体验和主观预测而对基本构成的调整，它包括对基本构成总量的增减和对基本构成的结构改变，以及调整下次旅游的预算。如某旅游者在某条旅游线路上旅游时，由于获得了非常独特的心理满足，于是请亲友再寄些钱来多停留一些日子，并希望下次再来。对于旅游者的这种旅游价格构成要求旅游经营者应充分注意两个方面：一是加强推销能力，通过较宽的营销渠道和较强的宣传促销使旅游者对旅游产品有更多的认识和理解，从而尽可能增加旅游者的旅游预算；二是提供优质的旅游服务，对旅游者产生较强的吸引力，从而增加旅游者的自由选择。

二、旅游价格制定的目标

价格制定的目标，是指企业在对其生产或经营的产品定价之前，预先设定的、有意识地要求达到的目的和标准。旅游企业在制定旅游价格时，必须首先确定旅游价格制定的目标，因为它是旅游价格决策的依据，直接关系到价格策略和定价方法的选择。因此必须慎重对待，科学地确定旅游定价目标。

旅游定价目标是由旅游企业生产经营目的决定的，它是生产经营目标的具体化。定价目标必须与旅游企业生产经营的总目标相适应，为总目标服务。旅游企业作为市场经济的主体，其生产经营的根本目的是价值的增值，是追求收益的最大化。因此，判断旅游定价目标制定的正确与否，取决于一个较长时期内最终是否给企业带来尽可能多的利润总量。由于影响旅游企业收益大小的因素很多，这些因素又具有不确定性和多变性，因而旅游企业生产经营的总目标在根本目的一致的基础上又呈现出多样化的特点，于是旅游定价目标也是多种多样的。通常围绕收益最大化而展开的旅游定价目标，概括起来主要有以下几类。

（一）获取利润目标

旅游企业定价目标是指旅游企业通过制定一定水平的价格，所要达到的预期目的。定价目标一般可分为获取利润目标、增加和保持销售额目标、市场占有率目标、稳定价格目标、防止竞争和塑造形象目标。

利润目标是旅游企业定价目标的重要组成部分，获取利润是旅游企业生存和发展的必要条件，是旅游企业经营的直接动力和最终目的。因此，利润目标为大多数旅游企业所采用。由于企业的经营哲学及营销总目标的不同，这一目标在实践中有两种形式：

1. 旅游企业以追求最大利润为目标。最大利润有长期和短期之分，还有单一产品最大利润和企业全部产品综合最大利润之别。一般而言，企业追求的应该是长期的、全部产品的综合最大利润，这样，企业就可以取得较大的市场竞争优势，占领和扩大更多的市场份额，拥有更好的发展前景。当然，对于一些中小型企业、产品生命周期较短的企业、产品在市场上供不应求的企业等，也可以谋求短期最大利润。

最大利润目标并不必然导致高价，价格太高，会导致销售量下降，利润总额可能因此而减少。有时，高额利润是通过采用低价策略，待占领市场后再逐步提价来获得的；有时，企业可以采用招徕定价艺术，对部分产品定低价，赔钱销售，以扩大影响，招徕顾客，带动其他产品的销售，进而谋取最大的整体效益。

2. 以获取适度利润为目标。它是指企业在补偿社会平均成本的基础上，适当地增加一定量的利润作为商品价格，以获取正常情况下合理利润的一种定价目标。以最大利润为目标，尽管从理论上讲十分完美，也十分诱人，但实际运用时常常会受到各种限制。所以，很多企业按适度原则确定利润水平，并以此为目标制定价格。采用适度利润目标有各种原因，以适度利润为目标使产品价格不会显得太高，从而可以阻止激烈的市场竞争，或由于某些企业为了协调投资者和消费者的关系，树立良好的企业形象，而以适度利润为其目标。

以适度利润为目标确定的价格不仅使企业可以避免不必要的竞争，又能获得长期利润，而且由于价格适中，消费者愿意接受，还符合政府的价格指导方针，因此这是一种兼顾企业利益和社会利益的定价目标。需要指出的是，适度利润的实现，必须充分考虑产销量、投资成本、竞争格局和市场接受程度等因素，否则，适度利润只能是一句空话。

（二）旅游销售额目标

旅游销售额目标定价是在保证一定利润水平的前提下，谋求旅游产品销售额的最大化。某种旅游产品在一定时期、一定市场状况下的销售额由该旅游产品的销售量和价格共同决定，因此销售额的最大化既不等于销量最大，也不等于价格最高。对于需求的价格弹性较大的旅游商品，降低价格而导致的损失可以由销量的增加而得到补偿，因此企业宜采用薄利多销策略，保证在总利润不低于企业最低利润的条件下，尽量降低价格，促进销售，扩大盈利；反之，旅游商品的需求的价格弹性较小时，降价会导致收入减少，而提价则使销售额增加，企业应该采用高价、厚利、限销的策略。

采用销售额目标时，确保旅游企业的利润水平尤为重要。这是因为旅游产品销售额的增加，并不必然带来利润的增加。有些旅游企业的销售额上升到一定程度，利润就很难上升，甚至销售额越大，亏损越多，因此，销售额和利润必须同时考虑。在两者发生矛盾时，除非是特殊情况（如为了尽量地回收现金），应以保证最低利润为原则。

（三）市场占有率目标

市场占有率，又称市场份额，是指旅游企业的销售额占整个旅游行业销售额的百分比，或者是指某旅游企业的某旅游产品在某旅游市场上的销量占同类产品在该市场销售总量的比重。市场占有率是企业经营状况和企业产品竞争力的直接反映。作为定价目标，市场占有率与利润的相关性很强，从长期来看，较高的市场占有率必然带来高利润。美国市场营销战略影响利润系统的分析指出：当市场占有率在10%以下时，投资收益率大约为8%；市场占有率在10%～20%之间时，投资收益率在14%以上；市场占有率在20%～30%之间时，投资收益率约为22%；市场占有率在30%～40%之间时，投资收益率约为24%；市场占有率在40%以上时，投资收益率约为29%。因此，以旅游产品销售额为定价目标具有获取长期较好利润的可能性。

旅游企业产品市场占有率目标在运用时存在着保持和扩大两个互相递进的层次。保持旅游产品市场占有率的定价目标的特征是根据竞争对手的价格水平不断调整价格，以保证足够的竞争优势，防止竞争对手占有自己的市场份额。扩大市场占有率的定价目标就是从竞争对手那里夺取市场份额，以达到扩大企业销售市场乃至控制整个市场的目的。

在实践中，旅游市场占有率目标被国内外许多企业所采用，其方法是以较长时间的低价策略来保持和扩大市场占有率，增强企业竞争力，最终获得最优利润。但是，这一目标的顺利实现至少应具备三个条件：

1. 企业有雄厚的经济实力，可以承受一段时间的亏损，或者旅游企业本身的生产成本本来就低于竞争对手。

2. 旅游企业对其竞争对手情况有充分了解，有从其手中夺取市场份额的绝对把握。否则，企业不仅不能达到目的，反而很有可能会受到损失。

3. 在旅游企业的宏观营销环境中，政府未对市场占有率作出政策和法律的限制。比如美国制定有“反垄断法”，对单个企业的市场占有率进行限制，以防止少数企业垄断市场。在这种情况下，盲目追求高市场占有率，往往会受到政府的干预。

（四）稳定价格目标

稳定的价格通常是大多数企业获得一定目标收益的必要条件，市场价格越稳定，经营风险也就越小。稳定价格目标的实质即通过本企业产品的定价来左右整个市场价格，避免不必要的价格波动。按这种目标定价，可以使市场价格在一个较长的时期内相对稳定，减少企业之间因价格竞争而发生的损失。

为达到稳定价格的目的，通常情况下是由那些拥有较高的市场占有率、经营实力较强或较具有竞争力和影响力的领导者先制定一个价格，其他企业的价格则与之保持一定的距离或比例关系。对大企业来说，这是一种稳妥的价格保护政策；对中小企业来说，由于大企业不愿意随便改变价格，竞争性减弱，其利润也可以得到保障。在钢铁、采矿业、石油化工等行业内，稳定价格目标得到最广泛地应用。

（五）塑造形象目标

塑造形象目标又叫社会形象目标。它是新旅游企业为了塑造一定的市场形象或老旅游企业欲改造自身市场形象而确定的定价目标。旅游企业的价格或为维护企业的“重信誉、高质量”形象而定高价格，或为树立旅游产品的物美价廉形象而定低价格。总之，通过定价，维护、建立和改善企业形象。此种定价目标常常与旅游企业的市场策略紧密相连。

（六）防止竞争目标

旅游企业通过给旅游产品定价主动避免市场竞争。旅游企业定价，主要以对市场价格有影响的竞争者的价格为基础，采用这种定价目标的企业，在定价之前，一般都要广泛收集主要竞争对手的资料，将本企业产品的品质规格与其他竞争产品进行比较，根据企业的竞争实力稍高于或稍低于竞争者，一般来说，如果旅游企业产品在市场上有一定的竞争优势，企业实力雄厚，若希望增加市场占有率可以采用稍低于竞争对手的；如果本企业的产品在品质及服务上与其他企业差不多，其他方面稍差，那么在市场竞争激烈的情况下，可以以市场主导企业的价格为基础，随行就市定价，从而缓和竞争稳定市场。

（七）渠道关系目标

旅游企业为了保持与渠道成员之间的良好关系为定价目标。旅游企业需要各种中间商的帮助，比如旅行社、交通和居住等各种企业的协助，研究定价对中间商的影响，充分考虑中间商的利益，以保证对中间商有吸引力的利润，对调动中间商的积极性极其重要。如采取对中间商折扣的方式，允许一定区域的中间商提高商品的零售价等。旅游企业税让利于中间商，对于中间商的调动而带来的销售和影响是实实在在的。

将定价目标分为利润目标、销售额目标、市场占有率目标和稳定价格目标等七项，只是一种实践经验的总结，它既没有穷尽所有可能的定价目标，又没有限制每个企业只能选用其中的一种。由于资源的约束，企业规模和管理方法的差异，企业可能从不同的角度选择自己的定价目标。不同行业的企业有不同的定价目标，同一行业的不同企业可能有不同的定价目标，同一企业在不同的时期、不同的市场条件下也可能有不同的定价目标，即使采用同一种定价目标，其价格策略、定价方法和技巧也可能不同。企业应根据自身的性质和特点，具体情况具体分析，权衡各种定价目标的利弊，灵活确定自己的定价目标。

综上所述，旅游价格制定的目标是多种多样的，不同的企业可能有不同的定价目标，同一旅游企业在不同时期也可能有不同的定价目标。在遵循收益最大化的基本目标前提下，旅游企业应当根据所处的市场竞争环境、企业本身的经济实力、旅游产品的特点及其在生命周期中所处的不同阶段来确定具体的定价目标。

三、旅游价格制定的原理

1. 旅游产品的价值决定供给价格

价格是价值的货币表现，价值取决于社会必要劳动时间。这一基本理论也适用于旅游产品，就是说旅游价格是由旅游产品的价值决定的，是由生产旅游产品的社会必要劳动时间决定的。所谓社会必要劳动时间，是指在现有社会正常的生产条件下，社会平均的劳动熟练程度和劳动强度下制造某种使用价值所需要的劳动时间。社会必要劳动时间不同，商品的价值不一样，其价格也应当有差异。合理的旅游价格反映旅游资源对旅游者的吸引程度，吸引力强、观赏价值高的旅游资源，蕴含有大量的物化劳动，应当收取较高的价格。旅游价格的制定还体现旅游设施的数量和质量，如豪华级宾馆与一般宾馆虽然都是宾馆，但其设施的配套与完善程度、舒适与先进程度差距很大，所花费的社会必要劳动时间差异明显，因而其价格有较大的差别。此外，旅游价格的水平还体现着旅游服务人员所提供的服务劳动的质量水平，包括客房、餐饮、翻译、导游，等等，热情周到高质量的服务反映着服务人员的业务素质较高，付出了更多、更复杂的劳动，理应得到较高的报酬。

旅游产品的价值决定旅游产品的供给价格，这是旅游价格的下限，低于这一下限，旅游经营者所付出的社会必要劳动就得不到合理的补偿，旅游产品的再生产就难以继续。另一方面，由于旅游经营者的经营水平和经营状况不同，其个别劳动时间或者低于社会必要劳动时间，或者高于社会必要劳动时间。按照社会必要劳动时间决定价值量并决定供给价格的规律性，可以反映出不同旅游经营者的经营水平和经营状况，从而保护好的，淘汰差的，促使旅游经营者不断改善经营管理，降低消耗，推动旅游业的发展。另外，按照社会必要劳动时间决定供给价格，也保护了旅游者的经济利益，使旅游产品货真价实地满足旅游者的消费需求。

2. 旅游业与其他行业的比较决定需求价格

需求价格是指在一定时期内旅游者对一定量的旅游产品愿意和能够支付的价格，它表现为旅游者的需求程度和支付能力。旅游业与国民经济其他行业相比较而决定旅游需求价格，主要表现在三个方面：一是旅游业比其他行业适度超前发展，以旅游业的优质服务和高层次的满足刺激旅游需求，创造旅游市场，从而增强了旅游者的旅游需求强度，形成和抬高旅游需求价格；二是旅游业同其他行业相比，人们的其他需求可以或者已经通过其他行业得到满足，而旅游需求还没有满足或者没有比较好地满足，这时人们的旅游需求程度较强；三是其他行业的发展使人们形成了旅游支付能力，从而使旅游者的旅游意愿转变为现实的旅游活动，旅游需求价格也便有了现实性。旅游需求价格是旅游价格的上限，超过上限即超过旅游者的意愿和支付能力，旅游者的旅游活动就不能成行或者减少，再有特色的旅游产品，再有吸引力的旅游资源都会成为空谈。

3. 旅游市场竞争决定市场成交价格

旅游市场竞争通过旅游产品的供给者之间、需求者之间和供给者与需求者之间的竞争决定市场成交价格。供给者之间竞争的结果使市场成交价格在较低的价位上实现；需求者之间竞争的结果，使市场成交价格在较高的价位上实现。因此，当旅游产品供过于求时，旅游价格只能体现旅游经营者的生存目标即较低的供给价格；当旅游产品供不应求时，旅游价格可以体现旅游经营者的利润最大化目标，从而体现了较高的交易价格，但不能超过旅游需求的价格。假定在一定的时间长度内，新的旅游企业没能进入，原有的旅游企业来不及退出或改变其生产规模，旅游产品市场成交价格可以分为四类，结合西方经济学成本理论，当边际成本等于边际收入时，旅游企业收益最大。如图3－1所示。

① 成交价格为P_0时，平均成本大于平均利润，即$AR > AC$。旅游经营者获得超额利润。

② 成交价格为P_1时，平均成本等于平均利润，即$AR = AC$。旅游经营者获得正常利润。

③ 成交价格P_2平均收益等于平均变动成本，即$AR = AVC$。这时虽然处于亏损状态，但旅游经营者还将继续经营，以便部分地收回已经支出的固定成本，此时成为停止营业点。

④ 成交价格P_3平均收益小于平均变动成本，即$AR < AVC$。此价格时旅游经营者必须停止经营。

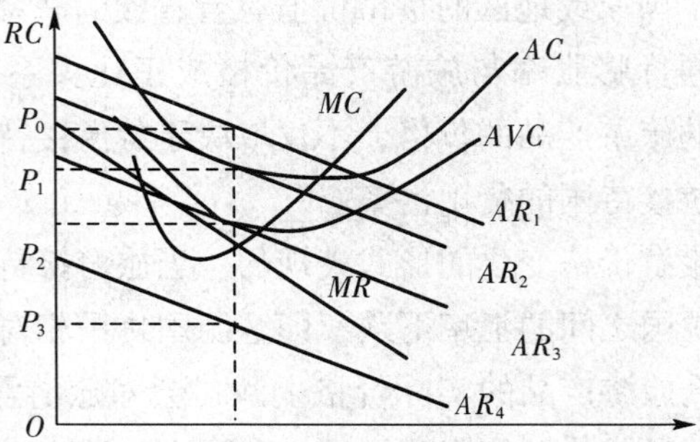

图3－1　旅游产品均衡

4. 经济政策调节旅游产品市场成交价格

在市场经济中，市场作为配置社会资源的机制本身也会有内在缺陷，“市场失灵”或“市场失效”是经常发生的，客观上要求政府的经济政策调控市场。特别是当前我国市场体系还不健全，旅游市场还有诸多的问题，价格机制还不能充分发挥作用，在这样的情况下，政府经济政策对旅游价格的影响尤为重要。从我国旅游经济发展实际看，经济政策对旅游价格的调节主要包括以下方面：

（1）政府通过对旅游企业的审批年检，调节一个国家或地区的旅游企业数，从而影响旅游产品的供给，调节旅游价格。

（2）政府通过对旅游市场价格的调控，减少和避免旅游价格的信号失真，使旅游价格趋于合理。

（3）政府通过旅游经济发展政策直接和间接地影响旅游业的投资和旅游需求，进而影响旅游价格的变化。

（4）国民经济的发展状况决定通货膨胀率的高低和汇率的变动，从而影响旅游价格的变化。

综上所述，旅游价格制定的原理是：旅游价格一般以供给价格为下限，以需求价格为上限，旅游市场成交价格在上、下限之间，在特殊时期可能低于供给价格的下限。旅游市场成交价格不仅是旅游市场竞争的结果，也受政府经济政策的影响。

四、影响旅游价格的其他因素

1. 汇率变化对旅游价格的影响

旅游价格与一个国家或地区的货币价值有着直接的联系，在其他条件不变的情况下，一国的通货膨胀率与旅游产品价格成正比关系。在国际旅游活动中，旅游者所购买的旅游产品的价格，不仅取决于旅游接待国的币值，还取决于旅游客源国与旅游接待国的货币汇率。

汇率变化是以旅游价格变化的形式表现的：当旅游接待国的货币升值，导致接待国同旅游客源国之间的汇率下跌，即客源国货币相对贬值，也就是说兑换的货币减少，那么旅游产品的实际价格上涨，会对旅游需求产生抑制作用，前往该国的旅游者数量或旅游停留时间可能会减少；反之，则旅游产品的实际价格下降，促使前往该国的旅游需求增加。汇率变化会引起对货币升值的接待国旅游需求减少，而对货币贬值的接待国旅游需求增加。

自 2005 年 7 月 21 日，我国开始实行浮动汇率制度后，人民币对美元升值千分之二，即 1 美元兑 8.11 元人民币一直至 2008 年 5 月 15 日，人民币对美元汇率中间价首度“破 8”。人民币升值，对国内旅游业的影响不大，但对国际旅游，特别是出境旅游市场，会起到强化的效应。2005 年，全国出境旅游人数达 3100 万人次，出境游目的地已达 80 多个国家和地区，成为亚洲第一大客源输出国。仅2008年一季度，我国出境游人数达852万人次，以每人次花费1000美元计算，出国旅游花费85.2亿美元。按人民币汇率变动前(1∶8.2765)后（1∶7.9982）的汇率差计算，则可以节省约23.7亿元人民币。

人民币升值促使一部分国内旅游中的高端客源考虑出境旅游，同时对于在心理上强化旅游者出境的消费意识，增强了他们的购买欲望和购买能力。中国经济景气指数中心对北京、上海、广东等居民出境意向的调查表明，22%左右的公民打算第二次或更多次的出境旅游，43%左右的公民打算首次出国旅游。2006年前三个月，内地访港游客约359万人次。人民币的升值，对于这部分有出国旅游意向的消费群体，无疑是一个好消息。此外，出境游的快速发展，还可缓解我国外汇储备过大的压力，保持出境游市场健康、有序地发展，通过有管理、有引导地出境游调控，可在一定程度上缓解我国与有关国家的贸易逆差，如果能够主动操作，可以成为国家有效的经贸工具，这是旅游业在新形势下的又一重要作用。

2. 油价变化对入境旅游市场的削减效应

国际石油市场自2004年开始出现剧烈震荡，2008年8月份以来，国际油价虽有所下调，但据国际人士分析，持续走低的油价在每桶60美元的价位上继续下浮会遭受阻力，将在此高位保持振荡整理，再次大幅度下降的可能性不大。国际油价直接影响国内油价，以93号汽油为例，从2003年2元每升的价格升至现在的近5元每升，对公路、民用航空及水运都造成了成本上涨的压力。

国际旅游的总支出中，国际间交通费占有相当大的比重，以航空费用的支出为主。国际航空协会（IATA）表示，由于油价涨幅超过了经济增长及提高票价带来的收益，全球航空公司今年的亏损额可能达到30亿美元。为了弥补这种亏损，燃油附加费成为各家航空公司除降低运营成本之外所共同采取的方式，费用的增加自然就转移到国际旅游者的身上，高价位在一定程度上会阻碍国际游客选择出境旅游。由此，油价的上涨带来旅游交通费用相应增加，旅游成本提高，形成跨国旅游的直观价格和实际价格上升，导致了“游价”上涨，对于入境旅游在一定程度上会起到削减的效应。

据统计，中国入境旅游中，入境过夜旅游者消耗在“行”方面的费用是旅游支出六要素中所占比例最高的，这与我国名胜、古迹景点众多，分布广阔相关。旅游者希望在有限的时间内游览较多景点，势必会选择长途交通工具代步，国内航空成为首选，本身就造成了“行”的花费较大，再加上国内民航总局为回应国际油价的上涨，在 2005 年 8 月调整了燃油附加费收取标准，自 2006 年起由 800 公里以下航线每位旅客 20 元调整为 30 元，800 公里以上航线由 40 元调整为 60 元。即便各家航空公司竞相在机票上给出折扣，长线航空价格的涨幅仍在 100 元以上。对入境游客也是一笔不小的成本投入。

虽然油价上涨在公路、水运上的上浮压力还没有显现，但国际航空价格和国内航空价格的上涨，都增加了入境旅游的交通成本，对国际旅游者出国旅游会带来阻力，一定程度上影响着中国入境旅游市场的成长。

3. 居民消费结构变化对国内旅游市场的优化效应

消费结构是指各类消费支出占总消费支出的比重，其中食品支出占总消费支出的比重又称为恩格尔系数，它被用来作为判断居民消费水平的一项指标。“十五”期间，中国城镇居民人均消费支出恩格尔系数由 1993 年的 50.2% 降至 2004 年的 37.7%，农民人均消费支出恩格尔系数也由 1993 年的 58% 降为 2005 年的 47.2%。按照国际划分标准，我国居民生活水平整体进入小康范围，城市居民平均生活水平则上升到宽裕性阶段。

近 10 年，我国城镇居民和农村居民人均可支配收入分别以 7.1% 和 4.3% 的平均速度递增，人们手头越来越宽裕，有更多的收入来享受社会提供的其他消费项目。人们可支配收入的提高不仅使消费结构转变作用于旅游业，而且是人们产生旅游需求的前提。2005 年，国内旅游人数 12.12 亿人次，收入 5286 亿元人民币，分别比上年增长千分之十和千分之十二。2005 年，在“春节”、“五一”、“十一”三个黄金周中，全国共接待国内游客 3.02 亿人次，实现旅游收入 1243 亿元，分别占全年的 24.9% 和 23.5%，较上年增长 0.6% 和 0.7%。国内旅游呈现出欣欣向荣的局面。

旅游作为人们在服务性消费方面的支出，是居民的消费结构转为质量型优化的产物。2005 年城镇居民出游人均花费为 737.1 元，农村居民国内旅游出游人均花费 227.6 元，分别比 2004 年增长了 7.2% 和 12.6%。对应旅游消费地提高，旅游消费结构也在一定程度上有所优化，旅游者不仅自愿将花费主要用在交通、住宿、餐饮上，也愿意增加一定比例的游览、娱乐和购物的费用，这种弹性消费的比重在增加，在对国内旅游市场的调查分析中，大众观光型的旅游虽仍占主要地位，但其比例呈下降趋势，休闲度假、专项旅游及特种旅游等产品受青睐的程度增加。同时，追求舒适、豪华的商务旅游也较经济型的大众旅游表现出强增长态势。

旅游市场的变化因素很多，汇率、油价以及居民消费结构这三个因素，是影响市场的三个动态因素，对2006年的旅游市场判断和2007年的市场预测具有重要意义，从汇率的涨跌可以预测出境游的走势，从油价的起伏可以估计入境游的走向，从居民消费结构地不断调整可以了解旅游消费结构的变化。

4. 相关政策对旅游价格的影响

价格政策是宏观经济政策的重要组成部分，宏观经济政策指导价格政策，并对旅游价格产生不同程度的影响。

我国建立了高效的旅游价格管理体制。旅游价格的形成与管理也是在不断总结经验与提高认识的基础上逐步发展和完善的。目前，在旅游价格的各构成要素中，旅游交通价格、主要景点景区门票价格仍实行政府定价或政府指导价，而旅游饭店、餐饮、娱乐、购物等项目价格由经营者自主定价，价格主管部门的管理重点将放在规范价格行为上，而不再参与具体价格制定工作。另外，旅游行业的主管部门也积极适应市场经济条件下的新情况、新局面，转变政府职能，使政府职能部门以各方利益的“协调者”和旅游市场秩序的“维护者”的身份管理旅游价格，使得市场在旅游价格决定中发挥了主导作用。旅游价格管理部门角色的转变和旅游价格形成机制的变革，是旅游市场高效运作的保证。

我国形成了较为合理的旅游价格体系。旅游价格体系的组成要素是多方面的，是一项综合性的大系统，各个旅游经济活动主体的变化都会影响到旅游价格的决定与调整，而旅游价格体系是否完善健全又反过来影响旅游经营者和消费者的行为，从而对整个旅游产业的发展产生影响。过去我们的旅游价格体系过于僵化，没有层次性和灵活性，往往表现为“铁板一块”，旺季淡季一个价，组团散客一个价，制约了旅游产业的发展。通过旅游价格管理体制的改革，将旅游产品的定价逐步下放，各旅游经营者有权根据市场供求情况采取更为灵活多样的旅游价格，丰富了旅游价格的品种，增大了其调控旅游市场供求关系的功能，把旅游市场推向了更开放、更繁荣的新局面。如旅行社推出了统包价、半包价和小包价等多个价格品种，景点景区按旅游旺淡季和旅游人数不同推出了相应的旺季价、淡季价和团体优惠价，旅游饭店推出了午夜房、两天三晚周末房等，形成了较为合理的旅游价格体系。

适时推出了景区门票的“一票制”。旅游产业的迅猛发展，带动了各景点景区的开发投资热，使旅游景区的基础设施建设得到长足的发展，为旅游者浏览参观提供了便利，但一哄而上的投资旅游景区建设也带来了不少问题。如景区内管理混乱，出现了“多头管理却无人负责”的现象。乱收费、多收费、漫天要价、欺诈游客问题突出；掠夺性的开发建设，不注意环境保护和永续使用，使一些景区的游览价值大幅下降等。为了改变景区内管理收费的混乱局面，确保旅游景区的可持续发展，目前大部分旅游景区推出了“一票制”，并明确规定“游览参观点门票实行一票制，对于确实需要单独设置门票的，须报省价格主管部门审批”。“一票制”的推出有利于明确并协调景区各相关单位的利益，解决乱收费问题；有利于保护景区资源和价格稳定；有利于降低景区管理成本，裁减冗员，是提高景点景区旅游质量，维护旅游消费者合法权益的重大举措。

重点旅游景点的门票价格制定实行听证制。门票价格听证是指由旅游门票价格主管部门组织社会有关方面，对制定或调整门票价格的必要性和可行性进行论证。《政府价格决策听证暂行办法》明确把主要旅游景点门票列为需要听证的商品和服务，举行门票价格听证会是实现政府价格决策制度化、法制化、民主化的重大举措。如2004年12月，受湖南省物价局的委托，湖南省张家界市物价局主持召开了门票价格调整听证会，对张家界市武陵源风景名胜区管理局提出的调整核心景区门票价格方案进行了公开听证。听证代表由消费者代表（含消协团体代表）、经营者代表、人大代表、政协委员代表和相关部门代表组成，他们对申请方案进行了广泛地论证和分析，并且充分表达了各自的意见和观点。这种门票价格决策听证制度使政府价格决策更加公开、透明，体现了公平与效率的原则，增加了与会各方的市场意识和群众观念，协调了经营者与消费者的利益和立场，是旅游价格管理体制的重大改革。

第三节　旅游定价的方法和策略

一、旅游定价方法

旅游定价方法是旅游企业在特定的定价目标指导下，根据企业的生产经营成本、面临的市场需求和竞争状况，对旅游产品价格进行计算的方法。旅游定价方法选择的正确与否，直接关系着旅游定价目标能否顺利地实现，关系着旅游业的经济效益能否有效地提高。通常，旅游定价方法有以下几种：

（一）成本导向定价法

成本导向定价法是以旅游企业的成本为基础来制定旅游产品价格的方法，成本加上企业的盈利就是旅游产品的价格。成本导向定价法具体又分为以下几种。

1. 成本加成定价法。该方法是将生产经营中耗费的固定成本除以产品销量加上单位变动成本得到单位产品成本，再加上按成本计算的一定比例的利润，即成为纳税前价格，纳税前价格加上应纳税金便形成旅游产品的售价，其计算公式如下：

$$P=\frac{(F/Q+V)\ (1+R_p)}{1-T_s}$$

其中：P——旅游产品价格；

Q——预计销售量；

F——固定成本；

V——单位变动成本；

R_p——成本加成率（利润率）；

T_s——营业税率。

例：某宾馆有客房500间，全部客房年度固定成本总额为400万美元，单位变动成本为15美元/（天·间），预计客房出租率为80%，成本利润率为30%，营业税率为5%，试确定客房的价格。

解：根据所给数据和公式，计算如下：

$$P=\frac{\left(\frac{4000000}{500\times80\%\times365}+15\right)\times\ (1+30\%)}{1-5\%}$$

$$=\frac{55.02}{95\%}=58.02\%\ [\text{美元/（天·间）}]$$

2. 盈亏平衡定价法。该定价法是指旅游企业在既定的固定成本、平均变动成本和旅游产品估计销量的条件下，实现销售收入与总成本相等时的旅游价格，也就是旅游企业不赔不赚时的产品价格，其计算公式为：

$$P = \frac{F/Q + V}{1 - T_s}$$

例：某饭店有餐座 200 个，餐厅每天应摊销的固定费用为 1800 元，每餐座平均消耗原材料为 15 元，预计餐座销售率为 60%，该饭店营业税率为 5%，试确定餐厅每餐座的销售价格。

解：根据计算公式和所给资料可得：

$$P = \frac{1800/200 \times 60\% + 15}{1 - 5\%}$$

$$= 30/95\%$$

$$= 31.85 \text{（元）}$$

根据盈亏平衡定价法确定的旅游价格，是旅游企业的保本价格。低于此价格旅游企业会亏损，高于此价格旅游企业则有盈利，实际售价高出保本价格越多，旅游企业盈利越大。因此，盈亏平衡定价法常被用作对旅游企业各种定价方案进行比较和选择的依据。

3. 目标成本定价法。目标成本，是企业为谋求长远利益和整体利益，根据它所处的内外环境和条件及其变化趋势，拟定的一种“预期成本”。目标成本不同于实际成本，而是一种“影子成本”，一般低于现实成本。目标成本定价法，就是以经过努力能够达到的预期成本为依据，加上一定的目标利润和应纳税金来制定价格的方法。其计算公式是：

$$P = \frac{C_m \ (1 + R)}{1 - T_s}$$

旅游企业采取较低的预期成本定价，必须努力扩大销量，使现实成本迅速降低，才能实现利润目标和长远利益增大。它主要适用于经济实力雄厚、营销能力强的旅游企业及新的旅游产品定价。

4. 千分之一法。在制定旅游饭店的房价时，不少人认为，房价应占整个饭店造价的千分之一，这就是千分之一定价法。如某饭店总造价 5000 万元，有客房 200 间，故每间客房价格为 250 元（即 5000 ÷ 200 × 1/1000）。成本导向定价法是旅游企业生存所必需的，是商品经济发展的客观要求。因为旅游价格低于成本，旅游企业就会亏损，其生存就会面临严峻的挑战，长此以往，旅游企业就会被市场所淘汰。成本导向定价法计算简便，利于核算，同行业之间也可以比较，还给人以买卖公平的感觉。但成本导向定价法只考虑了产品的成本，反映了以产品定销的经营思想，没有考虑市场竞争、旅游需求及市场其他环境因素的变化，因而成本导向定价法灵活性差，不利于旅游企业获取最佳利润。成本导向定价法适合于旅游市场还处于卖方市场或市场经营环境比较稳定的情况。

（二）需求导向定价法

需求导向定价法就是根据旅游者的需求程度、需求特点和旅游者对旅游产品价值的认识和理解程度来制定价格，需求强度大时定高价，需求强度小时定低价。这是因为旅游需求的大小是一个国家或地区发展旅游业的前提条件，如果没有客源，没有需求，旅游业不仅不能发展，而且不能生存。因此，旅游定价必须关注旅游需求。同时，旅游者愿意支付的价格高低不仅取决于旅游产品本身有无效用和效用的大小，而且取决于旅游者对旅游产品的主观感受和评价。因此，分析旅游者对旅游产品价值的认识和理解状况，把握旅游需求强度，据此进行旅游价格的制定，就成为旅游定价方法的一个重要类别。

需求导向定价法反映了旅游需求，有利于旅游产品流通和旅游产品价值的实现。但由于这种定价方法与成本没有必然联系，供不应求时，价高利大；供过于求时，价低利微，甚至亏损。因此，旅游企业要注意不同供求状况下利润的合理分配。常用的需求导向定价法主要有以下几种类型：

1. 差别需求定价法。又称差别定价法，是指在旅游产品成本相同或差别不大的情况下，根据旅游者对同一旅游产品的效用评价差别来制定差别价格。主要有：

（1）同一旅游产品对不同旅游者的差别定价。如同一饭店对散客、团队客人、家庭客人的价格差异；同一景点对国内旅游者和国外旅游者的价格差别。

（2）同一旅游产品在不同地点的差别定价。同样的餐饮在一般餐厅与在宾馆餐厅的价格不同，在餐厅享用与送到客房用的价格不同；同样星级的宾馆饭店，接近交通线路或旅游景点或商业中心，其客房价格可定得高些。

（3）同一旅游产品在不同时间的差别定价。如淡旺季价格的不同（我国物价部门规定，旅游淡季综合服务费可比平季水平下浮30%～40%，旺季可比平季上浮6%），旅馆在周末与平时的价格不同。

（4）同一旅游产品在增加微小服务的差别定价。如客房增加叫醒服务后的价格要高些，每天送一束鲜花可提高价格。

实施差别定价法应当注意几点：一是价格的平均水平不应低于运用成本加成定价法制定的价格水平；二是旅游产品需求市场必须能够被细分，并且在不同的细分市场上能反映出不同的需求强度；三是分割市场和控制市场的费用不能超过区分需求定价法所能增加的营业收入；四是差别定价法不能引起旅游者的反感，要符合旅游者的效用价值评价。

2. 声望定价法。旅游企业有意识地把某种旅游产品的价格定得高些，以此来提高旅游产品和旅游企业的档次与声望，这种定价叫声望定价法。这种定价方法的依据在于：旅游者经常把价格的高低看作旅游产品质量的标志，所谓"便宜无好货，好货不便宜"正是这种心理特征的表现。同时，有一部分旅游者把购买高价旅游产品作为提高自己声望的一种手段，如由公司付钱的奖励旅游者，高级商务旅游与行政管理人员的旅游需求就是这样。常见的声望定价法有：

（1）一些高星级宾馆常有一套或几套价格很贵的客房，如总统套房，其目的主要是以此来提高整个宾馆的档次与声望。

（2）名胜古迹，历史上名人居住过的地方，其定价也常用声望定价法，如庐山上一些伟人、名人住过的别墅，虽然客房设施较差，但房费也很高。

（3）一些旅游产品的最低价不低于旅游者所愿意支付的最低价，否则，旅游者会怀疑旅游产品的质量。如一瓶高级香水，定价在几百元以上可能有人购买，而定价在几十元可能反而无人问津。

采用声望定价法，必须注意以下约束条件：其一，旅游企业有较高的社会声誉，其旅游产品必须是优质并有不断地改进，否则就不能维护和巩固旅游者对该产品的信赖；其二，价格不能超过旅游者心理和经济上的承受力。

3. 心理定价法。心理定价法是为了刺激和迎合旅游者购买旅游产品的心理动机的定价方法。根据人们行为的心理过程模式：需要→动机→行为→满足，我们把围绕旅游者购买行为而进行有效定价的心理定价法也归为需求导向定价法这一类。常见的心理定价法有：

（1）非整数定价法。中低档旅游产品常用此法定价，这是为刺激和迎合旅游者的求廉心理而采取保留恰当的价格尾数的定价方法。如 9.80 元比 10.00 元便宜，9.19 元与 9.99 元的价格心理差距比 9.99 元与 10.39 元的价格心理差距小。这种定价方法不仅让旅游者感到便宜，而且旅游者还认为这是经过仔细计算后确定的价格，因而感到准确、可靠。

（2）整数定价法。高档旅游产品常用此法定价，它是为满足旅游者显示自己地位、声望、富有等心理需要而采取整数价格的定价方法。如一件首饰原定价为492元，若改定为500元，则对于有能力购买首饰的旅游者来说，多付出8元是不在乎的，但价格高8元却使这件首饰的声望价格增加了许多，给旅游者带来更大的心理满足。

（三）竞争导向定价法

竞争导向定价法，是指旅游企业在市场竞争中为求得生存和发展，参照市场上竞争对手的价格来制定旅游价格的定价方法。市场经济是竞争经济，旅游企业不可避免地要遇到各种竞争因素，所不同的是不同的旅游企业由于主客观条件的不同，所要考虑的竞争程度各异。以竞争导向定价，就是为了竞争或避免竞争的直接冲突，其着眼点在竞争对手的价格上，而不管本身价格与成本及需求的变化。竞争导向定价法一般可以分为以下几种类型：

1. 同行比较定价法。这种定价法是指以同行业的平均价格水平或领导企业的价格为标准来制定旅游价格的方法。这种定价方法使本企业价格与同行业的价格保持一致，既可在和谐的气氛中促进企业和行业的发展，也使企业得到平均报酬。这种定价方法还使企业之间避开了价格之争，避免两败俱伤，而集中在企业信誉、销售服务水平的竞争上。当本企业旅游产品的质量、销售服务水平及企业信誉与其他同行企业相比有较大差异时，其定价可在比照价格基础上加减一个差异额。

2. 排他性定价法。这种定价法，是指以较低的旅游价格排挤竞争对手、争夺市场份额的定价方法。如果说同行业比较定价法是防御性的，那么排他性定价法则是进攻性的。其具体有两种类型：

（1）绝对低价法。本企业旅游产品价格绝对低于同种旅游产品的价格，这样可以争取更广泛的顾客，排挤竞争对手；还可以使一些参与竞争的企业望而生畏，放弃参与竞争的念头。

（2）相对低价法。对某些质量好的名牌旅游产品，适当降低价格，缩小名牌旅游产品与一般旅游产品的价格差异，以促使某些低质的同类旅游产品降低价格，直至这些企业因无利可图而退出市场。

3. 率先定价法。这种定价法是指旅游企业根据市场竞争环境，率先制定出符合市场行情的旅游价格，以吸引游客而争取主动权的定价方法。在激烈的市场竞争中，特别是在市场需求表面停滞而潜在增长的情况下，旅游企业谁率先制定出符合市场行情的旅游价格，谁就拥有了占领市场的有利武器，也就拥有了竞争取胜的基础。

4. 边际贡献定价法。边际贡献是指每增加单位销售量所得到的收入超过增加的成本的部分，即旅游产品的单价，减去单位变动成本的余额，这个余额部分就是对旅游企业的“固定成本和利润”的贡献。当旅游产品的销量足够大，旅游企业的当期固定成本已经收回，增加的旅游产品销量可以不考虑固定成本时，新增旅游产品的单价大于单位变动成本的余额即是对旅游企业的利润贡献，那么边际贡献大于零的定价可以接受。如旅游旺季一间双人客房按正常价格出售，增加一张床位的价格则可按边际贡献方法定价。另一种情况是，旅游淡季时旅游产品供过于求，旅游企业低价销售产品没有盈利，但不销售则亏得更多。如一间客房房价成本价为100元/天，其成本构成为固法。

二、旅游定价策略

旅游定价策略是旅游企业在特定的经营环境中，为实现其定价目标所采取的定价方针和价格竞争方式，具体表现为对各种旅游定价方法的有效选择上。旅游定价策略与旅游定价方法两者相辅相成，共同为实现旅游定价目标服务。定价策略决定定价方法的选择，定价方法影响定价策略的落实。没有明晰的定价策略，定价方法的选择和调整就会变得僵化、呆滞或盲从，就很难准确地把握竞争时机，实现定价目标和经营目标。因此，研究和制定有效的旅游定价策略，是实现旅游定价目标的重要环节。一般讲旅游定价策略可以分为如下三大类：

（一）旅游产品不同生命周期阶段上的定价策略

旅游产品在不同的生命周期阶段上，具有不同的市场特征和产品特征，旅游定价也应有不同的策略。

1. 推出期的定价策略。旅游产品从开发论证完毕到投入市场的初始阶段，称为推出期，这一阶段旅游产品本身还不完善，销售额低，单位成本高，市场上旅游消费者少，主要是革新者和冒险者，旅游企业的竞争对手少，在特定空间内唯我独尊。在这一阶段，旅游定价常用策略有：

（1）低价占领策略。即以相对低廉的价格，力求在较短的时间内让更多的旅游者接受旅游新产品，从而获得尽可能大的市场占有率的定价策略。这种定价策略有利于尽快打开销路，缩短推出期，争取旅游产品迅速成熟完善；同时，还可以阻止竞争者进入市场参与竞争。但这种定价策略不利于尽快收回投资，影响后期进一步降价销售。

（2）高价定价策略。又称取脂定价策略或撇油定价策略，是指把旅游新产品的价格定得很高，以便在短期内获取厚利的定价策略。这种定价策略如果成功，可以迅速收回投资，也为后期降价竞争创造了条件。但这种策略的风险较大，如果旅游消费者不接受高价，则会因销售量少而难于尽快收回投资。这种定价策略比较适合于旅游产品特色明显且其他旅游企业在短期内难于仿制或开发的旅游产品。

2. 成长期的定价策略。旅游产品在成长期销售量迅速增加，单位产品成本明显下降，旅游消费增多，旅游企业利润逐渐增大，市场上同类型产品开始出现并有增多的趋势。这一阶段旅游定价可选择的策略有：

（1）稳定价格策略。即保持旅游价格相对稳定，把着力点放在旅游促销上，通过强有力的促销组织较多的客源，完成较多的销量，从而实现利润最大化。

（2）渗透定价策略。在消费者增多的情况下，以较低的价格迅速渗透扩展市场，从而较大地提高市场占有率。

3. 成熟期的定价策略。这一阶段旅游需求从迅速增长转入缓慢增长，达到高峰后缓慢下降，旅游产品趋于成熟，成本降到最低点，旅游者对旅游产品及其价格有了比较充分地了解。这一阶段常常选择竞争定价策略，即用相对降价或绝对降价的方法来抵制竞争对手。采用绝对低价策略时，要把握好降价的条件、时机和降价幅度；采用相对低价策略时，要辅之以旅游服务质量的提高。

4. 衰退期的定价策略。当旅游需求从缓慢下降转向加速下降，旅游产品成本又有上升趋势时，旅游产品进入衰退期。这时的定价策略有：

（1）驱逐价格策略。即以尽可能低的价格，将竞争者挤出市场，争取旅游者的策略。此时的旅游价格甚至可以低到仅比变动成本略高的程度，因为此时旅游企业的固定成本已经收回，高于变动成本的余额便是对企业的贡献。也就是说，驱逐价格策略的低价以变动成本为最低界限。

（2）维持价格策略。即维持原来的价格，开拓新的旅游资源和旅游市场来维持销售量的策略。这样做既可使旅游产品在旅游者心目中原有的印象不致急剧变化，又可使企业继续有一定的经济收益。

（二）旅游产品不同需求价格弹性的定价策略

旅游产品的需求价格弹性是反映旅游产品需求量与价格之间关系的，如果旅游价格较小的升降变化引起旅游产品需求量较大地增减变化，则该旅游产品的需求价格弹性较大；如果旅游价格的升降变化，并不引起旅游需求量明显的增减变化，则该旅游产品的需求价格弹性较小。旅游产品需求价格弹性大小不同，可以采取不同的旅游产品定价策略和调价策略。一般的，旅游需求价格弹性大，可以采取低价策略和调低价格策略，因为旅游价格地下调，将引起旅游需求地明显增多，从而实现薄利多销，获取最大化利益；旅游需求价格弹性小，则可以采取高价策略和抬高价格策略，因为较高的旅游价格并不对旅游需求产生明显的影响，旅游产品销售量基本不变，而高价则有厚利，便可实现利益最大化。在分析判断不同旅游产品的需求价格弹性时需要注意两点：其一，一种产品被旅游者视为必需品的程度不同，旅游需求价格弹性不同。一般说来，涉及旅游者的食、住、行、游等产品是旅游生活的必需品，其需求价格弹性较小，在不超过旅游者承受能力前提下宜取高价策略；而涉及旅游者的购物、娱乐等产品是旅游活动中的奢侈品，其需求价格弹性较大，在考虑其成本和市场竞争的基础上宜取低价策略；其二，就总体状况而言，旅游产品的需求价格弹性将由较大向较小演变。目前，在人们收入还不很宽裕的情况下，旅游消费还是一种高档消费，旅游需求价格弹性较大；随着社会物质文化生活水平的提高，人们手中可支配的收入将会逐渐增多，旅游日渐成为人们生活中的必需品，旅游需求价格弹性就会减小。

（三）汇率变动下的定价策略

汇率是指两国货币之间的比价，即用一国货币单位来表示另一国货币单位的价格。汇率变动对国际旅游价格的影响很大，出入境旅游价格应根据汇率变动的情况进行相应的调整。旅游目的地国的货币升值，汇率下降，用目的地国的货币报价，表面上看价格没有变化，但实际上入境旅游者带来的外汇收入呈隐性增加，对目的地国有利。同时，由于目的地国的币值坚挺，也会造成入境旅游人数的锐减，尤其当目的地国经营的旅游产品需求弹性较大时，汇率下降会使需求的减少幅度大于货币的增值所带来的实际收入的增加幅度，对目的地国不利。如近年来日本的出境旅游者比入境旅游者多，这与它的币值坚挺有一定的关系。因此，汇率变动下的定价策略，应根据汇率的升降变化和旅游产品的需求价格弹性大小来选择。

（四）通货膨胀时的定价策略

通货膨胀是指在流通领域中的货币供应量超过了货币需要量，即超过了代表市场上商品价值的货币数量而引发的货币贬值、物价上涨现象。通货膨胀时，旅游产品的价格应提高，而且提价的幅度要超过通货膨胀率，否则，即使旅游价格的变动幅度与通货膨胀率同步，旅游企业也会因折旧费和固定资产残值额不能随时上调而受到损失。

[案例一]

迪斯尼（Disney）乐园是美国好莱坞著名动画片大师和制作家沃尔特·迪斯尼设计创立的，并以他的名字命名。迪斯尼乐园是一座主题乐园，主要由美国大街、冒险乐园、新奥尔良广场、熊的世界、幻想奇境、边境地界和明日世界等七大游区组成，其项目之丰富、科学技术之奇巧、规模之宏伟、设计之独特，无不令人眼花缭乱。美国本土的迪斯尼、日本的迪斯尼和欧洲的迪斯尼（Euro Disney）现已成为全球最具魅力的主题乐园。但是，迪斯尼的经营者在取得骄人业绩的背后也有失败的教训，其中之一就是欧洲迪斯尼（法国）乐园价格策略的失败。

欧洲迪斯尼的经营者在经营初期认为，其欧洲的竞争对手无法和迪斯尼的声望和规模相比拟，所以把门票价格定的比竞争对手高了两倍左右，并且很少进行价格优惠和季节性的调整。他们还假设游客在欧洲迪斯尼的二次消费水平会和美国迪斯尼相当。但是和大多数美国人开车到乐园游玩的情况不同，欧洲旅游市场上长途客车和旅游经营商担任着重要的角色，欧洲迪斯尼没有认识到这一点，因而很少在定价、订票系统上做出让步。

事实上，法郎对其他欧洲货币汇率的变化以及全欧洲范围内的经济衰退，使得欧洲迪斯尼的门票价格显得异常昂贵。人们发现，去欧洲迪斯尼并不比到佛罗里达（Florida）游览迪斯尼的包价旅游便宜多少，而欧洲迪斯尼还无法和佛罗里达迷人的气候相比拟。另外，昂贵的门票使得游客往往不太乐意再花太多的钱在食物、纪念品和其他商品上，人们宁愿步行很长一段距离到停车场野餐，也不愿意在公园里的餐厅就餐，人们害怕餐厅的食物会像门票一样贵。这样，游客二次消费比他们估计的低了25%，加之游客数量较少，导致了欧洲迪斯尼乐园经营初期严重的困难。

资料来源：根据冷梅的《漫游世界—美国》、屈云波的《旅游业营销》整理。

案例分析：对此种定价策略进行评价，并结合旅游产品价格的特殊性说明此策略失败的原因。

[案例二]

汤姆森的锦囊妙计

莫斯科浓郁的俄罗斯情调是令人向往的，但漫长而寒冷的冬季似乎让游人们裹足不前。每到冬季，前往莫斯科度周末的人都很少，汤姆森假日旅游项目经办人决定打破莫斯科的坚冰，他带了一批报界人士去莫斯科度了个示范性的周末，赢得了各大刊物连篇累牍地报道。以此为契机，他们在隆冬季节成功地发起了去莫斯科度假这样一个开销不大的周末旅游项目。

负责汤姆森假日旅游项目的只有3个人，为首的是道格拉斯·古德曼。10年来他坚持不懈地使用公共关系战术，为公司成长为该行业首屈一指的大企业作出了卓越的贡献。经营旅游业成功的关键在于不断推出新的度假活动，对市场开发部门而言，这就意味着当今年的活动还在进行时，下一年的详细工作计划就要准备妥当。

1983年他们推出的夏季旅游项目有："夏日阳光"、"湖光山色"、"亲密友好"、"马车"、"别墅和公寓"，等等。为了让尽可能多的人了解这些项目，公司决定在9月1日发放500万份关于5种不同的度假活动的便览。

3个月前，他们就进行了周密地筹划和准备，安排好了各项活动的日期，包括：耗资100万英镑的广告活动，在伯明翰召开3天的推销大会，全体工作人员地集中培训，查看16个城市的游览路线，印刷和散发《旅游便览》。

整个8月份的公关工作包括：选择10个记者招待会场所并预定宴席，准备邀请名单，检查发函清单，决定新闻和特写文章的要点，准备记者招待会用的稿件和10种不同的幻灯片，选写全国性和地方性的新闻稿，收集关于新旅游项目的材料，适当安排外语新闻稿，办理录像，彩排节目，用一辆大拖车和一队客车沿途查看16个城市的风光，为5000家旅游代理商提供详细的录像介绍。

公共关系部在推出旅游活动几周后，要随车队去赢得当地公众的支持。

大多数度假者都很清楚自己出国休假的时间。工厂的休假日是早已排定的，去哪儿度假也是早做打算的。因此经营旅游业务，尽早销售是非常重要的。越是在你的竞争对手推出他们的活动之前尽早落实你的活动越有利。汤姆森公司就习惯于抢先发售《旅游便览》，比如1981年9月，他们销售《旅游便览》刚一周，就订出了6万张票，一些代理处甚至排上了队。

当然，率先推出也有其弊，别的公司可以根据汤姆森公司的定价制定出竞争性价格并用便宜的价格来抢夺顾客。对于这一问题，汤姆森公司暗藏了一条锦囊妙计。

9月1日开始发行1983年的夏季《旅游便览》，第二天，5家全国性的报纸、BBC广播电台、省级报纸和电台，以及旅游出版物，都大张旗鼓地为汤姆森公司进行宣传，博得了度假者的注意。当9月下旬其他旅游公司开始推出他们的便览时，汤姆森公司的旅游价格已经出台了，比竞争对手低得出乎人们的意料，公司的应变计划生效了。

收取附加费可能会使消费者稍有不快，但多年来在包价旅游中已被人们接受。英镑疲软引起的海外项目成本上升，迫使旅游公司以最高10%的附加费让旅客承担。为了加强竞争力，10月份时，一家主要的旅游公司在推出旅游项目时保证"不收附加费"。汤姆森公司在几小时内立即作出反应，也承诺不收附加费。

到了11月份，旅游业开始不安起来。9月、10月、11月通常是订票稳定的时期，但当年形势不妙，营业额仅达到了上年同期的70%，公司把希望寄托在圣诞节后的几周，往年这是订票的高峰时节，大约有半数的旅游预售票会在此期间卖出，但秋季售票的不良成绩颇让旅游业吃不准圣诞后的售票是否能逃脱经济衰退的影响。

等待、猜测，报界在鼓励人们沉住气，等待最后的讨价还价。为了保证最后的成功，汤姆森公司决定主动采取行动，鼓励人们订票，重新争取价格的主动权。

汤姆森公司的主要应变计划是：在必要的情况下，重新印刷和发售《旅游便览》，提供更低的价格。这将使公司的假日旅游价格非常有竞争力，会让其他旅游公司措手不及。

在严格保密的情况下，设在意大利的印刷公司重印了320页的彩色便览，至少有50个假日旅游项目减价10~50英镑，几乎在便览的每一页上都有新的标价，封面也予以重印，添上了"不收附加费"的保证和减价的声明。便览悄悄地运到伦敦的仓库，只有几个关键的职员了解情况。他们小心翼翼地守护着这个秘密，不让竞争对手有丝毫察觉。

让人们了解重新推出旅游项目的时机终于到了。他们计划在12月6日一鸣惊人，以全面覆盖式的新闻报道连续报道3天，然后才刊出广告。

道格拉斯·古德曼在沙伏伊私下订了套间，以备12月6日的记者招待会之用。舰队街的主要选稿人在上个周五都接到了参加本周末上午8点30分的香槟早餐的邀请。旅游出版物的编辑们也应邀参加类似的活动，沙伏伊的招待会开得极其成功，受邀请的人无一缺席。

为了确保第二天全国性和地方性报刊上的报道，他们必须保证当晚的晚报、电台和电视的新闻节目刊登这一消息。为此，对投递稿件、打电话、发送新闻的时间顺序制定了严密的计划，以确保新闻界在视听上给人们造成最大限度地冲击。

公司的新任董事长约翰·麦克奈尔决定接受所有电台和电视台的采访。伦敦广播公司抢先播出了对麦克奈尔的采访，接着是IRN报业辛迪加的报道和地方电台对当地汤姆森公司发言人的采访。在隆重推出的时刻，国际电视网作了长篇新闻报道。至此，事情的发展的确是有声有色了！BBC电视台光临总部办公室，拍摄了供晚上9点新闻播放的采访。全国性的报纸想要更多的评论，不同的报纸需要不同角度的评论。《标准晚报》用通栏标题，宣布了这次的隆重推出。

令公关部难以忘怀的是12月7日，星期二。这一天，汤姆森公司取得了前所未有的报纸覆盖率。每家全国性的报纸都刊登了消息，有些甚至还在头版。报道的质量更是令人惊喜，9家全国性报纸提到汤姆森公司72次，若干种省级报纸在头版头条给予了报道，报纸和电台的报道持续了整整一周。《星期日时报》居然用了一整版来介绍这次旅游项目的重新推出，电台、电视台在全国假日节目中也发布了消息。竞争对手面对汤姆森公司这手铺天盖地的“杀招”，毫无反击之力，一家主要的旅游公司在圣诞节前没有相应降价，电台采访了该公司的发言人，开门见山地就问他们是否被汤姆森公司这招棋弄得狼狈不堪！

报刊上连篇累牍的报道使汤姆森公司的名声大振，结果大大削减了其他公司在全国性报纸上的广告。在12月11日，也就是重新推出的那一周的周末，公关人员做了专门地调查，测试公司的知名度，发现人们首先想到的就是汤姆森的假日旅游，有强烈的参加该公司假日旅游的意向。旅游刊物用大量的篇幅介绍这次旅游产品的重新推出，旅游代理人热烈欢迎并予以很高地评价。

报刊的报道从12月份持续到1月份，的确重振了市场。对传播媒介覆盖率的分析表明，从9月份的首次推出到圣诞节，汤姆森公司赢得了4家全国性的电视台的电视报道，13家全国广播电台的报道，45家全国性报纸的报道，66个地区性电台的采访或新闻广播，在省级报刊上共发了350条新闻，旅游出版物更是连篇累牍，在杂志和国外的报纸上也刊登了不少消息。以广告的费用来算，则新闻覆盖的总值达11.5万英镑。但无论是剪报的数字还是计算的理论价值，都不足以反映这次新闻覆盖的质量。

许多旅游专栏作家都赞赏汤姆森的行动，开始鼓励游客早订票，以利用早订票的价格折扣。声望极高的旅游期刊《旅游代理》1月号载文说："汤姆森公司瞅准了时机，不给竞争对手在圣诞节前作出反应的时间……实际上汤姆森这一招最大限度地发挥了它的公共关系优势，发起行动的时刻恰到好处。"

1月份创造了新的订票记录，到1月底，旅游业务急剧回升。汤姆森公司推动了旅游活动，1983年的夏季旅游呈现良好前景。

讨论：(1) 汤姆森公司在这次竞争中取得优势的原因是什么？

(2) 在这次竞争中，汤姆森公司除了降低价格外，还采取了什么促销策略？效果如何？

(3) 降价总会有个极限，而且降价后如遇通货膨胀、成本上涨等外界因素，会严重影响公司收支平衡，有没有更好的办法？

【思考题】

1. 与一般商品价格相比，旅游价格有何不同之处？
2. 从不同的角度划分，旅游价格可分为哪些类型？
3. 科学合理的旅游价格体系包括哪些内容？
4. 旅游价格的特点包括哪些方面？
5. 什么是旅游差价？分为哪些类型？
6. 旅游差价与旅游优惠价的区别是什么？
7. 阐述旅游价格制定的原理。
8. 阐述旅游价格目标的分类，同时考虑不同企业情况对于不同目标的选择。

第四章　旅游消费行为

我国已进入大众化旅游时期。在这一时期，旅游消费对个人、对整个经济社会都会产生重大影响。因此，探讨旅游消费的有关原理不仅在理论上而且在实践上都具有重要意义。

第一节　旅游消费的概念和特点

一、旅游消费的概念

旅游消费是指人们在整个旅游过程中，为了满足其自身发展和享受的需要，而进行的各种物质资料和精神资料消费的总和，包括旅游者在整个旅游过程中的食、住、行、游、购、娱等各项消费。

联合国和世界旅游组织的定义为，旅游消费是指为了旅游活动的发生发展而引起的消费，是由旅游单位（旅游者）使用或为他们而生产的商品和服务的价值。旅游消费涉及旅游者在整个旅游活动过程中的食、住、行、游、购、娱等各项消费。将这种活动加以分解可以得到三个主要部分：一是对旅游景点的消费，这部分购买的经济支付可能在整个消费中所占比例不大，但是却是引导其他消费的火车头；二是支撑旅游活动正常进行的旅游交通、住宿设施、餐饮设施、通讯设施以及其他相关设施的消费，这些消费虽然不是旅游者发生空间移动的根本原因，没有就会增加旅游者的出行障碍，其供给不完善也可能会降低旅游者对整个游程的评价；最后旅游消费还涉及购物消费，也是旅游经济中非常迫切需要解决的问题，旅游者对购物消费的负面评价也可能会影响旅游者最终的满意度。

旅游消费是一种高级的生活消费方式，恩格斯曾经把消费资料分为生存资料、享受资料和发展资料，相对应的，我们把消费也分为生存消费、享受消费和发展消费。从旅游消费的概念可知，“旅游消费是为了满足自身发展和享受的需要”，它的主要目的不是为了维持最基本的生存需要，而是在满足了基本的生活需要后才产生的。

二、旅游消费的特点

生产决定消费，消费是生产的目的。旅游活动作为人类经济活动的重要组成部分，把消费过程和生产过程尤其是再生产过程有机结合在一起。因此，旅游消费具有与一般物质产品和服务产品消费的不同特征。具体表现在以下几个方面。

1. 从过程上看，旅游消费是生产与消费的同步性消费

旅游产品与一般产品相比，还有一个显著的特点，即旅游产品的不可转移性，由于无形的旅游服务不能运输，不能在空间上发生转移，因而旅游消费者必须亲自来旅游产品的生产地方可进行消费，又由于旅游服务在时间上不能储存，旅游服务的提供必须以旅游消费者的实际存在，即旅游消费者的实际购买为前提。因此，相对于旅游经营者的旅游产品的生产过程，同时也就是相对旅游消费者而言的旅游产品的消费过程，两个动作是同时进行的。因此，旅游消费是旅游产品的生产和消费同时进行的消费，生产和消费的同步性是旅游消费的基本特征之一。

2. 旅游消费的共享性

旅游者对旅游吸引物消费的空间共享性，即旅游者必须和其他旅游者共同享用某一旅游景区（点）。

3. 旅游消费的综合性

旅游消费是一个连续的动态过程，不同于一般物质产品一时一地的消费，它贯穿于整个旅游活动之中，因而综合性是旅游消费最显著的特点。

首先，从旅游者整个旅游活动过程中消费活动的构成看，旅游活动是以游览为中心内容的，但是为了实现旅游的目的，旅游者必须凭借某种交通工具，在旅途中购买一定的生活必需品和旅游纪念品，必须解决吃饭、住宿等问题。因此，旅游活动是集食、住、行、游、购、娱于一体的综合性消费活动。

其次，从旅游消费的对象看，旅游消费的对象就是旅游产品，旅游产品是由旅游资源、旅游设施、旅游服务等多种要素构成的，其中既包含物质因素，

也包含精神因素，既有实物形态，又有活劳动形态。因此，旅游消费对象是多种要素、多类项目的综合体。

再次，从参与实现旅游消费的部门看，旅游消费是众多部门共同作用的结果，许多经济部门和非经济部门均参与了旅游消费的实现过程。经济部门包括餐饮业、旅馆业、交通业、商业、农业等；非经济部门包括环保、园林、文物、邮电、海关等。因此，旅游消费是涉及众多行业和部门的综合性消费。

4. 旅游消费的不可重复性

旅游产品与其他物质产品不同，它的使用价值对旅游产品的消费者来说在时间和空间上具有暂时性和不可逆性。它既不能追溯到以往，也不能延伸到未来。旅游者只有在他购买该次旅游产品的时空范围内才具有对该旅游产品的使用权；一旦旅游活动结束，他对该旅游产品的使用权亦告结束，旅游消费活动亦随之停止。另外，旅游消费的不可重复性还表现在，旅游者在同一时间只能进行一次旅游消费，只能消费一个单位的旅游产品，而不像物质产品那样可以同时购买和消费多个或多种产品。由于旅游消费随旅游服务的时间、场合、服务人员及自身心情的变化而不同，因此，旅游者对旅游产品的消费具有不可重复性的特点。

5. 旅游消费是需求弹性很强的消费

美国心理学家马斯洛曾把人的需要分为生理需要、安全需要、社会需要、自尊需要和自我实现需要。旅游消费是人们的基本需要即生理需要和安全需要得到一定满足后，为实现更高层次的需要而进行的高级消费形式，因而没有数量限制。

旅游产品是一种满足人们发展和享受需要的产品，相对于用于满足生存需要的产品来说，这类产品的需求弹性大。对于这种需求弹性大的产品，个体之间的消费差异也大。不同的旅游者会因为其收入、年龄、性别、职业、文化、习俗、偏好及旅游产品价格、旅游地社会经济发展水平等各方面的差别，而对消费的旅游产品的品种、数量和质量存在着较大差异性。随着社会经济的发展及人们消费水平的提高，旅游消费趋势必然不断增加。

6. 旅游消费是季节性消费

很多旅游产品本身具有很强的季节性，加上人文习俗、法规等方面的因素，使得旅游消费具有很强的季节性特征。如德国人旅游集中在夏季三个月，巴黎人喜欢在八月份外出旅游。二是某些月份或季节，旅游消费的内容集中于某些特定的旅游消费对象。例如，夏季的海滨胜地游人如织，而一到冬季，出现在海滩上的游客则寥若晨星。师生可以在寒暑假观光，一般在业人员则可能集中在“五一”、“十一”长假出行。

7. 旅游消费具有互补性和替代性特征

旅游消费的综合性，使得构成旅游消费对象的各个部分具有互补的性质。例如，假设北京中国国际旅行社接待了15名从云南赴北京的外国旅游者，这15名旅游者除了消费导游服务外，还要支付从云南赴北京的交通费，在北京必须支付住宿费、餐饮费、购物费等。因此，一项旅游消费的实现必然伴随着众多的其他项目旅游消费的产生，旅游消费的互补性要求相关旅游企业、相关旅游行业或部门必须互相配合、密切合作，才能满足旅游者的需要并有效实现旅游消费，进而促进旅游业发展。

旅游消费的替代性，是指旅游消费或其构成部分与其他相关消费在功能上具有相互替代的性质。例如，某旅游者从甲地到乙地乘了汽车，就不会同时选择火车、飞机。到了目的地后，若某一旅行社安排其旅游活动，他就不再会接受其他旅行社提供的导游服务。由此可见，旅游消费中的替代性是十分明显的，在某种程度上，这种替代性加剧了旅游业的竞争。

三、旅游消费的影响因素

旅游消费是一种享受和发展的高层次消费。它的发展不是孤立的、随意的，而是受各种经济和社会因素影响。具体包括以下方面：

1. 消费意识

目前我国经济正处于接近于经济高速增长，由温饱型向萌发享受型的消费发展。现代经济发展逐渐改变着人们的生活方式，改变了传统的消费意识，这些方面的变动都对旅游消费产生很大影响。

第一，消费社会化促进旅游消费。所谓消费社会化，即人们的生活消费凭借社会服务，从繁重家务中解脱出来。由此便增多了人们的休闲时间，滋生了旅游消费的主观愿望。旅游活动的诸要素（包括吃、住、行、游、购、娱等）是人们消费社会化的集中表现形式。实践证明，生活社会化程度越高，旅游就越发展。

（1）家务劳动社会化解脱了消费者

家务劳动是每个消费者日常生活所不可缺少的，它消耗了人们的精力，占用了人们自由支配的时间，使人们的闲暇时间变短。缩短家务劳动时间的途径有两个方面：一方面家务劳动机械化；另一方面家务劳动社会化。通常来讲，家务社会化程度的高低反映着人们消费方式的进步与落后及消费水平的高低。家务劳动社会化的内容十分丰富，而且会越来越多。

（2）社会公共消费事业为旅游消费创造了条件

社会公共消费事业发展与否，是消费社会化程度高与低的一项重要内容。所谓社会公共消费服务，是由社会公共消费机构投资，社会有关开发和管理部门举办的直接以社会服务的形式满足人们的物质和文化需要的消费服务。发展旅游业可以扩展消费领域，启动消费市场，不仅仅是在有形物质商品的市场，也包括旅游等无形的劳务及文化消费市场。

第二，享受时尚化吸引旅游消费。所谓享受时尚化，其本质在于满足基本物质要求基础上，解决生活用品从“有没有”的状态，上升为“好不好”的状态。这表现为求新颖，赶时尚。旅游消费是一种新兴消费领域，人们从中可以获取多方面全新的享受，旅游消费既是人们持续消费的内容，又容易受消费流行的影响，成为一种潮流。这是因为：一是旅游消费在某些方面是社会时尚在消费经济活动中的反映，是人们在生活消费中的一种行为模式的流行现象。旅游消费流行的渠道多、速度快，往往自发地形成一种“消费导向”，为众多消费者接受或趋从。一旦消费者掌握了社会上的最新旅游消费资讯，信息就会很快蔓延；二是旅游消费的特点是消费者范围广泛。不仅限于生活富裕的有钱人或生活孤独者，而且还包括少年儿童、青年人及老年人；三是旅游消费所引起的对某种商品劳务的需求具有新特征，是在新的条件下人们的审美观念、价值观念的产物；四是旅游消费商品具有新奇性。

2. 消费水平

经济发展程度决定旅游消费水平。由于经济发展提高国民收入水平和人均收入水平，势必引发消费欲望，提高旅游消费的支付能力，使旅游消费成为普遍消费。

由于世界经济高速发展，从 1950 年到 1994 年，国际旅游人数从 2520 万增加到 5.28 亿，增长了近 20 倍；国际旅游收入从 21 亿美元增加到 3214.66 亿美元，增长了 153 倍，发展速度居世界各种产业之首；旅游已从少数权贵豪富的特权享受，进入寻常百姓的家庭，成为现代生活方式的一个组成部分；旅游活动遍及全球，旅游者的足迹遍及五大洲以至南极洲；旅游的内容和方式日趋多样化，各类旅游产品和项目层出不穷；旅游业已成为许多国家国民经济的重要产业和创汇来源。

3. 消费结构

是指旅游者在旅游过程中所消费的各种类型的消费资料（物质产品、精神产品、服务）的比例关系。按旅游消费的不同用途，旅游消费结构可分为"吃、住、行、游、购、娱"六个方面需求的消费。按这些需求旅游活动的重要性可归为：基本旅游消费和非基本旅游消费。基本旅游消费指进行一次旅游活动所必需的而又基本稳定的消费，如饮食支出、住宿支出、交通支出、游览支出等。非基本旅游消费指并非每次旅游活动都需要并且具有较大弹性的消费，如旅游购物支出、娱乐休闲支出、邮电通讯消费等。此外，消费结构还包括个人消费与社会公共消费的比例关系，以及商品性消费与自给性消费的比例关系。消费结构的状况反映了旅游消费方式的基本特征，表现了旅游消费的水准和质量。

4. 消费习惯

消费习惯是指在一定环境下经常重复出现的一种消费行为方式，其具有民族性、历史性和相对稳定的特点。不同国家、地区和民族消费习惯，是在各自特定的经济、文化条件下历史地形成的，并凝聚成为一种社会心理或行为规范，是构成不同国家、地区的文化形态和民族习俗差异的重要因素。

第二节　旅游者消费行为理论

一、旅游产品效用概述

（一）旅游产品效用概念

旅游产品效用是指旅游者在整个游览过程中所感受到的满足程度。我们可以从消费的主体与消费的客体两个方面讨论效用。从消费的主体来讲，效用是指某人从自己所从事的行为中得到的满足；从消费的客体来讲，效用是指商品满足人的欲望或需要的能力。这里我们可以看出：不管从主体还是从客体来分析，效用均是一种心里感觉，不同于商品使用价值。

（二）效用的两种表示方法

1. 基数效用理论

基数效用论者对于效用的基本观点：基数效用论者认为，效用如同长度、重量等概念一样，可以具体衡量并加总求和，具体的效用量之间的比较是有意义的。效用的大小可以用基数（1、2、3……）来表示，计量效用大小的单位被称作效用单位。根据这种理论，可以用具体的数字来研究消费者效用最大化问题。基数效用论是早期研究消费者行为的一种理论。采用的是边际效用分析方法。

2. 序数效用理论

序数效用论者对于效用的基本观点：序数效用论是为了弥补基数效用论的缺点而提出来的另一种研究消费者行为的理论。序数效用论者认为，效用的大小是无法具体衡量的，效用之间的比较只能通过顺序或等级即用序数（第一、第二、第三……）来表示。序数效用论者还认为，就分析消费者行为来说，以序数来度量效用的假定比以基数效用的假定所受到的限制要少，它可以减少一些被认为是值得怀疑的心理假设。对于序数效用理论的分析，主要采用的是无差异曲线分析法。

二、基数效用论者的边际效用分析方法

1. 总效用含义（Total Utility）$TU=f(Q)$

总效用是指消费者在一定时间内从一定数量的商品消费中所得到的效用量的总和。或者说，是指消费者从事某一消费行为或消费某一定量的某种物品中所获得的总满足程度。

2. 边际效用定义（Marginal Utility）

边际效用是指每增加一单位某种商品的消费所增加的满足程度。相应的边际效用函数为：

$$MU=\frac{\Delta TU(Q)}{\Delta Q}$$

当商品的增加量趋于无穷小，即 $\Delta Q \to 0$ 时有：

$$MU=\lim_{\Delta Q \to 0}\frac{\Delta TU(Q)}{\Delta Q}=\frac{dTU(Q)}{dQ}$$

3. 总效用与边际效用的关系

表4－1、图4－1反映了旅游产品总效用和边际效用的关系。

表4－1　某旅游产品的效用表

旅游产品消费量 （1）	总效用 （2）	边际效用 （3）	价格 （4）
0	0		
1	10	10	5
2	18	8	4
3	24	6	3
4	28	4	2
5	30	2	1
6	30	0	0
7	28	－2	

根据表4－1所绘制的总效用和边际效用曲线如图4－1所示。

从表4－1和图4－1可以看出，随着旅游产品消费数量的增加，边际效用曲线呈递减趋势，其总效用曲线开始时呈递增趋势，但当某旅游产品的消费数量达到一定程度的时候，再增加此种旅游产品的消费，总效用是递减的，边际效用也是呈现递减规律。

旅游产品的消费存在边际效用递减规律说明旅游者在购买和消费旅游产品时并非越多越好，而是要以合理的比例均衡购买和消费旅游产品，达到其最大的效用均衡。

旅游者要达到最大效用均衡，可以用下列等式来说明：

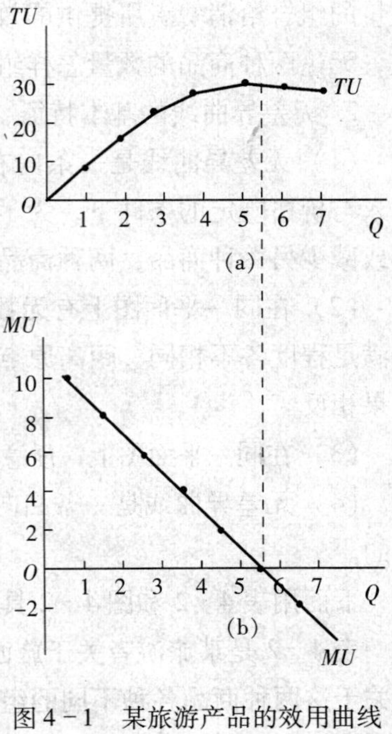

$$P_1X_1 + P_2X_2 + \cdots\cdots\cdots\cdots = I$$

图4－1　某旅游产品的效用曲线

收入全部花光（P 表示商品价格，X 表示商品数量）

$$\frac{MU_1}{P_1}=\frac{MU_2}{P_2}\cdots\cdots=\lambda$$

它表示旅游消费者对于任何一种商品的最优购买量：应该是消费者对于任何一种商品的最优购买量，应该是消费者最后一次购买 1 商品、2 商品……n 商品时，每一元钱所得到的边际效用相等，而不是每一种商品的边际效用相等。每一种商品的边际效用相等并不能保证消费者获得最大的效用，因为各种商品的价格是不相等的。

如果能够满足上述两个条件，消费者把有限的收入分配于各种物品的购买上时，其总效用（TU 值）就会最大。

三、序数效用论者的无差异曲线分析方法

1. 无差异曲线及其特点

无差异曲线（又称效用等高线、等效用线）是用来表示两种商品的不同数量的组合给消费者所提供的效用是完全相同的一条曲线。或是说在这条曲线上，无论两种商品的数量怎样组合，所带来的总效用是相同的。

2. 无差异曲线的基本特征

（1）无差异曲线是一条向右下方倾斜的曲线，其斜率为负值。它表明在收入与价格既定的条件下，为了获得同样的满足程度，增加一种商品就必须放弃或减少另一种商品，两种商品在消费者偏好不变的条件下，不能同时减少。

（2）在同一平面图上有无数条无差异曲线，不同的无差异曲线代表的效用满足程度各不相同。距离原点越远的曲线，表明所代表的效用越大，反之，结果相反。

（3）在同一平面图上，任意两条无差异曲线不能相交，否则与第二点矛盾。

（4）无差异曲线是一条凸向原点的线，这是由边际替代率递减规律所决定的。

下面用表 4－2 和图 4－2 具体说明无差异曲线。

表 4－2 是某旅游者关于旅游商品 1 和旅游商品 2 的无差异表，表中列出了关于这两种商品各种不同的组合。该表有三个子表，每一个子表中都包含六种商品组合，且假定每一个子表中六种商品组合的效用水平是相等的。而且，

消费者对这六个组合的偏好程度是无差异的。同样地，消费者对表 b 中的所有六个商品组合的偏好程度也都是相同的，表 c 中六个商品组合给消费者带来的满足程度也都是相同的。

表 4－2 某消费者的无差异表

商品组合	表 1		表 2		表 3	
	X_1	X_2	X_1	X_2	X_1	X_2
A	20	130	30	120	50	120
B	30	60	40	80	55	90
C	40	45	50	63	60	83
D	50	35	60	50	70	70
E	60	30	70	44	80	60
F	70	27	80	40	90	54

但需要注意的是，表 1、表 2 和表 3 三者各自所代表的效用水平的大小是不一样的。只要对表中的商品组合进行仔细观察和分析，就可以发现，根据偏好的非饱和性假设，或者说，根据商品数量“多比少好”的原则，可以得出结论：表 1 所代表的效用水平低于表 2，表 2 又低于表 3。

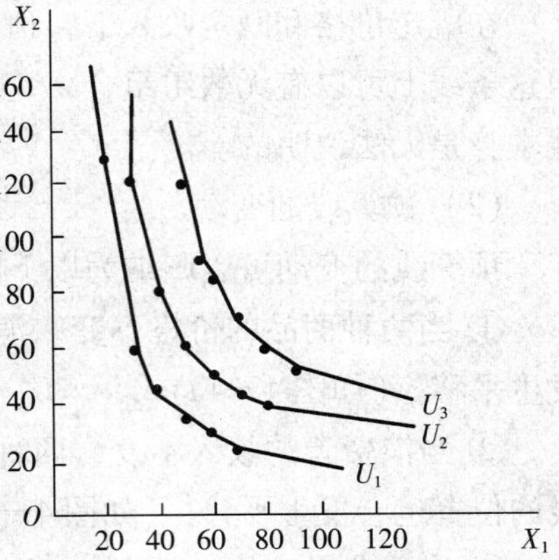

图 4－2 某消费者的无差异曲线

根据表 4－2 绘制的无差异曲线如图 4－2 所示。图中的横轴和纵轴分别表示商品 X_1 和商品 X_2 的数量，曲线 U_1，U_2，U_3 顺次代表与表 a、表 b 和表 c 相对应的三条无差异曲线。

实际上，我们可以假定消费者的偏好程度可以无限多，也就是说，我们可以有无穷个无差异子表，从而得到无数条无差异曲线。

3. 消费者的预算线（Budget Line）

（1）消费者预算线的含义

消费者的预算线表示在消费者收入和商品价格假定的条件下，消费者全部收入所能购买到的两种商品数量最大组合的线。

表达式：$I = P_1X_2 + P_1X_2$

恒等变形：$X_2 = -P_1/P_2 \cdot X_1 + I/P_2$ 其中 P_1/P_2 为斜率，可以看出这是两商品的价格之比；I/P_2 为纵轴截距。

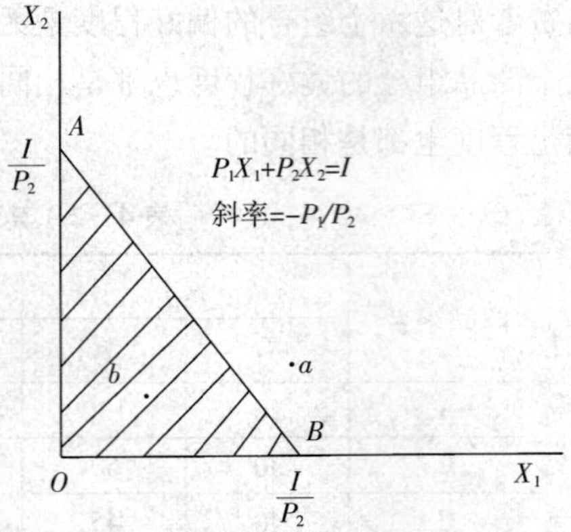

图 4－3　预算线

预算线 AB 以外的区域中的任何一点，如 a 点，是消费者利用全部收入都不可能实现的商品购买的组合点。预算线 AB 以内的区域中的任何一点，如 b 点，表示消费者的全部收入在购买该点的商品组合以后还有剩余。唯有预算线 AB 上的任何一点，才是消费者的全部收入刚好花完所能购买到的商品组大数量的组合点。图中的阴影部分的区域（包括直角三角形的三条边），被称为消费者的预算可行集或预算空间。

在既定价格和既定收入下，预算线代表了消费者的各种可能的消费机会，但这条线上可以有无数组组合，究竟哪一组合为最优，即能提供最大效用，该线本身是无法说明的。

（2）预算线的变动

预算线的变动可以归纳为以下四种情况：

① 当两种商品的价格不变，消费者的收入发生变化时，预算线的位置会发生平移。（如图 4－4a）

② 当消费者的收入不变，两种商品的价格同比例、同方向变化时，预算线的位置也会发生平移。（如图 4－4a）

③ 当消费者的收入不变，一种商品的价格不变而另一种商品的价格发生变化时，预算线会发生偏移，但不是平行移动。（如图 4－4b，图 4－4c）

④ 当消费者的收入和两种商品的价格都同比例、同方向变化时，预算线的位置不会发生变化。

4. 序数效用条件下的消费者均衡

在序数效用条件下，消费者如何才能实现既定收入下的效用最大化？

根据序数效用论的无差异曲线分析法，在消费者的收入和商品价格既定的条件下，当消费无差异曲线与消费预算线相切时，消费者就实现效用最大化。其消费均衡条件是：两种商品的边际替代率等于这两种商品的价格之比，或消

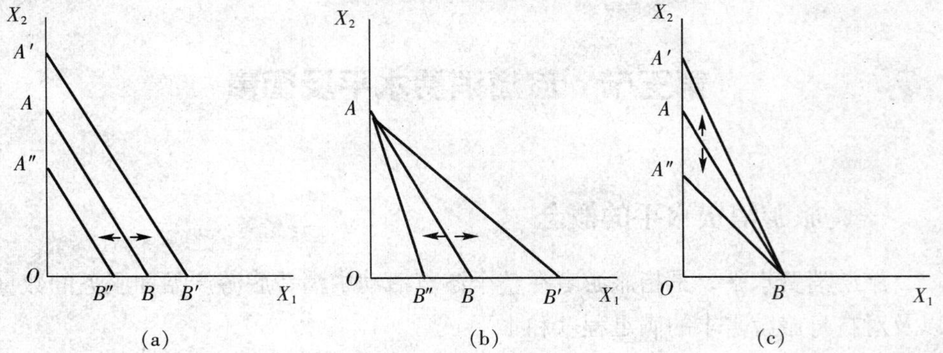

图4-4　预算线的变动

费无差异曲线的斜率=消费预算线的斜率。可以利用消费无差异曲线和消费预算线来证明消费均衡。

第Ⅰ种情况：当消费预算线在消费无差异曲线的下方，即两线即不相切，也不相交，表明以现在的收入水平无法达到所期望的消费满足程度；

第Ⅱ种情况：当消费预算线与消费无差异曲线相交时，一是无法确定消费行为；二是无法实现效用最大化；

第Ⅲ种情况：当消费预算线与消费无差异曲线相切时，表明在这一切点上，在一定的收入约束条件下，为了实现最大效用，消费者愿意用一单位某种商品代替另一种商品的数量等于市场上这一单位商品可以换取的另一种商品数量，因此，就实现了效用最大化。所以，消费者均衡条件：消费预算线的斜率=无差异曲线的斜率，两种商品的边际替代率之比=两种价格之比。如图4-5所示E点。

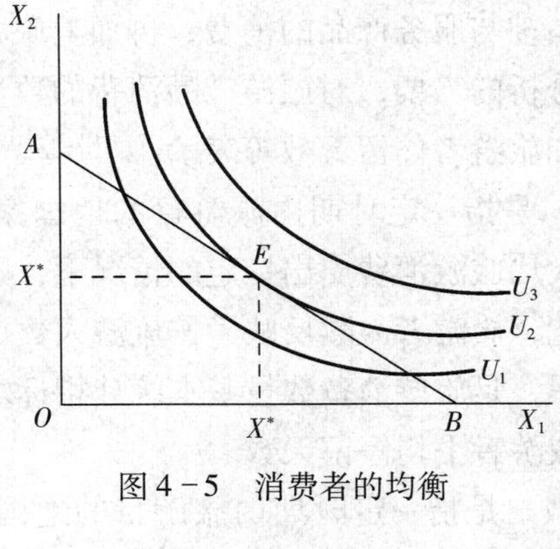

图4-5　消费者的均衡

第三节　旅游消费水平及衡量

一、旅游消费水平的概念

旅游消费水平，是指旅游者在整个游览活动中消费旅游产品和服务的数量以及对自身旅游需求的满足程度和水平。

旅游消费水平不仅包括人均旅游产品消费的支出数量，还包括对旅游产品消费的质量和层次，即反映旅游者对旅游需要满足的程度和水平。当旅游者消费某种旅游产品的时候，尽管所消费的旅游产品数量相同，但如果旅游产品质量差别较大，则意味着旅游者获得的满足程度差别越大，其所反映的旅游消费水平的差别也相应越大。

二、旅游消费水平衡量指标

由于旅游消费内容复杂、涉及面广，因而衡量旅游消费水平应当采用综合性指标，使之既能体现旅游活动中旅游者对旅游产品的消费数量，又能体现旅游者在旅游活动中对物质和精神的需要、享受和发展需要的满足程度和水平。为了全面反映旅游消费水平的数量和质量，旅游消费水平的指标体系应该包括旅游消费的数量指标、旅游消费的价值指标和旅游消费的质量指标等。

1. 旅游消费数量指标

旅游消费作为一种特殊的消费形式，它既包括实物形态的物质产品消费，又包括非物质形态的精神与服务产品的消费，再加上旅游产品构成要素的多样性，因此出于统计和分析的需要，对旅游产品消费的数量指标通常是以旅游者人数、旅游者人天数和旅游者停留天数等表示。

（1）旅游者人数，是指一定时期内旅游目的地国家或地区接待的旅游者总人数。一般的，在人均旅游消费支出一定的情况下，则旅游者人数越多，旅游消费总量越大。因此，旅游者人数反映了按旅游人数计算的对旅游产品购买和消费的总规模和水平，是旅游消费数量基本统计指标之一。在数值上，它等于旅游者人天数除以旅游者平均停留天数。

（2）旅游者人天数，是指一定时期内旅游目的地国家或地区接待旅游者的总天数，反映了按旅游天数计算的对旅游产品购买和消费的总规模和水平，它既体现旅游消费的人数，又体现了旅游消费的天数，是旅游消费数量最基本的统计指标。

（3）旅游者停留天数，是指一定时期内旅游者在某旅游目的地国家或地区停留的时间。一般的，游客在旅游目的地停留时间越长，则他对旅游产品的消费越多，旅游消费水平越高；反之亦是。由于旅游者停留时间长短不一，为了方便统计和计算，实际计算时一般采用旅游者平均停留天数指标。

此外，虽然旅游者在旅游过程中也有物质产品的消费，如餐饮食品、旅游商品等，但由于对这些物质产品的消费种类繁多、千差万别，很难一一进行分类统计，因而通常统计和计算人均旅游消费支出。

2. 旅游消费价值指标

旅游消费的价值指标，是用旅游者的消费支出来综合反映旅游者在旅游目的地国家或地区消费旅游产品的规模和水平。在一定时期内，旅游者在旅游目的地的消费支出越多，则旅游目的地国家或地区的收入就越多。因此，可以通过分析旅游者在旅游目的地的消费支出来衡量旅游目的地的旅游消费水平。通常用来反映旅游消费价值的指标主要有：旅游消费总额、人均旅游消费支出额和旅游消费率等。

（1）旅游消费总额是指一定时期内，旅游者在旅游目的地国家或地区进行旅游活动过程中所支出的货币总额。它从价值形态上反映了旅游者对旅游目的地旅游产品消费的总量。由于旅游业是一个综合性产业，涉及交通、住宿、餐饮、娱乐、购物、游览等多方面的行业和企业，因而对旅游消费总额的计算是采用抽样调查和常规统计相结合，即通过抽样调查得到人均旅游消费支出，再同常规统计的旅游者人数相乘而得。同时，由于消费者的支出就是生产者的收入，因而旅游消费总额从旅游目的地的角度看就是其旅游收入。

（2）人均旅游消费额是指一定时期内，所有旅游者在某个旅游目的地国家或地区的平均旅游消费支出的货币金额，它反映了旅游者整体在某旅游目的地的平均消费水平，也是旅游经营者开拓旅游市场和开发旅游产品的重要依据。人均旅游消费支出一般是通过抽样调查而得到，但是在知道旅游消费总额的情况下，也可以根据旅游消费总额和旅游者人数来计算。

（3）旅游消费率是指一定时期内，某个旅游客源地国家或地区旅游者消费支出同该国家或地区个人消费支出总额的比例，它从价值角度反映了一个国家或地区在一定时期内旅游者的旅游消费强度和水平。掌握旅游客源国的旅游消费率，对于旅游目的地国家或地区开拓旅游客源市场具有十分重要的意义。

3. 旅游消费质量指标

旅游消费质量指标，是旅游产品内容、旅游服务标准、旅游环境状况等相结合的质的规定性，它反映了旅游者对旅游消费对象、消费内容、服务水准和消费环境的感受和评价。一般的，旅游消费质量指标可以从生产和消费两方面来分析。

（1）从生产方面看，旅游消费质量主要表现为旅游企业按照一定的标准和要求，向旅游者提供相应质量的旅游产品和服务。这些标准和要求通常由国家和行业协会制定与颁布。如不同的星级旅游饭店具有不同的服务内容和标准，不同等级的旅游景区景点具有不同的内容要求和服务标准，不同的交通运输工具具有不同的服务特点和标准等。正是有了这些规范的服务内容和标准，旅游者才可能按照不同的旅游产品标准选择不同的旅游消费水平，并要求提供相应的旅游消费质量。

（2）从消费方面看，旅游消费质量主要表现为旅游者对旅游产品消费的心理感受和评价。因为旅游产品是一种以服务性为主的产品，旅游消费是旅游者对旅游服务的精神消费过程，不同的旅游者对旅游服务质量往往会有不同的感受和评价；同时，旅游者在不同的时期对旅游服务质量也会有不同的要求。因而旅游企业一方面要按照一定的标准和要求，向旅游者提供相应质量的旅游产品和服务；另一方面要根据游客的消费反馈不断调整和提高旅游服务质量。

三、旅游消费水平的测定

旅游消费水平的测定，一般是通过分析旅游消费价值指标和质量指标，对旅游消费的规模、水平和质量进行综合性分析和评价。在实际操作过程中，对旅游消费总水平和人均旅游消费水平通常是运用统计学的原理和方法对旅游消费支出进行统计分析，从而作出评价，通常对旅游消费总支出和人均旅游消费支出进行统计分析和评价。对旅游者的旅游消费质量指标则进行问卷调查，以衡量旅游者对旅游消费质量的评价和满意程度，此方法叫旅游消费统计分析法。

1. 旅游消费总额的测定

旅游消费总额，是指一定时期内旅游者在某一旅游目的地国家或地区用于旅游消费支出的全部货币总额，它是从价值角度反映了旅游消费总水平的数量和规模。对旅游消费总额的测定，一方面可以通过统计客源国家或地区旅游消费总支出来得到，另一方面也可以通过统计旅游经营者在旅游目的地获得的旅游总收入得到。旅游消费总额既可以用来反映和衡量旅游目的地的旅游消费总水平的数量和规模，又可以用来反映和衡量旅游客源地旅游消费总水平的数量和规模。表 4-3 反映了 2004 年国内旅游的基本情况。

表 4-3 2004 年国内旅游基本情况

(MAJOR STATISTICS OF DOMESTIC TOURISM 2004)

	总人次数（亿人次）TOTAL NUMBER OF DOMESTIC TRAVELERS (100Mn.)	*出游率（%）RATE（%）	总花费（亿元）DOMESTIC TOURISM EXPENDITURE (100Mn. RMB ¥)	人均花费（元）PER CAPITA EXPEND ITORE
全国合计 TOTAL	11.02	84.8	4 710.71	427.5
城镇居民 URBAN RESIDENTS	4.59	126.6	3 359.04	731.8
农村农民 RURAL RESIDENTS	6.43	68.7	1 351.67	210.2
城镇居民 URBAN RESIDENTS	4.59	126.6	3 359.04	731.8
一季度 JAN. - MAR.	1.14	31.4	729.67	640.1
二季度 APR. - JUNE	1.10	30.2	822.48	747.7
三季度 JULY - SEP.	1.11	30.7	909.23	819.1
四季度 OCT. - DEC.	1.24	34.3	897.66	723.9

资料来源:《中国统计年鉴—2004》及中经网数据中心

2. 人均旅游消费水平的测定

人均旅游消费水平是指在一定时期内，平均每位旅游者在某旅游目的地国家或地区用于旅游消费的支出，它从价值形态角度反映了人均旅游消费的数量和水平。通过对人均旅游消费水平的统计分析，可以掌握和测定旅游者在旅游目的地的平均旅游消费水平及其变化特点，为旅游目的地开发旅游产品、优化旅游产品结构以及进行旅游发展规划提供依据。

测定人均旅游消费水平，可以通过测定客源国家或地区人均用于旅游消费的支出得到，也可以通过测定旅游者在旅游目的地的实际人均消费支出得到。在实践中，一般是通过对旅游者在旅游目的地国家或地区的人均旅游消费进行统计分析，来综合反映和衡量人均旅游消费水平情况。

3. 旅游消费质量的测定

旅游者的旅游消费质量是一种心理感受和主观评价，是旅游者心理现象的反映。而对心理现象的评价通常无法用定量方法，只能采用定性方法进行。因此，对旅游者的旅游消费质量分析一般都是采用旅游者问卷调查方法。

旅游者问卷调查法：一般是使用事先设计好的调查问卷，对到某一旅游目的地的旅游者进行抽样调查，然后对其结果进行统计和分析，从而测定旅游者对旅游目的地的旅游消费的满意程度。

第四节　旅游消费结构及评价

一、旅游消费结构的定义及分类

1. 旅游消费结构的定义

旅游消费结构是指旅游者在旅游过程中所消费的各种类型旅游产品及相关消费资料的比例关系，以及旅游者的不同消费层次及水平的比例关系。不同旅游产品及其要素的消费类型主要包括食、住、行、游、购、娱等方面的消费；而不同消费层次及水平的消费类型则主要包括高档消费、中档消费、低档消费或舒适型消费、经济型消费等。

2. 旅游消费结构的分类

旅游消费结构可按以下标准进行分类：

（1）按旅游消费主体的规模分

依据旅游消费主体规模，可将旅游消费结构分为个人消费或家庭消费、集团消费和社会消费。个人旅游消费，是指由个人和家庭的旅游需要而引发的对旅游产品的消费，它包括了人们在旅游过程中所购买的用于满足其基本需要、发展与享受需要的物质产品、精神产品和旅游服务方面的消费，是一种传统而广泛的旅游消费；集团旅游消费，是指各类企业及事业单位等社会集团出于对商务旅游、会展旅游等需要而进行的旅游消费，其市场规模较大，是消费水平较高的旅游消费主体；社会旅游消费，是从整个社会（国家或地区）角度宏观考察旅游消费的总量规模及其结构，从整个宏观旅游经济角度分析和考察旅游消费的状况。

（2）按旅游消费主体的特征分

不同类型的旅游者具有不同的旅游消费特征。根据旅游者的年龄、性别、职业、收入、偏好、出游目的等不同旅游消费特征，可对旅游消费结构进行不同地分类。如我国按旅游者的年龄结构划分为 14 岁以下、15～24 岁、25～44 岁、45～64 岁、65 岁以上等五个年龄段；按旅游者职业特征划分为专业技术人员、行政管理人员、商贸人员、服务人员、技工和工人、退休人员、家庭妇女、军人、学生、其他人员等；根据旅游者出游事由不同划分为观光度假、探亲访友、商务与会议、健康疗养、宗教朝拜、文体科技交流和其他等。分析研究不同旅游主体的消费特征，有助于根据不同特征的市场开发相应的旅游产品。

（3）按旅游消费层次分

从满足人们旅游需求的不同层次出发，可将其分为生存消费、享受消费和发展消费。生存消费，是指旅游者在旅游活动中对餐饮、住宿、交通等基本生理需求的消费，这是维持旅游者在旅游活动中基本的生活需要，从而实现旅游者的旅游目的的必不可少的旅游消费；享受消费，是指旅游者在旅游活动中对游览、观赏、娱乐等精神享受的消费，是实现旅游者休闲、游览等旅游目的，丰富旅游活动内容，提高旅游活动的愉悦性而进行的消费；发展消费，是指满足旅游者在旅游活动中对求知、科考、学习等有益知识增长和智力发展的消费。三个层次的消费相互交错，在具体的旅游活动中很难划清它们之间的界线；后两部分则不仅属于旅游活动中较高层次的消费，也是极富弹性、具有发展潜力的消费。

（4）按旅游消费内容分

按照旅游消费的内容，一般可以将其划分为基本旅游消费和非基本旅游消费。基本旅游消费指进行一次旅游活动所必需的而又基本稳定的消费，如饮食支出、住宿支出、交通支出、游览支出等。非基本旅游消费指并非每次旅游活动都需要并且具有较大弹性的消费，如旅游购物支出、娱乐休闲支出、邮电通讯消费等。

2001 年，我国入境过夜旅游者人均旅游消费中，吃、住、行、游、购、娱六方面消费结构比为 8.3∶14.6∶30.9∶3.6∶22.5∶6.6。消耗在“行”方面的费用最高，占 30.9%；“购”方面的消费次之，占 22.5%；消耗在“游”方面的费用最少，为 3.6%。其中基本旅游消费支出高达 67%，而非基本旅游消费支出仅占消费总额的 32.9%。

从总体来看，2001 年入境过夜旅游者消费结构反映出入境过夜旅游者在我国旅游消费层次较低，消费结构不合理。

（5）按旅游消费形态划分

依据旅游消费资料的形态，旅游消费结构可分为实物消费和劳务消费。实物消费是指旅游者在旅游过程中所消耗的有形物质产品，如客房、餐饮、旅游纪念品等实物产品，它主要用于满足旅游者的生理和心理需要；劳务消费是指旅游者对各种风景名胜、文物古迹、民俗风情等观赏和享受方面的精神产品及其服务性精神产品。实物消费是旅游消费的基础，而一旦旅游者对物质消费感到满足后，也会在精神上感到愉快和满足；另一方面，旅游者精神方面的消费，必然也包括或以物质方面的消费为依托。

二、旅游消费结构的影响因素

1. 旅游产品结构

旅游产品是综合性产品。向旅游者提供的住宿、饮食、交通、游览、娱乐和购物等各类产品的生产比例是否合理，各种产品的内部结构是否恰当，直接影响旅游消费数量和消费结构。在国民经济中向旅游业提供服务的各有关部门的组织结构如果不合理，不能形成相互协调、平衡发展的产业网，就会导致比例失调，各构成要素发展不平衡，造成旅游消费结构不合理。

例如，长期以来，我国在旅游产品结构的政策上有所偏斜，重旅游目的地、旅行社、宾馆建设，轻旅游商品的生产与销售。因此旅游购物赶不上旅游业的发展步伐。虽然在旅游业发展的前期，优先开发丰富的自然人文旅游资源是在情理之中，但当旅游业发展到一定程度之后，仍不重视购物旅游资源的开发，就必然导致旅游消费的不合理状态。我国入境旅游者旅游购物的销售收入占总体旅游收入的比重一直在20%的水平上徘徊就清楚地说明了这一点。

2. 旅游者的收入水平

收入水平决定着消费水平，也决定着需求的满足程度，从而决定着消费结构的变化。旅游者的收入越多，旅游需求就能满足得越充分，就能促使旅游消费从低层次向高层次发展。

3. 旅游者的构成

不同年龄、性别、文化、职业的旅游者，不同的风俗习惯、兴趣爱好，都是影响旅游消费结构的因素。通常，青年人对饮食要求多而不精，而对游览娱乐性的开支则较大；老年人对住宿、饮食、交通的要求比较高；妇女的旅游消费中以购物消费所占比重最大；而政府官员、商人、参加会议的旅游者则要求现代化的旅游设施设备、高质量的饮食和服务。此外旅游者的收入和带薪假日长短的不同，影响着旅游者的停留天数和消费数量；旅游者的文化、习俗又影响着旅游者的爱好兴趣，致使对旅游产品的内容和质量要求各异。

4. 旅游者的心理因素

旅游者的消费习惯、购买经历、周围环境对消费结构都会产生一定程度的影响。消费方式的示范性及旅游者的从众心理也影响旅游者的支出投向。如红色旅游热、乡村旅游热、海滨旅游热及现代的文化旅游热等。

三、旅游消费结构合理化的评价

我们可以从个人方面、经济性方面和社会性等三方面来评价旅游消费结构是否合理。

（1）旅游消费结构合理化的个人标准

个人方面评价标准包括生理需要和心理需要两个方面。旅游消费结构的生理评价标准是指在整个游览过程中旅游消费结构应满足旅游者生理方面的基本旅游消费需要，如从食、住、行、游、娱等方面的旅游消费给旅游者带来的满足程度方面进行衡量。旅游消费结构的心理标准，是指在整个游览过程中旅游消费结构应满足旅游者心理的和精神方面旅游消费需要，它主要从食、住、行、游、娱等方面的旅游消费给旅游者心理和精神方面带来的满足程度进行衡量。

（2）旅游消费结构合理化的经济标准

旅游消费结构合理化的经济标准是指较合理的旅游消费结构应在整体上体现社会经济发展水平、资源环境承载能力、经济承受能力，使之在现有资源约束条件下与经济发展水平相符，实现市场供求平衡，使旅游者能够消费到价廉物美的旅游产品，从而不但使旅游资源得到有效利用、旅游消费结构更加合理，而且有利于整个旅游经济的长远发展。

（3）旅游消费结构合理化的社会标准

旅游消费结构合理化的社会标准是指旅游消费结构应符合社会整体利益最大化原则并体现该社会先进价值观：一方面要使旅游消费符合社会利益，服从社会发展大局，符合社会长远利益，而且与生态环境和文化古迹的保护相适应；另一方面要旅游消费结构符合一定社会的价值观和行为规范，能够体现出人们对文化生活、消费习惯、生活质量的要求和满足，促进社会主义物质文明和精神文明的建设。

[案例分析]

旅游消费者行为分析

杭州至无锡的旅游列车途经江苏、浙江和上海三省市，沿线有众多旅游景点，也拥有国内最大的客源市场。曾有人在这趟列车上做了一次题为“2000年的旅游计划”的调查，被调查者大多数为中青年，平均年龄在35岁左右，每人年收入从1万元到4万元不等，平均年收入在2万元左右，可以作为当今社会主要旅游消费层的代表。

在这次调查中，一位经常跟随父母外出的青年说：“今年嘛，我想到哈尔滨冻一冻，到海南去热一热。”另一位在机关工作的女士则表示要充分利用休假日出去走走，散散心。调查统计表明：去年一年中，有30%的人出省市旅游超过4次以上，只有10%的人没有参加过出省市的旅游。

在旅游景点的选择上，大多数人表现出了对新闻媒体的依赖性。在对“你是通过何种途径了解旅游信息”问题的回答中，有一半以上的人在报刊和电视这两种选择上同时打了钩儿，有20%的人选择了听朋友的介绍，只有10%的人选择了到旅行社去索取宣传资料。

在旅游行程安排上，大多数被调查者的回答是，在费用一定的条件下，更愿意多跑几个地理位置比较集中，或者是沿线和环线较多的旅游景点，如泰山与曲阜、青岛、威海与烟台，而在长江沿线，不少旅游者将南京、天柱山、庐山连成了一线。当然，也有部分人回答只想去一个休闲景点好好地待上一段时间，如云南丽江、大理或西双版纳等。

（中国旅游报，2000年9月23日）

问题：

（1）简要概述消费者行为理论。

（2）你认为对消费者行为进行分析有什么意义？

【思考题】

1. 旅游消费具有哪些特点？
2. 应该从哪些角度对旅游消费结构进行分类？
3. 影响旅游消费结构的因素有哪些？
4. 旅游消费水平的衡量指标主要有哪些？

第五章　旅游企业成本管理

成本费用是旅游企业的一项重要经济指标，降低成本费用是提高经济效益的基本手段。本章主要介绍成本费用管理的基本理论和方法，通过本章学习，要了解成本费用的概念、内容和基本原则。

第一节　旅游企业成本理论

一、成本概念

旅游企业成本，是旅游企业在生产旅游产品或提供旅游服务过程中所耗费的物化劳动和活劳动价值的货币表现，在实际工作中是指旅游企业在生产经营旅游产品时所占用及耗费的费用。

旅游产品成本是旅游产品价值的一部分，产品成本的高低不仅影响企业的利润，也是衡量旅游企业竞争力的标志。当某企业的成本费用低于社会上生产同种产品的平均成本时，在同样的价格下就会获得较高的利润。在竞争激烈的市场环境中，该企业就可以用降低价格的手段使企业在获得正常利润的情况下扩大市场份额，战胜竞争对手。

二、旅游企业成本的分类

为有效控制旅游成本，取得良好的旅游经济效益，必须根据成本的性质、构成及支出范围等不同角度进行科学分类，按不同分类特点进行成本控制。

（一）按成本的经济内容分类

1. 营业成本

一般指直接为旅游者服务所发生的支出。由于旅游企业包括很多不同的服务部门，使各部门营业成本有着不同的内容。例如旅行社营业成本包括住宿费、餐费、车费、陪同费、文杂费、邮电费、劳务费、地陪及加项费、其他费用等；旅游饭店营业成本包括住宿成本、餐饮成本、商品成本、洗涤成本以及其他成本等；旅游车船公司营业成本包括工资、福利费、燃料费、材料费、轮胎费、折旧费、大修理费、养路费、服装费和其他费用等。

2. 营业费用

营业费用是指各营业部门在经营中发生的各项费用，包括运输费、装卸费、包装费、保管费、保险费、燃料费、水电费、展览费、广告宣传费、邮电费、差旅费、洗涤费、清洁卫生费、低值易耗品摊销、物料消耗、经营人员的工资（含奖金、津贴和补贴）、职工福利费、工作餐费、服装费以及其他营业费用，等等。

3. 管理费用

管理费用是指为组织和管理旅游企业业务活动而发生的全部费用，包括工资（管理人员工资和各项津贴）、工会经费、职工教育经费、劳动保险费、待业保险费、劳动保护费、董事会费、外事费、租赁费、咨询费、审计费、公务费、宣传费、诉讼费、土地使用费、土地损失补偿费、技术转让费、研究开发费、水电费、燃料费、税金、折旧费、修理费、无形资产摊销、开办费摊销、坏账损失、上级管理费用以及其他管理费用等。

4. 财务费用

财务费用是指发生的各项利息净支出、汇兑净损失、金融机构手续费、加息及筹资发生的其他费用，等等。

（二）按成本的形态分类

1. 固定成本

固定成本是指其成本总额不随经营业务量的增减而变动的成本。一般包括工资、福利费、租金、折旧费、保险费、利息支出等。随着经营业务量的增加，固定成本总额不变，但单位固定成本呈现下降趋势。

2. 变动成本

变动成本是指其总额随着经营业务量的变化而成比例变化的成本。一般包括燃料、材料、物料用品耗料、水电费、办公费、计件工资等。它们的发生量与完成的任务量、取得的收入有直接关系。随着经营业务量的增加，变动成本总额成比例变化，而单位变动成本一般是固定不变的。

（三）按照管理责任分类

1. 可控成本

可控成本是指在会计期间由一个责任单位有权确定开支的成本。如部门经理对本部门所生产的旅游产品的成本、工资费用等就可以施加影响，并有权作出决定，那么这些成本费用对该部门经理来说就是可控成本。

2. 不可控成本

不可控成本是指在一定时期内责任单位对成本费用的发生无法控制的成本。如折旧费对于上述部门经理来说就是不可控的。划分可控成本与不可控成本是相对于一定时间和空间而言的，因为有些成本费用从短期看是不可控的，但从长期看却又是可控的。把成本划分为可控成本和不可控成本，其目的主要是为了明确各责任单位的职责，起到更有效地控制成本费用的目的。

（四）按照生产要素可否调整的期限分类

1. 旅游产品短期成本

（1）短期和长期的含义

短期是指旅游产品部分生产要素可以调整的时期，可以调整的生产要素主要是原材料、工人人数、燃料等，不可以调整的生产要素主要是机器设备、管理人员等。

长期是指所有生产要素均可以调整的时期。长期和短期并不是指时间长短，而是根据生产要素是否可以调整来划分的。在短期中，便有可变成本 VC 和固定成本 FC 之分，而长期就没有固定成本和可变成本的分别了，一切成本都是可变的。

（2）短期总成本 STC

短期总成本 STC（Short - run total cost）是指旅游企业在短期内为生产一定量的产品对全部要素所支出的总成本。包括固定成本 TFC 和变动成本 TVC。公式为：STC = STFC + STVC。

短期固定成本 STFC（Short - run total fixed cost）是指旅游企业在短期内为生产一定量的产品对不变要素所支出的总成本。

短期可变成本 STVC（Short - run total of variable cost）是指厂商在短期内为生产一定量的产品对可变要素所支出的总成本。公式为：STVC = STVC（Q）

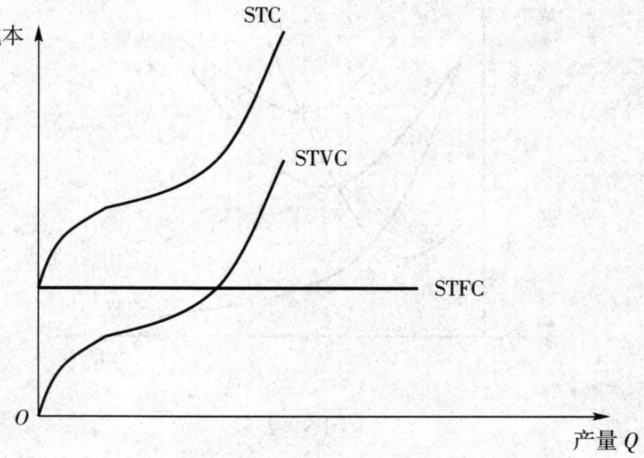

图 5-1

从图中可以看出，固定成本是一条直线，而短期总成本不是从原点出发的，它是从 STFC 点出发的。

（3）短期平均成本、短期边际成本

短期平均成本是指旅游企业在短期内平均每单位产品所消耗的总成本。包括短期平均固定成本 AFC 和短期平均可变成本 AVC。公式为：$SAC = STC/Q = SAFC + SAVC$

短期平均不变成本（SAFC）：是指旅游企业在短期内平均每单位产品所消耗的不变成本。公式为：$SAFC = STFC/Q$

短期平均可变成本（SAVC）：是指旅游企业在短期内平均每单位产品所消耗的可变成本。公式为：$SAVC = STVC/Q$

短期边际成本（SMC）：是指旅游企业在短期内每增加一单位产品生产所增加的总成本。公式为：

$$SAC = SAFC + SAVC$$

$$SMC = \frac{\Delta STC}{\Delta Q} = \frac{\Delta STVC}{\Delta Q} \text{或者 } SMC = \frac{dSTC}{dQ} = \frac{dSTVC}{dQ}$$

短期各平均成本和短期边际成本的特点和相互之间的关系如下：

① SAFC 是一直递减的；

② SAC、SAVC、SMC 均是先下降后上升的；

③ SMC 与 SAVC、SAC 相交于 SAVC、SAC 的最低点；

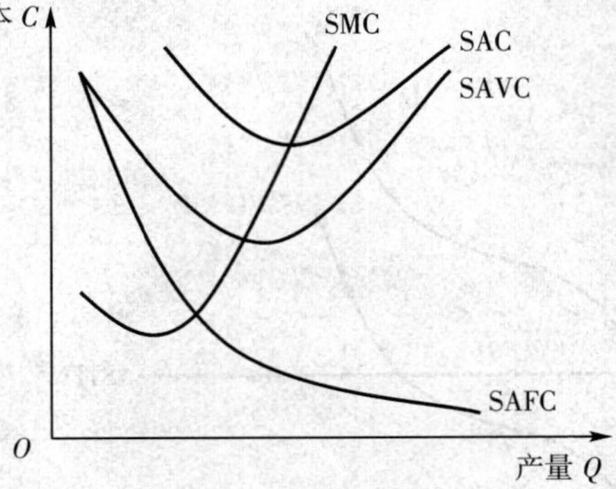

图 5－2

④ SMC 与 SAC 相交前，SAC 下降且 SMC < SAC；相交后，SAC 上升且 SMC > SAC；

⑤ SMC 与 SAVC 相交前，SAVC 下降且 SMC < SAVC；相交后，SAVC 上升且 SMC > SAVC。

2. 长期成本及其分类

在长期内，所有的生产要素都是可变的，所以没有固定与可变之分，长期成本中只有长期总成本 LTC、长期平均成本 LAC、长期边际成本 LMC 三部分。

（1）长期总成本 LTC

长期总成本是指在长期中，旅游企业生产一定量产品所投入的总成本。长期总成本是从原点出发的。

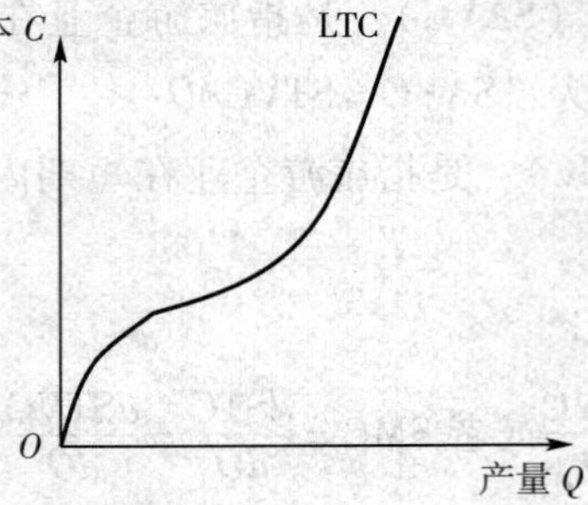

图 5－3

（2）长期平均成本

是指长期中平均每单位产品的成本，LAC = LTC/Q。长期平均成本曲线是由短期平均成本曲线描绘出来的。由于旅游市场的需求是不断变化的，旅游企业也应根据市场的变化，适时调整自己的生产规模，这就决定了企业需要调整其固定资产的投入，此时企业的经营决策因此由短期变成了长期。

从理论上讲，长期是由无数个短期组成的。下面只以三个较典型的生产规模为例：小规模生产、适度规模生产和大规模生产。根据规模经济规律，三条相应的短期平均成本曲线如下：

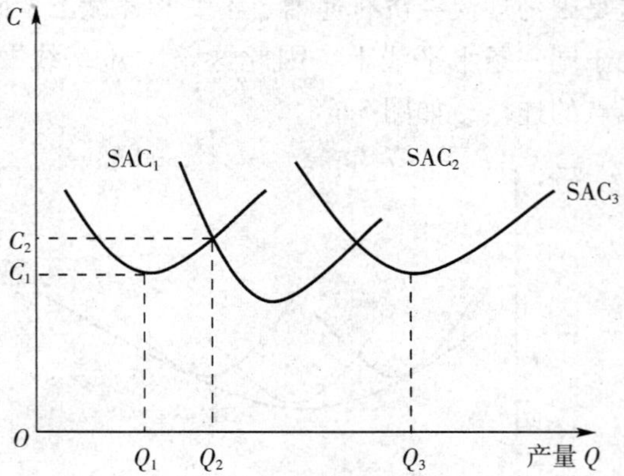

图 5-4

当市场需求量为 Q_1 时，应选择小规模生产，平均成本为 C_1，是最低的；当市场的需求量为 Q_2 时，则小规模生产或者适度规模生产均可，平均成本均为 C_2。那么究竟该选择哪一种规模生产，则应该结合市场的销售前景来确定。当市场前景看好时，选择适度规模生产，否则选择小规模生产。当市场需求量为 Q_3 时，选择大规模生产，此时成本最小。

由此可见，在长期中，进行生产的成本变化趋势如图中实线所描述的形状，即由短期成本曲线交点以下部分组成的连接。也就是说，在长期中，企业不会按短期平均成本曲线交点以上的部分生产，这是因为企业生产的目的是实现成本最小化或者利润最大化，因此企业必须选择按短期平均成本曲线交点以下部分进行生产。于是，长期平均成本曲线就是短期平均成本曲线交点以下部分的连接。

但是，我们以上只选择了三种生产规模，而实际上在长期中有许多种生产规模，从理论上讲，生产规模具有无限可分性，即有无数条短期平均成本曲线。于是，长期平均成本曲线就是所有可能的短期平均成本曲线交点以下部分的连接。

由于上例只有三种生产规模，因此短期成本曲线交点以下部分为一段曲线，当有无数条短期成本曲线时，其交点以下部分缩小为一个点，这些点的轨迹就是长期成本曲线。因此长期成本曲线是所有短期成本曲线交点以下部分的连接，它把所有的短期成本曲线包在其中，所以又称“包络线”。

需要说明的是，这种“包络线”在大多数情况下都不是短期成本曲线最低点的连接。这是因为规模经济有递增、不变和递减三个阶段，所有的短期成本曲线不会都处于同一条水平线上，因此这条“包络线”不可能成为所有短期成本曲线最低点的连接，如图 5－5。

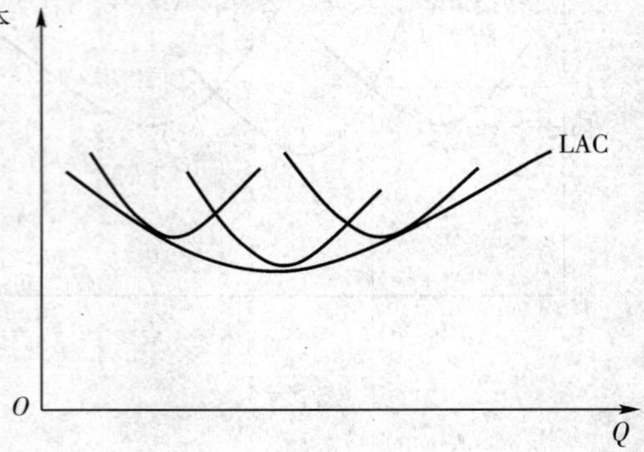

图 5－5

在大多数情况下，两者的关系如下：

在规模经济递增阶段，长期成本曲线与短期成本曲线相切于短期成本曲线的左端（在规模经济递增阶段，规模经济还没有充分显示时，扩大生产规模可以降低成本，也就是说，在 SAC_1 未达到最佳生产状态时，企业就选择了较大的生产规模，而此较大的生产规模的平均成本较低）。

在规模经济不变阶段，长期成本曲线与短期成本曲线相切于短期成本曲线的最低点。

在规模经济递减阶段，长期成本曲线与短期成本曲线相切于短期成本曲线的右端。

（3）长期边际成本和长期平均成本

长期边际成本是指在长期中增加一单位产品所增加的成本，是一条先下降后上升的 U 形的曲线，如图 5－6，但比短期边际成本曲线平坦。它与长期平均成本曲线相交于长期平均成本曲线的最低点，在 LAC 的最低点，SAC、SMC、LAC、LMC 相交于一点。

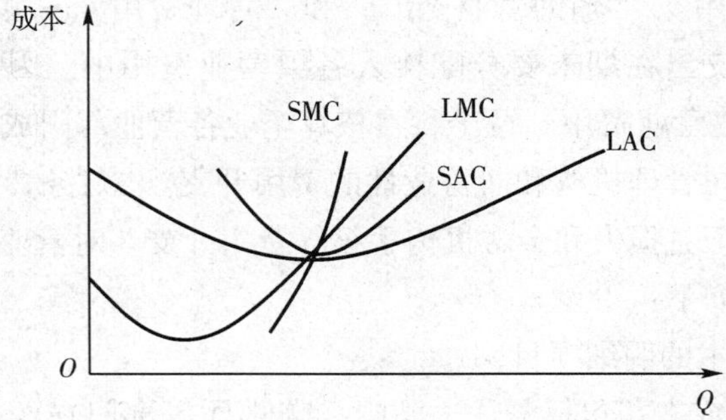

图 5－6

第二节　旅游服务企业成本和费用的核算

一、旅游服务企业营业成本和费用核算的特点及内容

1. 核算特点

（1）旅游服务企业经营的项目多，因而会计核算也有不同的内容和方法。经营项目有旅行社、客房，客车出租等服务业务，也有商品经销业务，还有餐饮生产服务性业务。对生产服务性业务，在成本费用核算上有归集成本费用的核算，对商品经营项目要核算经营成本，对旅行社、客房服务，则主要是核算营业费用和管理费用。

（2）旅游服务企业与工业企业比较，其主要特点在于后者为物质产品生产企业，会计核算的主要对象是生产制造过程，而前者为旅游服务性企业，会计核算的主要对象是商品经销和各项服务过程。因此，旅游服务企业的营业成本和费用核算有其自身的特点。

（3）旅游服务企业的成本项目和费用主要是按营业成本和营业费用划分的。管理费用和财务费用作为当期费用单独核算，从每期的营业收入中直接扣除。

2. 营业成本和费用核算的内容

旅游服务企业的成本和费用项目一般是按费用要素划分，即分为“营业成本”、“营业费用”、“辅助营业支出”和“管理费用”、“财务费用”五项。其中，辅助营业支出在期末要分配摊入各项营业费用中。因此，主要是使用“营业成本”和“营业费用”两个科目核算企业各营业部门成本费用开支。管理费用是核算公司管理机构和非营业性的费用开支。“财务费用”则是核算企业的利息支出、汇兑损失和金融机构手续等费用开支。对营业成本和营业费用的明细项目介绍如下：

（1）营业成本的明细项目

① 餐饮营业成本：包括餐厅、酒吧、咖啡厅等部门在经营中耗用的各种食品原材料、饮料、调料、配料等的实际成本。

② 商品销售成本：指售出商品的进价。

③ 汽车营业成本：应比照运输企业会计制度，即出租汽车经营中所产生的实际成本，包括司机工资、燃料费、材料费、轮胎费、折旧费、维修费、养路费、低值易耗品摊销、制服费和其他直接费用等。

④ 旅行社的营业成本：包括各项代收、代付费用，如代收的房费、餐费、交通费、文娱费、行李托运费、票务费、门票费、专业活动费、签证费、陪同费、劳务费、宣传费、保险费、机场费等。

⑤ 照相、洗染、修理等服务企业营业成本主要指耗用的原材料成本。

（2）营业费用的明细项目

• 职工工资：指部门管理人员和服务人员的工资，根据有关规定计提。

• 职工福利费：指按国家规定企业应支付给职工的洗澡费、交通费、独生子女费、奶费、书报费、探亲路费等各项费用。

• 工作餐费：指企业按规定为职工提供工作餐而支付的费用。

• 物料消耗：包括企业的日常用品、办公用品、日常维修材料、零配件等支出。

• 包装费：指旅游服务企业在销售商品等经营活动中消耗的包装物品开支。

• 保管费：指旅游服务企业为客人提供行李、服装等物品的保管发生的开支。

• 展览费：指企业为举办展览而发生的开支。

• 清洁卫生费：指宾馆、饭店、酒店、酒楼等企业为保持服务场所和设备的清洁卫生而发生的开支。

• 低值易耗品摊销：指企业使用的低值易耗品摊入本期的金额。

• 折旧费：指企业内部按提供经营服务的固定资产和有关规定计算折旧列入。各部门也可以不计提折旧费，由企业统一计提折旧，列入管理费用。

• 燃料费：指餐饮部门烹饪食品实际支付的煤气费用，客车出租等所耗用汽油、柴油费用的实际支出等。

• 修理费：指部门财产修理的支出。

• 水电费：指企业内部各部门实际水电费支出。

• 制服费：指各部门职工的工作服支出。

• 洗涤费：指企业为洗涤窗帘、桌布、制服等各种织物的开支。

• 租赁费：指部门向外单位租赁财产支付的费用。包括租赁的固定资产改良和大修理工程的支出。

• 劳保用品费：指有关部门职工所需劳保用品支出。

• 保险费：指部门财产向保险公司投保支付的费用。

• 邮电费：指部门实际支付的邮电费。

• 差旅费：指部门职工出差费用。

• 运杂费：指部门购买物品支付的运输费、装卸费、包装费等开支。

• 手续费：指部门在经营过程中支付给其他单位代销、代营手续费。

• 广告费：为推广业务发生的各项支出。

• 存货盘亏、盘盈：指部门存货发生的盘盈或盘亏。

• 其他营业费用：一般包括报纸杂志费、车船使用牌照费、差旅费。

二、营业成本和费用的核算

1. 营业成本的核算

企业的营业成本应当与其营业收入相互配比。当月实现的销售收入，应当与其相关的营业成本同时登记入账。旅行社之间的费用结算，由于有一个结算期，当发生的费用支出不能与实现的营业收入同时入账时，应按计划成本先行结转，待算出实际成本后再结转其差额。结转营业成本时，借记“营业成本”科目，贷记“原材料”、“库存商品”、“应付账款”、“银行存款”等科目。期末，应将“营业成本”科目余额转入“本年利润”科目，结转后本科目应无余额。“营业成本”科目的明细账应与“营业收入”科目的明细账设置相适应。

2. 营业费用的核算

营业费用是指企业各营业部门在经营中发生的各项费用。费用发生时，借记“营业费用”科目，贷记“现金”、“银行存款”、“累计折旧”、“应付工资”等科目。期末，应将“营业费用”科目余额转入“本年利润”科目，结转后该科目应无余额。“营业费用”科目应按费用项目设置明细账。

第三节　旅游企业成本费用控制与考核

一、成本费用的控制

成本费用控制是指旅游企业经营过程中，按照成本费用计划和管理要求，对发生的各项经营耗费和支出进行调节和监督，将成本费用控制在计划目标范围之内。

（一）成本费用控制的基本方法

成本费用控制方法很多，一般有预算控制、制度控制、标准成本控制等。

1. 预算控制：预算成本是按标准成本计算的一定业务量下的成本开支额。为了实现预算控制，必须编制成本费用预算，以控制不同业务量下的成本费用支出额。

2. 制度控制：这种方法是利用国家及旅游企业内部各项成本费用管理制度来控制成本费用开支。

3. 标准成本控制：标准成本实际上事先单位成本消耗定额。它是采用科学的方法，经过调查、分析和预测而制定的在正常生产经营条件下应该实现的一种目标成本。它是控制成本开支、评价实际成本高低、衡量工作质量和效果的重要依据。

（二）旅游企业成本费用的日常控制

由于各旅游企业经营业务不同，所以它的日常控制的重点也有所不同。对于旅游饭店主要从以下几个方面入手。

1. 客房营业费用的日常控制

因客房费用可分为固定费用和变动费用，所以，控制客房费用的支出，降低消耗需从两方面入手：

第一，降低单位固定费用。途径是提高客房出租率，通过出租量增加以降低每间客房分摊的固定费用。

$$客房出租率=\frac{计算期客房实际出租间天数}{可出租客房数量\times计算期天数}\times100\%$$

第二，控制单位变动费用。主要是按照客房消耗品标准费用控制单位变动费用支出。消耗品定额是对可变费用进行控制的依据，要按旅游饭店的档次制定消耗品的配备数量和配备规定。要建立和健全客房原始记录（指客房产品销售记录、物料用品消耗记录、客房设备维修记录等），同时要加强客房客用消耗品的管理。

对于一次性消耗品的配备数量，要按客房出租情况落实到每个岗位和个人。领班和服务员要按规定领发各种消耗品，并做好登记；对于非一次性用品的消耗，尽量减少使用不当造成的损耗，加强部件房的领发控制和安全保卫工作，减少丢失。通过对固定费用和变动费用的有效控制和管理，就能达到降低消耗，增加盈利的目的。

2. 餐饮成本的日常控制

餐饮业务成本包括直接成本和费用两部分，所以它的日常控制也从两个方面进行：

第一，餐馆业务直接成本的控制。餐饮业务直接成本，即人们通常所指的餐饮食品的成本。而食品成本主要指生产食品所消耗的原材料成本。为了控制餐饮成本的支出，可以实行标准成本控制法，对食品菜肴的成本支出实行定额管理。一般情况下实行“三标准”来控制成本：

（1）标准质量。将制作的食品菜肴出售给顾客时，每一份的分量应是标准化的，不能由于同顾客关系的亲疏而加大或减少供应量，形成厚此薄彼的现象，使大多数顾客难以接受，也使成本难以控制。

（2）标准菜谱（即标准成本卡）。这是制作食品菜肴的标准配方卡，是原材料耗用定额及成本标准的文件，是企业饮食成本控制标准的重要组成部分。

表 5－1　标准菜谱配方　　单位：元

菜名		售价		成本		成本率	
制作份数：						份额规格：	
成分		用量	单位	单位成本	金额	操作要领（烹饪方法）	
主料							
配料							
调料							
合计							

确定了标准成本后，将它与实际成本进行比较，发现差异后，要进一步分析形成差异的原因，如是进价、净料率低、操作浪费、废品还是售价低等，根据不同的原因采取具体措施解决问题，从而提高成本控制水平。

（3）标准采购规格。餐饮成本控制还取决于采购环节的控制，只有按要求采购到质优价廉的合乎规格的材料，才能提高原材料利用率，即提高成货率，降低单位成本。因此，餐饮成本控制必须从原材料采购入手，层层把关，严格执行仓库的领发料制度，严格掌握用料标准，严格厨房内部调拨手续，在保证食品菜肴质量的前提下，降低成本，增加盈利。

除饮食制品外，酒水的成本控制也十分重要，在酒水成本控制中，同样使用标准酒水配方进行控制，并对调酒员、服务员进行严格培训。建立标准的质量制度，量酒器要标准化。通过标准成本控制，寻找差距，不断调整销售结构，以降低成本，增加盈利。

第二，餐饮费用的控制。餐饮部的营业费用包括人工费、经营用品费、水电燃料费及其他费用等。如广告费、物料消耗等。其公式为：

$$\text{某项费用月度标准消耗定额} = \text{该费用年度预算总额} \times \text{季节指数}$$

季节指数是利用相对数将费用的季节变动规律反映出来，使各季应分摊的费用更加合理，即各季（月）的平均额占总额的百分比。季节指数大，表明该季（月）是旺季，反之是淡季。在此基础上将实际发生的费用同预算相比较，寻找产生差异的原因，对主观能控制的因素提出解决措施，从而降低费用开支。

餐饮费用控制的另一个重点是餐具的损耗，这些物品极易丢失和损坏，控制不好会造成费用上升。为了降低损耗率，需要对这些物品实行管用相结合的办法，制定出合理的损耗率作为控制依据。

3. 商品销售费用的日常控制

首先要对入住客人的需求进行了解，针对不同的需求，组织能反映当地特色的适销对路的商品，以扩大商品流通额，这是相对节约商品销售费用的基本途径；

其次要确定合理的储备定额，减少资金占用；对商品的采购要坚持就近原则，以减少各项费用的支出；

最后要加强库存商品的保管工作，降低食品商品的自然损耗率，防止由于商品霉烂、变质、变形、损坏等造成的损失。为此，要建立严格的管理责任制，严格考核以减少损耗，增加盈利。

对于旅行社来说，其成本费用由营业成本和期间费用两部分组成，营业成本是指直接用于接待旅游团队，为其提供各项服务所支付的费用；而期间费用是间接地为旅游团队提供服务发生的耗费和支出。其控制的重点是营业费用，它们在旅行社的经营支出中占有较大比重。营业费用的控制与饭店营业费用控制大体相同，也是通过费用预算来进行控制并要考虑到旅游业务的季节性。

（三）旅游企业成本费用控制的主要内容

旅游企业的成本费用控制包括以下内容：

1. 制定成本费用标准

管理者必须根据本企业的实际情况和经营目标，并参照其他旅游企业的成本费用水平，制定出本企业的成本费用标准。

2. 成本费用的日常控制

旅游企业应通过建立成本费用控制体系对经营活动过程中产生的成本费用进行控制，这个体系包括三部分：

（1）成本费用指标、标准、定额；

（2）成本费用核算、控制、反馈；

（3）成本费用分析。

这三部分构成一个整体，是成本费用控制的有效手段。

3. 实行成本费用责任制

为了加强成本费用控制，旅游企业应实行成本费用责任制度，把负有成本费用责任的部门作为责任中心，使其对可控成本费用负完全责任。

4. 进行重点控制

对占成本费用比重较大的部门或岗位、需大幅度降低成本费用的岗位和目标成本费用实现较为困难的部门和岗位进行重点控制。

5. 检查与考核

旅游企业的管理者应定期对各部门控制其成本费用情况及整个企业的成本费用控制情况进行检查和考核。在检查和考核过程中，管理者应着重做好以下几项工作：

（1）检查成本费用计划的完成情况，查找和分析产生成本费用差异的原因；

（2）评价各部门和个人在完成成本费用计划过程中的成绩和缺点，给予必要的奖励和惩罚；

（3）总结和推广先进经验，找出不足，提出办法，为进一步降低经营成本提供资料，为修订成本费用标准提供可靠的参考数据，保证成本费用控制更为有效。

二、成本费用的考核

旅游企业的成本费用考核可以用下列指标进行：

1. $\text{成本率}=\dfrac{\text{一定时期直接成本}}{\text{一定时期营业收入}}\times 100\%$

2. $\text{费用率}=\dfrac{\text{一定时期费用额}}{\text{一定时期营业收入}}\times 100\%$

如果将本期的成本、费用率与预算或去年同期成本、费用率进行比较，所得差额表示成本、费用率的变化程度。

成本、费用率变化程度 = 本期成本费用率 − 预算（或去年同期）成本、费用率

对成本费用进行分析和考核，就是要找出成本费用变化的原因，并针对问题采取措施。

[案例分析]

在线旅游企业的成本分析

从中国在线旅游企业E龙和携程发布的2006年财务报告可以看出，与2005年相比，E龙亏损额度大幅减少，不过仍难避免以亏损交卷，携程继续领军中国在线旅游。最近，国内在线旅游新军芒果网也扬言将于近期上市，我国在线旅游业步入高速发展阶段。随着在线旅游网站的纷纷出现，如何在激烈的竞争中脱颖而出，是如今在线旅游网站所面临的最大考验。

对于携程的成功，内部将成功秘诀归结为：在打造庞大的供应商资源和呼叫中心的基础上，利用高科技和现代化的管理手段对传统旅游行业进行成功改造，将优质服务标准化，实现大规模复制，为客户提供一站式便捷服务。

在和一些正在成长期的旅游预订企业的沟通中得知，呼叫中心的高投资和人力资源的缺乏一直是企业成长缓慢的原因。企业可以通过极大地投入，在前期很迅速地整合好供应商资源，也可以通过宣传来达到市场认知度地提升，然而恰恰是在呼叫中心的运营这个环节上，使得很多在线旅游企业的发展步伐慢了下来。不仅仅是新产品的开发受到限制，而且在老产品的转化率上也始终没有大的提高。

所以，以携程为例在线旅游企业的成本，基本来自供应商资源的积累和处理订单所产生的服务费用及巨大的预订中心投入。下面来根据携程的一些成本投入来分析一下，其在酒店供应商和预订中心及订单处理方面大致的成本构成：

一、酒店供应商资源的累积

由于供应商的资源的开拓基本上都可以说是一次性地投入，费用基本耗费在前期的开拓上，而后期供应商的维护成本基本上就要靠消费者的订单量和携程与酒店抽佣关系来维护。

携程网于1999年5月成立，10月网站正式开通。早期的携程由于没有酒店供应商资源和合理的人才储备，所以只有通过收购和兼并来完成前期的供应商积累。很快地，携程就在2000年11月以1000万现金加股票（估值）的形式收购了北京现代运通订房网络。对于携程来说，现代运通与全国700余家酒店的合作关系和40万的会员总量以及积累了3年的人才储备（50名员工）和营销经验都颇具吸引力。有了熟悉酒店预订业务的团队后，携程的酒店业务在资本的帮助下迅速发展。到目前，携程作为国内最大的酒店分销商，已拥有丰富的酒店资讯信息，可提供相关咨询查询服务的海内外星级酒店已超过了5000家，其中国内可查询的酒店数为3000余家。按携程每年30%的产品开发费用用于与酒店供应商合作和酒店相关产品开发的开支（携程内部统计数据），那么携程的酒店供应商资源开拓上的费用总计为1.82亿元，平均分摊到每家酒店供应商的成本是每家3.64万元。如此高的酒店资源开拓费用，从而也导致了大量同行在线预订企业在竞争上处于劣势地位。

以下为携程每年在酒店开拓和酒店产品设计开发上的大致费用：

年份	2000年	2001年	2002年	2003年	2004年	2005年	2006年	2007年
携程投入费用	1000万	1370万	1680万	2100万	2260万	3100万	3100万	3600万

二、巨大的预订中心投资

2003年前9个月，携程的酒店订房收入就已经达9550万元，占总收入的85.8%。那时，携程已与1700间中国酒店和450间外国酒店签订协议，其中500家酒店可按约定预留客房，以保证携程会员在旅游旺季或热点城市的住宿需求。当时，携程共有70名雇员负责维护和拓展与酒店的合作关系。为了确保与旅行者之间的交流畅通，携程又加大投资兴建了24小时电话呼叫中心和双语网站。2003年，携程电话呼叫中心已达240座的规模，500名接线员昼夜轮值，平均每人每月接听2425个电话。每接听一个电话的人工成本仅为1.15元。携程70%的业务得自呼叫中心。

随着携程业务量地不断增长，一座名为"携程网络技术大楼"的建筑在上海西部的虹桥临空园区破土动工。建成后的大楼将配置拥有2000个坐席的呼叫中心，使其成为亚洲旅行业坐席最多、规模最大的呼叫中心，携程也为此投资近2000万美元。

从目前国内的一些提供在线预订业务的旅游网站来看，呼叫中心应该是成本最高的部门了。这为旅游在线预订设定了一个资金门槛。而通过对携程的分析，呼叫中心是他们服务产品化和规模化的起点。所以，国内在线旅游网站除了携程外，其他网站生存都比较困难。究其原因就是国内在线旅游网络还并未在竞争模式上进行改变，而把竞争的中心放在大规模地预订中心投入上。这种低水平的规模化竞争、资本竞争，也让大量的旅游资源向少数在线预定巨头集中，不利于整个行业的健康发展。

三、每笔酒店订单耗费的成本

据统计，携程的订单当中有70%的订单来自于预订中心，所以在此过程中会滋生大量相关服务成本。服务成本主要包括预定客服人员工资、电话通讯费用、预订中心租金分摊等。

携程网站上有这样一段介绍："携程拥有亚洲旅行业首屈一指的呼叫中心，其坐席数已超过2000个。"业内人士介绍，现在每个客服的月薪在2000元左右，2000人的呼叫中心，每月的人工成本就要400万元，一年就是4800万元。这还不包括设备购置、损耗折旧、电话通讯费等开销。之所以需要这么大的队伍，是因为中间商为了把酒店和客人衔接起来，必须完成大量地沟通。简单说，每订一间房，中间商至少要打4次电话：客人电话预定、告知酒店、当天与客人确认、与酒店二次确认。如果时间有改动，就重新开始与双方沟通、确认。到了每月底，与酒店结账时，又要反复电话沟通催款，可以想象预订中心给携程造成多么大的负担。

以下就是最近三年携程在每家客房每晚的服务成本：

	携程2004年	携程2005年	携程2006年
年收入（亿元）	3.54	5.56	8.35
酒店预订（万间夜）	420	550	684
平均佣金（元/间夜）	666770		
服务成本/总收入（%）	13.615.918.2		
平均服务成本（元/间夜）	16.4	23.5	31.7
总服务成本（亿元/年）	0.4814	0.8840.4	1.5197

从上表可以看出携程除要在营销和管理、预订中心的扩大建设等巨大资金投入外，还要承担由于预订中心的营运带来的巨额投入。并且从最近三年来看，投入的绝对值呈每年倍增的态势，远大过于年收入的增长幅度。其实也就是说，在携程的业绩规模不增大的同时，其净利润相反会大大降低。而携程为了保持可观的净利润，只有使用逐年提高平均佣金这种方式，把资本市场上的股东收益的压力，转移到酒店和消费者身上，长此以往会超出酒店和消费者的

承受范围。

据《中国旅游饭店业二十年》一书统计，2006年平均房价在301元到500元之间的酒店，其订房渠道构成中，有12.8%来源于订房网站，而77%的顾客仍通过酒店直接预订、旅行社等传统渠道订房。可以肯定，互联网订房是大势所趋，今后消费者找酒店会越来越方便。从携程、e龙的“一统天下”，网上酒店预订行业已经是百舸争流，新兴的商业模式不断出现，原先的行业老大如果不升级，就会走向没落。

（案例来源：http：//www.51766.com）

问题：

结合案例论述如何控制在线旅游企业的成本？

【思考题】

1. 简要论述旅游企业成本的概念。
2. 简要论述如何进行旅游企业成本的控制。

第六章　旅游市场分析

从20世纪80年代开始，西方旅游业逐渐进入了细分市场时代，旅游企业经营管理人员开始重视旅游市场，开始根据人口分布特点、根据旅游消费者的兴趣爱好对旅客进行分类，以提供相应的产品吸引顾客。本章在前章分析的基础上，着重研究旅游市场特点及功能、旅游市场的分类、旅游市场结构与机制、旅游市场开拓及策略。

第一节　旅游市场特点及功能

一、旅游市场概念

众所周知，市场是人类社会发展的产物，也是商品经济发展的产物，它是实现商品交换的场所和领域。哪里有商品生产和商品交换，哪里就会有市场。旅游市场是旅游产品交换的场所，也是实现旅游供求平衡的重要机制。早期的旅游活动并不是以商品形式出现的，而是一种自发的社会现象。随着生产力的发展，社会分工的深化，商品生产和交换得到了发展，旅游活动才逐渐商品化。一方面社会中出现了旅游活动的购买者，另一方面则形成了专门为旅游者提供服务的行业，于是出现了以旅游者一方的旅游需求和以旅游经营者为另一方的旅游供给，两者之间的经济联系就构成了旅游市场。随着旅游产品交换的发展，旅游市场也随之产生并扩大。旅游市场有广义和狭义两种概念。

1. 广义的旅游市场

广义的旅游市场是指在旅游产品交换过程中所反映的各种经济行为和经济关系的总和。它不仅是指旅游产品交换的场所，而且包括旅游者与经营者之间各种经济行为和经济关系的总和。因此，旅游市场的广义概念须包含三个基本要素：一是必须有旅游市场交换的主体双方，即旅游者和旅游企业经营者；二是必须有市场交换的标的物，即旅游产品；三是有助于实现旅游产品交换的手段和媒介，如货币、网络、信息、营销等。

2. 狭义的旅游市场

狭义的旅游市场是指在一定时间、一定地点和一定条件下对某种旅游产品具有支付能力的现实和潜在的购买者。简言之，狭义的旅游市场即是指旅游客源市场。

狭义的旅游市场主要由以下几个要素组成：

（1）存在具有购买意愿的人群，他们具有需要、期望，为购买旅游产品创造了基本条件和机遇；

（2）要有一定的购买能力，能够实现愿望，即存在对旅游产品的现实需求；

所谓旅游购买能力，是指人们在其可随意支配收入中用于购买旅游产品的能力。通常，旅游支付能力是由人们的收入水平决定的，人们收入水平越高，用于购买旅游产品的支出也会越高。如果没有较高的收入水平和足够多的支付能力，旅游者便无法成行，旅游市场也只是一种潜在市场。

（3）要有购买的权利。

旅游消费权利是指旅游者可以购买某种旅游产品的权利。就国际旅游市场而言，由于国际间复杂繁琐的关系，或旅游目的国、或旅游客源国单方面的政策限制，如不发放旅游签证或限制出境等，那么，即使人们有旅游消费欲望，有旅游支付能力，但因旅游权利受阻而无法形成国际旅游市场。

二、旅游市场的特点

旅游市场虽然庞大而复杂，但它是围绕旅游产品的需求和供给而建立起来的整体机制，因此，一般认为，与其他商品市场和服务市场相比，旅游市场具有以下特点：

1. 旅游市场的多样性

旅游市场多样性主要表现在以下几方面：

（1）旅游产品种类的多样性，即不同国家、地区的自然风光和人文景观的不同，必然形成不同的旅游产品，从而使旅游者从中获得的经历与感受也不同。

（2）旅游购买形式的多样性，即旅游者可以直接购买单项旅游产品，也可以通过旅行社购买旅游线路产品，还可以通过国际旅行社购买综合性旅游产品；既可以选择包价旅游、散客旅游，也可以选择包价与散客旅游相结合的旅游购买方式。

（3）旅游市场的多样性还表现为旅游者多种多样的偏好引起供给方面的多样性变化，使旅游产品种类更加多样，以便更好地满足旅游者需求。

2. 旅游市场的波动性

旅游市场是非常敏感的，因为影响旅游需求的因素多种多样，任何一个因素的变化都会引起旅游市场的波动。对于某一具体旅游市场而言，某些意外事件或者重大活动都会在一段时间内改变客源的流向，使旅游市场呈现出较大的波动性。1997 年东南亚金融危机直接影响当地旅游业发展；“9·11”事件使美国乃至全球旅游业一度下滑；“非典”使中国等一些国家旅游业极大受挫。可见，旅游市场比较容易受到外部因素的影响而呈现一定的波动性。

3. 旅游市场的高度竞争性

现代旅游市场是一个竞争十分激烈的市场。因为世界旅游资源的分布极具广泛性，每个国家和地区都有一定的有特色的旅游资源，都可以分别开发成很有吸引力的、具有不同特点的旅游产品，成为旅游者需求的对象。由此可见，在世界旅游市场上，一方面存在大量的旅游需求者，而另一方面亦存在大量的旅游供给者，他们要销售各种旅游产品，其市场竞争必然非常激烈。

4. 旅游市场的世界性

现代旅游市场是一个以全球为活动领域的世界性旅游市场。旅游市场的发展经历了一个由国内向国际的发展过程。早期人们的旅游活动通常是在国内不同地区间进行的，所以旅游市场最初是在一个国家的范围内形成的。第二次世界大战之前，邻近国家间经济贸易关系的发展，促进区域性旅游市场的出现，如西欧、北美之间的旅游活动。第二次世界大战之后，随着社会生产力的发展，旅游活动扩展到世界各国，区域性旅游市场发展成为世界性旅游市场。因此，现代旅游市场是一个以全球为活动范围的统一的国际旅游市场，在这个旅游市场上，旅游者的足迹遍布世界的各个地区和绝大多数国家，而世界各国也都积极鼓励和支持旅游业的发展。

旅游市场的世界性主要表现在两个方面：一是旅游者的活动范围遍布世界各地，不仅人类居住的五大洲已成为旅游者的目的地，就连无人居住的南极和北极也留下了旅游者的足迹；二是世界各国、各地区都在积极发展旅游业，把旅游业作为经营对象，面向其他国家或地区的居民生产或销售旅游产品。因此，旅游市场的世界性是全球范围的旅游需求与旅游供给决定的。

5. 旅游市场的季节性

旅游市场的季节性差别特别明显，这是由旅游地区的自然条件和旅游者的闲暇时间分布不均衡所造成的。例如，某些与气候有关的旅游资源会因季节不同而产生淡旺季的差别；某些利用带薪假日出游的旅游者，也是造成旅游淡旺季的主要原因；某些旅游目的地直接受气候影响，而具有明显的季节差异性，如海滨旅游、漂流旅游等。因此旅游市场的需求量在时间上分布的不均衡以及旅游供给在时间及季节分布的不均衡导致旅游市场呈现出季节性很强的特点，造成旅游资源和设施在旺季供不应求，而在淡季出现部分设施和人员闲置的现象。

因此，旅游目的地国家或地区应根据淡旺季的不同特点作出合理安排，以减少或消除季节性的影响。近年来，许多国家、地区的旅游组织和企业努力开发旅游淡季市场，使旅游市场向淡旺季均衡化方面发展。

6. 旅游市场的异地性

旅游市场具有显著的异地性。旅游市场一般都在旅游产品生产地之外，旅游者主要是非当地居民，这样就形成了旅游市场的异地性。

三、旅游市场的功能

旅游市场是社会经济高度发展的产物，是旅游业赖以生存和发展的条件，对旅游经济活动地有效运行起着十分重要的作用。旅游市场主要有以下几方面的功能：

1. 旅游资源的配制功能

市场工作是旅游业的核心。从产业角度看，旅游也有一个产销链条。产销之间谁处于核心地位？不同的阶段有不同的核心。在旅游发展之初，资源决定论、产品优先论一统天下，市场围着资源吼，游客跟着产品走，资源和产品地位至高无上，不可动摇。到如今，游客市场成了最重要的稀缺资源，处于旅游业的核心。围绕市场量身定做，根据需求打造产品，已成为业内共识。旅游产业的各个环节、旅游行业的各个要素都必须围绕市场配套完善，发展壮大，发挥作用。

2. 旅游产品的交换功能

通常旅游市场上总是有许多不同的旅游产品供给者和需求者，旅游产品供给者通过市场销售自己的旅游产品，而旅游产品需求者（旅游者）则通过市场选择并购买自己感兴趣的旅游产品。旅游市场把旅游供给者和旅游需求者衔接起来，解决了供求之间的矛盾。因此，旅游市场是联结旅游产品供给者和需求者的纽带，承担着旅游产品交换和价值实现的功能。

3. 旅游信息的反馈功能

在市场经济条件下，旅游供求动态变化与旅游市场的动态变化是相辅相成的。一方面，旅游企业通过市场将产品信息传递给消费者，以引导、调节旅游需求的变化；另一方面，旅游企业根据市场反馈的旅游需求信息和市场供求状况，调整旅游产品价格，组织生产适销对路的旅游产品，市场信息为旅游企业提供了经营决策的依据。因此，旅游市场通过信息传导和反馈功能，综合反映旅游市场的供求变化和旅游经济的发展状况。

4. 旅游经济的调节功能

旅游市场是调节旅游供求平衡的重要杠杆。在旅游市场上，当旅游供求双方出现矛盾时，就会引起旅游市场竞争加剧和价格波动，于是就要通过市场竞争机制和价格机制的作用，调节生产和消费，使供求重新趋于平衡。通过旅游市场的经济调节，即调节旅游产品的生产和销售，使旅游供求重新趋于平衡。同时，还可以通过旅游市场检验旅游企业的服务水平和经营管理状况，有利于改善和提高旅游企业的服务质量和经营管理水平，提高旅游企业的经济效益，增强消费者满意度。

第二节　旅游市场的分类

一、旅游市场分类的概念和意义

在全球旅游市场中，任何一个旅游供应商，都没有足够的实力占领整个全球市场，满足所有旅游者的需求，因而对旅游市场进行分类具有现实必要性，有利于各个国家、各个地区或各个企业确定自己的目的市场，并采取相应的旅游市场开发策略。

1. 旅游市场分类的概念

旅游市场分类也叫旅游市场细分（Segmenting tourism market），旅游市场细分是指旅游企业营销者通过市场调研，依据消费者的需要和欲望、购买行为和购买习惯等方面的差异，把某一产品的市场整体划分为若干消费者群的市场分类过程。每一个消费者群就是一个细分市场，每一个细分市场都是具有类似需求倾向的消费者构成的群体。因此，旅游市场分类或旅游市场细分也就是将全部旅游市场根据旅游消费者的某种或某些特点划分为不同的细分市场。

2. 旅游市场分类的意义

旅游市场分类（亦即细分市场）的意义很多，主要表现在以下几个方面：

（1）有利于选择目标市场和制定市场营销策略

市场细分后的子市场比较具体，比较容易了解消费者的需求，企业可以根据经营思想、方针及生产技术和营销力量，确定自己的服务对象，即目标市场。针对较小的目标市场，便于制定特殊的营销策略。同时，在细分的市场上，信息容易了解和反馈，一旦消费者的需求发生变化，企业可迅速改变营销策略，制定相应的对策，以适应市场需求的变化，提高企业的应变能力和竞争力。

（2）有利于发掘市场机会，开拓新市场

通过市场细分，企业可以对每一个细分市场的购买潜力、满足程度、竞争情况等进行分析对比，探索出有利于本企业的市场机会，使企业及时做出投产、移地销售决策或根据本企业的生产技术条件编制新产品开拓计划，进行必要的产品技术储备，掌握产品更新换代的主动权，开拓新市场，以更好适应市场的需要。

（3）有利于集中人力、物力投入目标市场

任何一个企业的资源、人力、物力、资金都是有限的。通过细分市场，选择了适合自己的目标市场，企业可以集中人、财、物及资源，去争取局部市场上的优势，然后再占领自己的目标市场。

二、旅游市场分类的方法

旅游市场分类即旅游市场细分是一个涉及多变量的技术。市场细分的目的是要寻求合适的变量并将其作为对旅游者群体划分的标准。因此，正确选择旅游市场细分变量是十分关键的。通常，旅游市场细分变量可以划分为地理、国境、消费水平、旅游目的、组织形式五个因素。

1. 按地域划分旅游市场

按地域划分旅游市场，是以现有及潜在的客源地为出发点，根据对旅游者来源地或国家的分析而划分旅游市场。

世界旅游组织根据全球地区在地理、经济、文化、交通以及旅游者流向、流量等方面的联系，将整个世界旅游市场划分为六个大的区域，即欧洲市场、美洲市场、东亚及太平洋地区市场、南亚市场、中东市场和非洲市场。这是一种传统的、重要的市场划分。它反映了当今世界旅游市场的基本格局。

表 6－1　世界国际旅游接待人数变化情况

年份	世界国际旅游接待人数（百万人次）	增长量（百万人次）	增长率（%）
1995	550	－	－
1996	580	30	5.4
1997	602	22	3.7
1998	621	19	3.3
1999	643	22	3.5
2000	687	44	6.8
2001	684	－3	－0.5
2002	703	19	2.7

资料来源：世界旅游组织 http：//www. world－tourism. org/facts/tmt. html

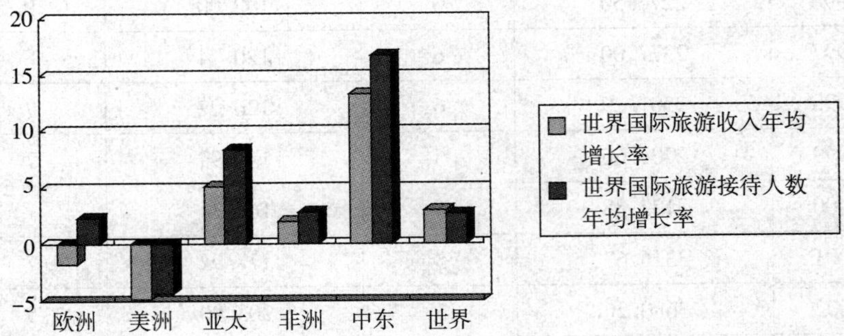

表 6－2

2. 按国境划分旅游市场

按国境划分旅游市场，一般分为国内旅游市场和国际旅游市场。前者是指一个国家国境线以内的市场，即主要是本国居民在国内各地进行旅游；国际旅游市场是指国境线以外的市场，又可分为入境旅游市场和出境旅游市场。入境旅游市场即指某一个国家接待境外旅游者到本国各地旅游；出境旅游市场是指组织本国居民到境外进行旅游。通常，在国内旅游市场上，旅游者是本国居民，主要使用本国货币支付各种旅游开支，并可自由地旅游而不受国界的限制，因而大力发展国内旅游不仅容易可行，而且可以对国内商品流通、货币回笼、满足居民物质生活和精神生活需要方面起促进作用；在国际旅游市场上，出境旅游会导致客源产生国外汇地流出，而入境旅游则会增加一个国家和地区的外汇收入，增加其国际支付能力。

表 6-3　1990-2003 年中国入境旅游人数和旅游（外汇）收入的世界排名

年份	过夜旅游者人数（万人次）	世界排名	旅游外汇收入（亿美元）	世界排名
1990	1048.40	11	22	25
1991	1246.40	12	28.45	21
1992	1651.20	9	39.47	17
1993	1898.20	7	46.83	15
1994	2107.00	6	73.23	10
1995	2003.40	8	87.33	10
1996	2276.50	6	102.00	9
1997	2377.00	6	120.74	8
1998	2507.29	6	126.02	7
1999	2704.66	5	140.99	7
2000	3122.88	5	162.24	7
2001	3316.67	5	177.92	7
2002	3680.26	5	203.90	5
2003	3297.05	5	174.06	5

资料来源：中国旅游网 http://www. cnta. com/22-zcfg/tj. asp

3. 按消费水平划分旅游市场

根据旅游者的消费水平，一般可将旅游市场划分为豪华旅游市场、标准旅游市场和经济旅游市场。

豪华旅游市场的市场主体是社会的上层阶层，他们一般对旅游价格不敏感，而是希望旅游活动能最大限度地满足他们的旅游需求。如参加团体旅游，他们更喜欢和具有相同社会和经济地位的人在一起。

标准旅游市场的主体是大量的中产阶级，他们既注重旅游价格，又注重旅游活动的内容和质量。

经济旅游市场的主体是那些收入水平较低或没有固定收入者，他们更多的是注重旅游价格的高低。因此，旅游经营者应根据其提供的旅游产品的等级，科学地进行市场定位，以选择合适的目标旅游市场，并努力增强对旅游市场的吸引力和扩大市场占有率。

4. 按旅游目的划分旅游市场

根据旅游目的可划分为不同性质的旅游市场，如观光旅游市场、文化旅游市场、商务旅游市场、会议旅游市场、度假旅游市场、宗教旅游市场等。自20世纪50年代以来，除了以上传统旅游市场外，又出现了一些新兴的旅游市场，如满足旅游者健康需求的体育旅游市场、疗养保健旅游市场和狩猎旅游市场等；满足旅游者业务发展需求的修学旅游市场、学艺旅游市场等；满足旅游者个性需求的探险旅游市场、美食旅游市场、生态旅游市场和惊险游艺旅游市场等。由于不同旅游者旅游的目的不同，对旅游产品的需求也不同，不同旅游市场各有自己的市场范围和市场对象。

5. 按旅游组织方式划分旅游市场

根据旅游的组织方式，可将旅游市场划分为团体旅游市场和散客旅游市场。团体旅游和散客旅游是两种基本的旅游组织形式。

团体旅游也叫包价旅游，一般是指人数在十五人以上的旅游团，其旅游方式以包价为主，包价的内容通常包括旅游产品基本部分，如吃、住、行、游、购、娱，也可以是基本部分中的某几个部分。参加旅行社组织的团体包价旅游的优点是：其活动日程已经提前安排好，可以使旅游者放心地随团旅游；而且旅行社是以优惠的旅行社价格分别购买各单项旅游产品，然后组织成旅游线路产品出售给旅游者，因而旅游者参加团体包价旅游价格较便宜。团体旅游的缺点是行动上不能自由灵活，时间上受旅行团的约束。

与团体旅游市场相对应的是散客旅游市场。散客旅游主要指个人、家庭及十五人以下的自行结伴的旅游活动。散客旅游者可以按照自己的意向自由安排活动内容，也可以委托旅行社购买单项旅游产品或旅游线路中的部分项目，因而比较灵活方便。散客旅游的主要缺点是旅游者所购买的各单项旅游产品的价格之和比旅行社同样内容的团体包价旅游的价格要昂贵得多。但由于散客旅游灵活方便，随着现代旅游业的发展，散客旅游迅速增加，已成为国际旅游市场发展的新趋势。

第三节　旅游市场结构与机制

一、旅游市场结构

1. 旅游市场结构概念

旅游市场结构反映的是旅游产品在供应和需求之间的规模、比例及相互协调性，以及各种旅游客源市场之间所形成的比例关系。旅游需求指旅游者对旅游产品具有支付能力的需求总和。由于旅游者收入、闲暇时间、爱好、职业、年龄、修养等方面的差别，使旅游者的需求也各不相同，从而要求旅游供给者提供多种类型的旅游产品以满足旅游者多样化的需求。旅游供给是旅游经营者在一定时期内向旅游者提供的各种旅游产品的总和，包括各种旅游景观、旅游设施、旅游服务等。旅游需求与供给都有一定的时空变化，因而旅游供给和需求一旦在数量、规模和比例上相互适应，就实现了旅游市场结构的协调，从而促进旅游经济的发展。但由于旅游需求变动性较大、旅游资源分布的不均衡性，以及旅游活动的季节性等因素影响，使旅游供给和需求在数量、规模、层次及比例上往往难以相互适应。

旅游市场结构具有系统性、动态性、发展性的特点：系统性指构成旅游市场结构的各类市场是一个有机的系统；动态性是指旅游市场是一个不断变化的市场；发展性是指旅游市场会随着现代旅游的发展而不断发展和优化。

对旅游市场结构调整，首先应研究旅游需求结构、旅游供给结构和旅游供求相适应的结构状态。从旅游需求结构看，要着重研究国际旅游市场和国内旅游市场的构成及分布状况；着重研究不同性别、年龄、阶层和职业的旅游者构成及需求状况；着重研究不同季节、不同旅游方式（如团队、散客）的需求结构状况等。从旅游供给结构看，要着重研究旅游资源的类别和性质，以便开发出具有特色的旅游景观；要研究各种旅游设施的规模、水平和比例，以便形成有效的综合接待能力；要研究各种旅游服务的质量及内容，不断提高服务水平，更好地满足旅游者的需求。从旅游供给与需求相适应的情况看，要研究在完全竞争、完全垄断及垄断竞争等不同市场结构下，市场供求变化及竞争的特点。通过以上研究，针对旅游市场供需变化，从而为形成供求适应的市场结构，探寻宏观管理的政策及微观经营的对策和策略提供依据。

2. 旅游市场结构的内容

根据上述旅游市场结构的含义，大体可以分为：

（1）旅游需求市场结构

旅游需求市场结构，主要指由旅游者市场所决定的旅游需求类型及其变化变动趋势，如游客地区分布、年龄构成、文化构成等。随着社会经济发展和人们生活水平的不断改善和提高，人们对旅游的需求越来越大，旅游需求市场的日益壮大和发展，为旅游市场体系的完善奠定了前提和基础。

人们对旅游需求的变动趋势大致可以分成以下几种：从出游目的看，人们的旅游需求正从单一的观光旅游、文化旅游进一步扩展到度假旅游、商务旅游、特种旅游等综合性旅游；从消费水平看，人们的旅游消费正从经济型消费向中高档消费、乃至豪华型消费发展；从组织形式看，旅游需求正从传统的、单一的团队旅游形式，逐步向以散客、团队和自助旅游相结合的多样性旅游市场发展等。正是人们的这种多样性、高层次性旅游需求促使旅游需求市场体系得以不断完善。

（2）旅游供给市场结构

旅游供给市场结构，是指为满足日益扩大的旅游需求，由旅游经营者市场所提供的全部旅游产品的总和。旅游经营者市场，是指在一定地域范围内向旅游者提供旅游产品的所有旅游企业的集合。随着现代旅游经济的发展，旅游经营者市场也在不断发展和完善，除了传统的旅行商，旅游商品企业等也迅速产生和发展，从而推动了旅游经营者市场地不断壮大和扩展，加快了旅游企业的集团化、规模化和连锁化发展，促进了旅游供给体系的丰富和完善，更好地满足了旅游市场上日益扩大的旅游需求。

(3) 旅游产品市场结构

旅游产品市场结构，是指为满足旅游者旅游活动中所消费的各种物质产品和服务的总和。随着现代旅游的发展，旅游产品日渐丰富、种类日渐繁多，促进了旅游产品体系地进一步完善。如度假旅游产品从原来的温泉度假旅游，进一步扩展到包括温泉疗养、湖滨休闲、海滩度假、乡村旅游、野营度假等在内的度假旅游产品；观光旅游产品从原来的自然风光游览，进一步扩展到包括自然景观、人文古迹、民族风情、城市风光等在内的观光旅游产品；另外，还发展了商务旅游、会展旅游、康体旅游、生态旅游、业务旅游为内容的特种旅游产品。

(4) 旅游要素市场结构

旅游要素市场结构，可以分为两大类，一是指构成整体旅游产品的食、住、行、游、购、娱等服务要素体系，二是指形成旅游产品的资源、资金、技术和劳动力等生产要素体系。由于旅游市场上的旅游产品大多数是组合旅游产品和综合旅游产品，因此必须把食、住、行、游、购、娱等服务要素有机组合，才能满足旅游者的旅游需求。由于任何旅游市场都离不开丰富的并具较强吸引力的旅游资源，离不开一定的开发建设资金的投入，且还必须具备较强业务技能和较高服务水平的旅游人才，因此旅游资源、资金、技术和劳动力等构成了旅游市场的生产要素体系。正是由于旅游市场上服务要素体系和生产要素体系地有机组合，共同构成了旅游要素市场体系，为旅游产品体系的形成和优化，为旅游供给体系地丰富和完善创造了良好的条件和基础。

二、旅游市场机制

1. 旅游市场机制的概念

市场机制是指在市场经济中，市场上直接发生作用的价格、竞争、供求等市场因素互相适应、互相制约、自行协调、自行组织的有机体系。它是市场经济的内在机制，是市场经济中各个市场主体和各类市场要素之间有机联系的客观必然性。市场中各个市场主体和各类市场要素的内在相互联系，客观上形成市场对经济活动的调节机制。所以，市场机制是市场经济的核心，人们称之为“看不见的手”，即一种无形的但又确实存在的内在力量。

旅游市场是社会经济高度发展的产物，是旅游业赖以存在和发展的条件，对旅游经济活动的有效运行起着十分重要的作用。在社会主义市场经济条件下，旅游市场的功能作用都是通过旅游市场机制来实现的。所谓旅游市场机制，是指旅游市场中交换各方在交换活动中形成的相互影响、相互制约的内在联系形式，具体讲就是各旅游市场主体在旅游市场上进行经济活动而形成的供求、价格、竞争、风险等因素有机结合、相互影响、相互制约的运动过程，其具体表现为供求机制、价格机制、竞争机制、风险机制的共同作用过程。

2. 旅游市场机制的表现形式

（1）旅游供求机制

旅游供求机制，是指旅游供给和旅游需求之间通过竞争而形成的内在联系和作用形式，也就是旅游供求关系在旅游市场中的规律性反映。旅游供求机制不仅对旅游供求的均衡起着调节作用，而且对旅游者的合理流动也具有一定的引导作用。旅游供求机制的作用主要表现在三方面：一是旅游供求机制与其他机制的配合作用，有效实现合理配置旅游生产要素和服务要素的功能，从而调节旅游市场供求结构的平衡；二是旅游供求机制及时、灵敏地反映旅游经济运行的内在矛盾，反映旅游市场上供求双方的变化及发展态势，从而为旅游者和旅游经营者提供信号和指示方向，调节旅游市场的供求平衡；三是旅游行政管理部门通过旅游供求机制对旅游经济进行宏观调控，促进旅游业地可持续发展。

（2）旅游价格机制

旅游价格是旅游产品价值的货币表现，它既是旅游者与旅游经营者之间进行旅游产品交换的媒介，又是衡量旅游经营者生产和经营旅游产品的劳动耗费量的尺度。因此，旅游价格机制是旅游经济有效运行的重要机制，是旅游供求机制发挥作用的前提。在市场经济条件下，旅游价格机制对旅游经济运行的作用是多方面的。对旅游者而言，旅游价格机制是调节旅游需求方向和需求规模的信号，即通过旅游价格的涨落，反映旅游供求的变化，从而影响旅游者的购买欲望，并调节旅游者的需求方向、需求规模和需求结构。对旅游经营者而言，旅游价格机制是旅游市场竞争和旅游供给调节的重要工具，即旅游经营者通过价格的灵活变动来占领市场，调节旅游产品生产和供给的数量及结构。对政府宏观管理而言，通过旅游价格机制的作用，一方面为国家制定旅游政策，为旅游经济的运行提供必需的信息；另一方面也自发地调节着旅游总供给和总需求的平衡。

(3) 旅游竞争机制

竞争市场经济运行的普遍规律，也是商品经济的产物，哪里有商品生产和商品交换，哪里就有竞争。旅游竞争机制就是指旅游市场中，各旅游经营者之间为了各自的利益而相互争夺客源，从而影响旅游供求及资源配置方向的运动过程。旅游竞争机制作为市场机制的基本要素之一，其核心内容是争夺旅游者。因为争夺到的旅游者越多，表明旅游产品的销售量越大，从而为旅游目的地国家、地区或旅游企业带来的收入越高，经济效益就会越好。同时，争夺旅游中间商，即对从事旅游产品销售，具有法人资格的旅行社或旅游经纪人的争夺，也是旅游竞争机制的重要内容。因为各种各样的旅行社和旅游经纪人，是销售旅游产品的重要分销渠道，争夺到的中间商越多，得到的支持越大，旅游产品的销量就越多。争夺旅游者和中间商的目标又集中表现为提高旅游市场占有率，因为旅游市场占有率的高低变化对旅游供求和旅游价格起着决定影响。因此，在市场经济条件下，旅游竞争机制是客观存在的，是同旅游供求机制和价格机制紧密结合并共同发生作用的。

(4) 旅游风险机制

在市场经济条件下，任何一个经济主体在市场经济活动中都面临着盈利、亏损和破产的多种可能性，都必须承担相应的风险。因此，旅游风险机制就是指旅游经济活动同盈利、亏损和破产之间的相互联系及作用的运动形式。旅游风险机制作为旅游市场机制的重要部分，是一种无形的市场强制力量，促使每个旅游经营者承认市场竞争的权威，从而自觉地对市场信号作出灵敏地反应，形成适应旅游市场竞争的自我平衡能力。同时，旅游风险机制也利用市场利益动力和破产压力的双重作用，促使每个旅游经营者行为的合理化，并按照旅游需求提供适销对路、价廉物美的旅游产品。

第四节　旅游市场开拓及策略

一、旅游市场开拓的概念

旅游市场开拓是指旅游企业为了实现战略目标，扩大旅游产品销售、实现旅游产品价值、提高市场占有率而进行的一系列经营活动。旅游市场的开拓包括两个方面：一是充分挖掘现有旅游市场的潜力，提高现有市场的占有率；另一方面是开发新的旅游市场。

旅游市场开拓要在明确旅游市场战略目标的前提下进行市场调研和预测，了解市场需求和竞争对手；在此基础上，分析旅游企业所处市场的宏观环境和微观环境，使企业经营活动适应市场环境的变化；进行市场细分，并在市场细分的基础上，选择目标市场；然后针对目标市场，确定合适的市场营销组合，最终实现旅游市场开拓的战略目标。

二、旅游市场的调查和预测

1. 旅游市场调查

旅游市场调查是指用科学的方法搜集、汇总大量的有关旅游市场的信息资料，为旅游企业和有关部门进行准确的经营发展决策提供基本资料的一项工作。科学的旅游市场调查，必须了解和掌握调查的内容、程序和方法。

（1）旅游市场调查的内容

旅游市场环境调查。旅游市场环境调查主要包括政治法律环境调查、经济环境调查和社会环境调查等。

旅游市场需求调查。旅游市场需求调查主要包括：现有的旅游产品需求量和潜在的需求量；人均消费水平及消费结构；不同阶层的旅游者的不同需求及其变化趋势；旅游方式的现状及其变化趋势；对旅游地的旅游设施与服务等方面的评价与要求等。

旅游市场供给调查。旅游市场供给调查主要包括：旅游吸引物的调查；旅游设施调查；旅游可进入性调查；旅游服务调查；旅游企业形象调查等。

旅游市场竞争情况调查。旅游市场竞争情况调查主要是对竞争对手的调查。对竞争对手的调查主要包括：竞争对手的现有客源市场状况；产品的优势和劣势；所处的地理位置和接待条件；市场的营销策略；促销方式和渠道等。

（2）旅游市场调查的程序

旅游市场调查程序一般分为三个阶段，调查准备阶段、实地调查阶段和结果处理阶段。调查准备包括拟订调查计划、设计调查问卷、组织调查队伍等；实地调查主要是指收集一手资料和二手资料，通过资料收集掌握旅游市场的状况，然后对资料进行处理和分析，得出调查结果、为决策提供参考。

(3) 旅游市场调查的方法

常用的旅游市场调查方法有观察法、询问法、实验法和会议法。

观察法，是指调查人以直接观察具体事物作为搜集资料的一种手段，观察法一般只能看到表面现象。

询问法又称访谈法，就是调查人员采用访谈询问的方式向被调查者了解旅游市场情况的一种方法。这种方法又可分为面谈调查法、电话调查法、邮案调查法、留置问卷调查法等。

实验法，它是把调查对象置于特定的控制环境下，通过控制外来变量和检验结果差异来发现变量间的因果关系，以获取信息资料的调查方法。这种方法对于研究变量之间的因果关系非常有效。因为实验法是在小规模的环境中进行的，所以在管理上比较好控制，并且完全由客观方法得到资料，数据可信度高，可靠性强。

会议调查法是通过召开专门的调查会议搜集原始资料的方法，由于各种会议集中了各种不同的专门人才，因此，能收集到内容广泛、水平较高的答复。

2. 旅游市场预测

旅游市场预测是指在旅游市场调查与分析的基础上，运用各种定性和定量方法，对旅游市场未来的发展变化作出的估计和判断。旅游市场预测按不同的标准可以分为不同的类型。

(1) 旅游市场定性分析

定性分析是对预测目标的性质以及可能估计到的发展趋势作出的分析。旅游市场定性分析方法包括旅游者意见法、营销人员估计法、经理人员判断法和专家预测法。

① 旅游者意见法。是通过对旅游者进行调查或征询，来进行旅游市场预测的一种方法。其具体作法是：当面询问、电话征询、写信、要求填写调查表、设立意见簿、召开座谈会等。

② 营销人员估计法。营销人员估计法，是由企业内外的营销人员对市场作出预测。使用这种方法的企业，要求每个推销员对今后的销售作出估计，营销经理再与各个推销员一起复审估计数字，并逐级上报预测数字和汇总。

③ 经理人员判断法。经理人员判断法，指旅游企业邀请企业内部各职能部门的主管人员根据各自的经验，对预测期的营业情况作出分析和估计，然后取其平均数作为预测估计数。此法简便易行，节省费用，对新企业是唯一可供

选择的预测方法。

④ 德尔菲法。又称专家预测法，是由企业聘请社会上或企业内部的专家进行市场预测。德尔菲法的一般工作程序如下：第一，确定调查目的，拟订调查提纲。首先必须确定目标，拟订出要求专家回答问题的详细提纲，并同时向专家提供有关背景材料，包括预测目的、期限、调查表填写方法及其他希望要求等说明。第二，选择一批熟悉本问题的专家，一般至少为20人左右，包括理论和实践等各方面专家。第三，以通信方式向各位选定专家发出调查表，征询意见。第四，对返回的意见进行归纳综合、定量统计分析后再寄给有关专家，如此往复，经过三四轮意见比较集中后进行数据处理与综合得出结果。每一轮时间约7天到10天，总共约一个月左右即可得到大致结果，时间过短因专家很忙难于反馈，时间过长则外界干扰因素增多，影响结果的客观性。

（2）旅游市场定量分析

定量分析法是运用数学方法来分析，计算和预测旅游市场未来发展变化及趋势的方法，一般使用统计方法和计量经济学方法。其中常用的方法有时间序列分析法和回归分析法。时间序列分析又包括简单平均法、移动平均法、指数平滑法及变动趋势预法；回归分析法包括一元线性回归分析法和二元线性回归分析法等。

三、旅游市场细分与目标市场的选择

（一）旅游市场细分

旅游市场细分，就是根据旅游者之间需求的差异性，把一个整体旅游市场划分为若干个旅游者群体，从而确定企业目标市场的活动过程。旅游市场细分不是产品分类，而是根据旅游需求的差异划分为不同的细分市场。旅游市场上有各种不同需求的旅游者，进行市场细分首先要发现不同旅游者之间的需求差别，然后把需求相同的旅游者归为一类，每一类就形成一个小的细分市场。

1. 旅游市场细分的原则

为了使经过细分后的细分市场能为制定有效的营销战略和策略提供依据，更好地适应旅游消费者的需求，旅游目的地或旅游企业在细分市场时，必须遵循以下原则：

（1）可衡量性原则。即各细分市场的需求特征、购买行为等要能被明显地区别开来，各细分市场的规模和购买力大小等要能被具体测度。

（2）可达性。可达性是指经过细分后的市场是旅游目的地或旅游企业可以利用其现有的人力、物力和财力去占领的。它包括两层含义：一是指细分后的市场值得去占领。细分后的市场的范围不能太小，必须有一定规模的人口和购买力。二是指经过细分后的细分市场对旅游目的地或旅游企业来说，能够利用其人力、物力和财力去占领，能够通过各种渠道使细分市场的消费者了解和购买自己的产品。

（3）经济性。经济性是指旅游目的地或旅游企业能在细分后的市场上取得良好的经济效益。经营具有一定程度的稳定性，细分后的市场必须在规模上能适应旅游目的地或旅游企业旅游业发展的要求。即细分后的市场不仅在短期内能为其带来经济效益，而且具有进一步开发的潜力，从而也能在较长时期内保持稳定的收益。

2. 旅游市场细分的标准

旅游市场是由购买者或者有支付能力的需求者所构成的，即由现实和潜在旅游者构成。在这些众多的购买者或需求者中，一些人往往具有某些相同的特点或共同之处。这些相同的特点或共同之处就是对旅游市场进行划分或细分的标准。

可用于对旅游市场进行划分的标准很多，这些标准可归纳为三大类，即地理因素、旅游者人口统计特征、旅游消费者的购买心理和行为特点。由于其中具体的划分标准很多，不同的旅游目的地，特别是不同的旅游企业，应根据自己的实际情况和需要，选择对自己的经营工作具有实际意义的划分标准。常见的旅游市场划分方法简述如下：

（1）地理细分。地理细分是指按照消费者所在的地理位置来细分市场。可以按照地理区域、气候环境、空间位置等因素来细分。用作旅游市场划分标准的地理因素包括多种形式，人们常常以旅游客源产生的地理区域或行政区域为标准，对整体旅游市场进行细分。如通常用洲别、世界大区、国别或地区等地理因素标准对国际旅游市场进行细分；用地区、省（州）、市等行政区域地理因素标准细分国内旅游市场；另外还用居住地经济状况、与接待国距离、纬度带等标准进行细分。

（2）人口细分。是根据旅游者的年龄、性别、家庭规模、婚姻状况、家庭生命周期、收入水平、职业、文化程度、宗教、民族、种族、宗教信仰、社会阶层等因素进行细分。如根据年龄可分为老年、中年和青年旅游市场；根据性别可分为男性和女性旅游市场；根据婚姻状况分为已婚和未婚者旅游市场；根据受教育程度可分为受过高、中、初等教育旅游者细分市场；根据家庭生活周期分为不同阶段的旅游市场，如年轻单身、年轻夫妇没小孩、年轻夫妇有小孩、成年夫妇有小孩、成年夫妇子女成家和老年夫妇等阶段。每个细分市场都有其一定的特点和与众不同的需求，从而构成总体需求的多样性和每个小市场的特殊性。

(3) 心理细分。心理细分是指按旅游消费者的性格气质、旅游动机、生活方式等心理因素来细分市场。旅游者性格包括个性外向和内向、独立与依赖、乐观与悲观、开放与保守等；加之人们在不同社会环境中逐渐形成不同的生活习惯、消费倾向、对周围事物的看法等，因而旅游经营者可根据上述不同标准，将旅游市场进行不同地细分。

(4) 购买行为细分。购买行为细分是指按旅游消费者购买形式、购买时间、购买频率等因素进行市场细分。根据旅游目的可将旅游市场细分为度假、观光、会议、商务、奖励、探亲访友旅游市场；根据购买方式可以细分为直接购买和通过旅行社购买两类市场。

（二）目标市场选择

旅游目标市场的选择是在市场细分的的基础上进行的。旅游企业在选择目标市场时可应用的策略一般有三种：无差异性市场策略、差异性市场策略和密集性市场策略。

1. 无差异营销

是指旅游企业把整个市场看成是一个无差别的整体，认为所有旅游者对其产品和服务的需求是一样的，整个市场就是一个大目标市场。采用单一的市场营销组合满足整个市场需求，无差异性市场策略主要适应于一般的大众旅游观光者及其旅游观光的需求。

2. 差异营销策略

差异性市场策略是指旅游企业在市场细分的基础上选择几个细分市场作为自己的目标市场，针对每一细分市场的需求特点，设计和组合不同的旅游产品，并采取不同的旅游促销方式分别进行促销，以差别性产品和促销方式满足差异性的目标市场需求。如饭店同时推出普通客房、商务客房、别墅等不同的产品，旅行社可以同时推出各种不同的旅游线路等。此种策略的主要优点是能有针对性地满足各类旅游者的不同需求，有利于提高旅游产品的竞争力，有利于降低经营风险等。其缺点是难以形成规模效益，降低经营成本，同时由于面对的细分市场较多，对营销能力有较高的要求，实力弱小的旅游企业一般不宜采用。

3. 集中营销策略

集中营销策略是指旅游企业在市场细分化的基础上，只选择一个细分市场作为目标市场，确定一种营销组合来适应其需要。如有的旅行社开发具有特色的专题旅游线路，有的旅店只接待度假旅游等。这种策略的突出特点在于企业营销对象集中，能充分发挥企业优势，使企业在特定的市场上具有很强的竞争力。但其缺点是企业要承受市场单一化的风险，一旦这部分市场情况发生变化，企业经营就会出现危机。这种策略适用于资源能力有限的中小型旅游企业。这些旅游企业追求的不是在较大的市场上占有较小的份额，而是在较小的细分市场上占有较大的份额。

四、旅游市场的开拓策略

在旅游市场调查和预测之后，旅游企业会获得大量的信息。在分析各种信息的基础上，旅游企业会选择恰当的目标市场，并对目标市场进行拓展。为了确保一定时期内旅游市场目标的实现，需要制定一套与之匹配的旅游市场营销策略，主要包括旅游产品策略、旅游价格策略、旅游产品销售渠道策略及旅游销售策略。

1. 旅游产品策略

对于旅游企业而言，首先要决定用何种产品和服务来满足目标市场需求，它包括旅游产品组合、旅游产品生命周期、旅游新产品开发等方面。旅游产品开发是目前旅游市场开发的关键因素。中国旅游资源丰富、历史悠久，随着我国经济的蓬勃发展，国际地位的不断提高，古老的东方文化对西方人越来越具有吸引力。因此在开发新的旅游产品时，应充分挖掘产品中的历史文化及民族文化含量。另外，在继续经营观光旅游的同时，还应大力发展度假旅游、会议旅游、商务旅游及特种旅游，进一步丰富我国的旅游产业。

2. 旅游价格策略

产品定位之后，就要根据目标市场上的旅游者需要和市场竞争状况，制定一个合理的有竞争力的旅游价格。旅游产品对价格变动异常敏感，因此，实施正确的价格策略，对扩大旅游产品的市场竞争力非常重要。在制定旅游价格时，首先要明确定价目标，要根据旅游企业发展的总体战略目标以及旅游市场开拓的任务，有针对性地确定价格水平，避免定价的盲目性及不顾市场顾客群实际情况的定价倾向。另外，要根据定价目标，选择恰当的定价方法和灵活的定价策略。最后，价格确定后，要注意保持价格的相对稳定，频繁的价格变动将使市场无所适从，也不利于市场稳定。

3. 旅游产品销售渠道策略

旅游产品必须经过一定的销售渠道才能实现交换。销售渠道是指旅游产业从生产领域到达旅游消费领域所经过的路线或途径。在现阶段，旅行社仍然是销售渠道的主体。销售渠道主要有直接和间接两种，直接渠道是指旅游产品不经过中间商直接销售给旅游者的途径；间接渠道是指旅游产品通过中间商销售给旅游者的途径。目前我国旅游产品销售渠道存在的问题是旅行社的增长高于入境客源的增长幅度，形成买方市场的局面；部分旅行社缺乏积极进取精神，缺乏一批能够积极开发新市场、开拓新渠道、发展新客户的销售人员队伍等。针对这些问题，今后应采取的对策：一是开辟新的销售渠道，吸引有组织的团体旅游；二是发展专业旅行社，专门为不同行业提供有关的特色旅游；三是旅游企业要有长期投入的准备，不断巩固和发展销售网络；四是积极利用现代化通讯手段，如电视广告、国际互联网等促进旅游产品的销售。

4. 旅游促销策略

旅游促销是指旅游企业通过人员推销和非人员促销的方式，向旅游者传递商品或劳务的存在及其性能、特征等信息，树立旅游企业或旅游产品的良好形象。一般来说，旅游企业在做促销时，会是多种促销手段的综合应用，如旅游广告营业推广、参加或举办各种旅游博览会公共关系活动、人员推销等，促销已成为大多数旅游企业参与旅游市场竞争的重要手段，也是我国进一步开拓旅游市场亟待加强的战略重点。

［案例分析］

如何开拓日本旅游市场？

一、日本海外旅游市场情况分析

1. 日本海外旅游市场概述

日本赴海外旅游市场形成于上世纪60年代后半期，70年代快速增长。随着80年代经济持续高速增长，日圆大幅升值，国民收入快速增加，加上为平衡巨额贸易出超，日本政府出台相关政策鼓励国民赴海外旅游，日本赴海外旅游人数（以下简称“海外旅游人数”）激增。90 年代泡沫经济破裂导致日本经济增长乏力，人均增收缓慢，但海外旅游热潮不减。这是因为：日本是世界第二大经济体，人均 GDP 和人均国民收入在发达国家中位居前列的地位均未改变，日圆依然坚挺，日本人海外旅游经年成习，已经成为许多人生活中的一部分。因此，90 年代海外旅游人数连年高增长，2000 年达到了高峰（1782 万人次）。2001 年上半年增长较快，但“9 · 11”事件发生后，当月就出现了 20%的负增长，随后两个月负增长率达 40%，导致全年 9%的负增长。2002 年海外旅游人数徘徊不前，仅同比增长 1.9%（1652 万人次）。2003 年初，海外旅游人数连续两位数增长，但从 3 月份起又受“非典”和“伊拉克战争”重挫，全年海外旅游人数只有 1329 万人，比 2002 年减少近两成。2004 年虽然受到“禽流感”和恐怖事件的影响，但全年海外旅游人数仍高达 1683 万人，同比增长 26.6%，也超过了 2002 年的水平。2005 年一季度日本海外旅游全线飙红，同比增长近两成，业内一片叫好。但由于日本政府主要领导人在历史问题上的错误立场和举措，4 月份以后引发了中、韩部分城市的“涉日游行”，而中国大陆和韩国是日本海外旅游的两个最主要目的地，日本海外市场遭受重创：5 月出现负增长，6 月接近零增长，7～10 月连续负增长。但由于前 4 个月开局良好，日本国际观光振兴机构（JNTO）预测全年海外旅游人数将达到 1740 万人次，比 2004 年增长 3.4%，仅次于 2000 年的 1782 万人居历史第二位。

展望 2006 年，由于日本经济缓慢复苏，景气指数上升，对收入增长的预期较好，加上近年来因恐怖事件、卫生安全等方面天灾人祸压抑的旅游需求的释放，日本旅行业协会（JATA）预测，只要不发生重大恐怖事件和大范围卫生安全事件，2006 年日本海外旅游人数将达到 1800 万人，再创历史新高。

2. 日本赴华旅游市场概述

从 80 年代到 2002 年，中国大陆一直是日本海外游客增长最快的目的地市场之一，90 年代以来，增长更加迅猛。1994 年和 2000 年分别突破 100 万和 200 万人次大关，2001 年超过韩国（当年赴中国大陆 2385700 人次，赴韩国为 2371321 人次），大陆成为仅次于美国的日本海外旅游第二大目的地（当年美国大陆接待日本游客 135 万，夏威夷 149 万，关岛 79 万，合计 363 万）。2002 年大陆全年接待日本游客近 300 万人次。2003 年受“非典”影响，全年接待日本游客只有2254800人次，同比减少22.9%。2004年接待日本游客达到3334255人次以上，创历史新高。2005年一季度访华日本游客高速增长，5月份以后出现负增长，但全年较04年仍略有增长。今后5年，以“北京奥运”和“上海万博”为契机，日本访华市场将继续保持增长态势。但由于日本政府主要领导人在历史问题上的错误举措，致使两国在各个领域的交流全面陷入低潮，两国民众间的疏远和不信任情绪还将继续，中日关系进入“严冬期”，日本对华投资和两国贸易往来已开始受到影响。这种变化对旅游的影响比“非典”、“禽流感”更加持久深远，将是近期影响日本游客访华的最大变数。有人在2004年初预测，2008年日本访华人数将在2003年的基础上再翻一番，达到600万人次。从目前来看，此预测过于乐观，但如果不出现大的负面事件，经过努力，实现2008年来华日本游客500万是可能的。

3. 日本出境旅游市场的地区分布

日本出境客源市场的产出地相对集中，与日本的主要工业带分布情况基本吻合：首都圈：以东京、横滨为中心，包括埼玉、千叶、山梨等周边地区，目前年出游人数超过800万人次，占日本出境旅游市场的45%以上；京阪神地区：以大阪及京都、神户为中心，年出游人数320万人次左右，占整个市场的18%左右；中部地区：以名古屋及周边地区为主，目前年出游人数在200万人次左右，占12%左右，随着2005年日本第三大国际机场——中部国际机场的开通，中部地区的市场潜力将继续扩大；九州地区：以福冈、北九州为主及周边地区，市场规模90万人，占5%以上。四大地区集中了日本主要的工贸中心城市及中心机场和港口，经济发达，虽然只占国土面积的20%左右，却集中了日本出境人口的80%以上，是日本出境旅游的主要客源产出地。

4. 日本出境旅游市场的年龄层分布及特点

日本出境旅游市场（以下简称“出游市场”）的男女性别比例多年来相对稳定，大约为56∶44。2003年受“非典”影响，变为57.2∶42.8（商务男性游客增加，女性观光旅游者减少）。

出游市场的年龄层分布也基本保持稳定。以2002年为例，如果以5年为一个年龄段间隔来细分市场，从高到低的年龄层分布为：25～29岁女性（7.48）、50～54岁男性（6.58）、30～34岁男性（6.29）、35～39岁男性（6.05）、40～44岁男性（5.76）、30～34岁女性（5.57）、45～49岁男性（5.24）、20～24岁女性（5.23）、55～59岁男性（5.12）；以10年为一个年龄间隔来划分市场，从高到低的年龄层分布为25～34岁女性（13.05）、30～39岁男性（12.34）、45～54岁男性（11.82）、55～64岁男性（9.11）、50～59岁女性（7.28）。上述统计数字说明：

（1）从整体上看，日本男性出游率高于女性，但在青年时期（特别是20～34岁这个年龄段），女性高于男性。日本女青年多年来一直高居男女各年龄层海外游榜首，引领海外旅游的新潮流。这个年龄段的日本女性，大部分处于就业后和婚前的“黄金时段”，根据日本的习俗，女性基本上不需要为结婚攒钱，最具备海外旅游所需要的“有钱+有闲”之要件，因此，日本女青年多年来一直是各个国家旅游部门重点开发的对象。

但近几年这一市场出现一些微妙变化。2004年25～29岁日本女青年的出游人数为1091831人，而同期35～39岁的男性出游人数为1103210人，在5年为一个年龄层的市场划分中首次失去多年来稳居第一的市场宝座。客观上，恐怖活动、“非典”、“禽流感”等在全球范围内发生，日本与中、韩因历史问题、领土问题摩擦不断等因素均对以求安全、求舒适、求享受、求新鲜的女青年出游影响很大，而对以商务目的占很大比例的男性游客影响相对较小。这是2002年以后女青年市场份额萎缩的主因。从女青年市场自身来看，目前日本就业竞争压力加大，大学生毕业后起薪不增反降，女性就业竞争加剧，女青年自身含金量下降，等等。女青年市场对日本整体出游市场影响甚大，其变化趋势值得继续关注。

（2）从女性市场看，20～34岁出游高潮过后，35～49岁是低潮时期，而50～60岁又出现一个小高潮期。原因是：35～49岁的日本女性大多处于“相夫教子”阶段，家庭负担较重，出游机会相对较少。50岁之后，孩子基本成人，家庭积蓄一般也较为殷实，为家庭操劳半生的女性，再次萌发出追求个人生活意义的欲望，也就是所谓的“第二春”现象，遂再度形成出游高潮。

（3）从男性市场看，日本男性出游高潮期要比女性晚得多，并且也没有非常明显的“高潮期”。30岁之前出游率低于女性，但从30岁开始到一直到60岁，甚至延伸到70岁，日本男性海外旅游一直处于一个较为平稳的状态。

（4）男性游客中商务客比例较高，而女性由于结婚后一般不再继续工作，因而女性游客中观光客比例较高。

二、近年来日本海外旅游市场几个特点

1. 度假型、休闲型旅游产品持续升温，单纯观光型旅游市场增长乏力。目前，日本最大的海外旅游消费群体——工薪型旅游者越来越多地为了“休闲、度假、减压、保养”而出游，以缓解因工作压力而形成的紧张情绪。而我国一些地区虽有资源优势，但由于服务和配套休闲娱乐设施滞后，难以吸引大批日本游客。

2. 自然风光型产品的吸引力超过历史文化型产品。国土面积狭小，自然资源贫乏，人口密度大，台风、火山、地震等自然灾害频发，工作压力大，居住环境拥挤以及挥之不去的“岛国情结”，使日本人有着较大的精神压力和不安情绪，而外出旅游则成为释放压力和缓解不安的方法之一。由此看来，优美的自然山水风光无疑具有更大优势，如持续不断的“九寨沟热”就是一个典型例子。如果不是受当地接待条件和航线的限制，到九寨沟的日本游客将呈几何式增长。河南省青州的龙兴寺佛像，在日本是媒体经常报道的热点，其历史和文化艺术价值备受称赞，但在形成客源方面，却无法与九寨沟相提并论。

3. 追求高品质、个性化的产品。包含两个层面的含义：一是产品本身的高品质、个性化，如许多世界遗产型和无可替代型产品，这些产品的品质和本身的独特价值有巨大的吸引力，可以形成持续的客流。二是产品本身并无太多的独占性与个性，但在商品化过程中，在市场调研的前提下，通过精心设计与组合，融入特色服务，推出适合特定市场的产品，从而赋予该产品高品质、个性化。很多做得好的专项旅游也可划入该范畴，如高尔夫旅游、修学旅游、登山旅游、野外生存旅游、城市体验旅游、赏花旅游、徒步旅游等产品，看起来谁都可以做，但事实上策划与组合的水准、服务细微化的程度却决定着产品的市场命运。“体验与交流”是这类产品的主题与生命。市场反馈也证明：凡是能体验当地居民生活方式，融入适当交流的产品，市场反响一般都比当初预料得要好。而走马观花、“饭店—景点—购物—饭店”式的旅游产品的满意度一般不太高。

4. 高度重视安全、卫生因素。安全、卫生因素对日本市场的影响极大，日本旅游者对此之敏感、要求之高，用“神经过敏”来形容也不为过。日本是一个高度信息化的社会，一旦发生安全、卫生方面的事件，日本媒体的报道堪称“连篇累牍”。其对“非典”、“禽流感”、恐怖事件的报道很可能是各国媒体之冠。连篇累牍的报道+日本人敏感的神经=负面事件的影响过大。"9.11"事件导致赴美旅游人数一路下滑（2000年506万，2001年408万，2002年362万，2003年316万），2003年发生"非典"后，日本当年海外旅游者减少323万。因此，树立一个安全与卫生的旅游目的地形象，是吸引日本游客的重要基础。

5. 市场细分化，团队小型化、散客化趋向明显，旅行社面临严峻挑战。日本海外旅游市场历经40年发展，已经高度成熟。日本游客一般都有较丰富的海外旅游经验，赴中国大陆旅游市场也早已从当初的"神秘的中国"、"卖方市场"变成了"熟悉的中国"、"买方市场"，市场也从"一窝蜂"走向"细分化"、"多元化"。经营中国旅游的日本旅行社日益增多，客源争夺战愈演愈烈，利润空间日渐缩小，市场竞争的焦点也从价格转向了包含产品、质量、服务、价格在内的综合竞争。旅行社为巩固和扩大市场份额，就必须改变以一种产品长期占领市场的策略，不断地推出"新产品"和"高品质"的产品。随着我国对日的"免签证"政策实施，家族型、朋友型、公司（同事）型的小型团队和散客化趋向将进一步增加，大型旅游团队进一步减少趋势渐趋明朗，及时调整市场战略，积极适应市场变化，是旅行社今后站稳市场的关键。

6. "积蓄型"旅游阶层将不断膨胀和扩大。日本出境旅游市场可分为"工薪型"和"积蓄型"旅游者两类。前者是指手头积蓄不多，可供自由支配时间较少的上班族，后者是指不受社会经济发展状况影响，可供支配的金钱宽裕，可自由支配工作时间，即在金钱和时间方面都充分富裕的国民群体，主要由50岁以上的中高收入者和部分年轻的企业主、社长、经理和高收入的自由职业者组成。其特点是随意出游，但一旦稍有不妥或有突发事件发生，又会马上取消旅行。相对于价格，这部分人更关心的是安全和产品质量问题。

日本早就进入了"后现代化社会"和"老龄化社会"。"少子高龄"是今后日本社会的长期特征。育龄妇女人均生育1.27个小孩和男性80岁、女性86岁的平均寿命，使得日本60岁以上老龄人口日益增多并构成了"积蓄型"旅游阶层的骨干。他们有充足的时间和金钱，仍能保持充沛的体力和活力，"重新找回自我"、"寻求生活的价值和意义"、"接触未知的领域"是他们出游的原动力。只要有适合自己的优质产品，他们不会过多地计较价格因素，这些都决定了该阶层的市场规模和潜力会越来越大。适应这一不断扩大的阶层的需要，大力开发高品质、个性化产品是摆在我们面前的极具紧迫性和必要性的重大课题之一。

问题：结合所学旅游市场学理论，试分析如何开拓日本旅游市场?

【思考题】

1. 旅游市场在旅游经济发展中有何特点和作用?
2. 什么是旅游市场机制?旅游市场机制主要通过什么形式表现出来?
3. 如何对旅游市场进行科学的分类?
4. 结合实际，阐述如何开拓旅游市场?

第七章　旅游收入及分配

旅游收入是一个国家发展旅游业的经济目的，也是旅游企业经营目标之一，旅游收入分配是旅游经济运行的前提。本章从收入和分配两个方面入手，对旅游收入分类、指标、旅游收入分配和再分配，以及旅游收入乘数效应等进行了分析和阐述。

第一节　旅游收入概述

一、旅游收入的概念

旅游收入是指旅游目的地国家或地区在一定时期内（以年、季、月为计算单位）向游客销售旅游产品、旅游商品和其他劳务而获得的全部货币收入。也即旅游目的地国家或地区向旅游者提供旅游资源、设备设施、交通工具、旅游劳务和旅游购物品所换取的货币。旅游收入直接反映了某一旅游目的地国家或地区旅游经济的运行状况，是衡量旅游经济活动及其效果的一个不可缺少的综合性指标，也是某一国家或地区旅游业发达与否的重要标志。

二、旅游收入的分类

为了明确旅游收入的内涵，按照不同的划分标准对旅游收入进行分类，在此基础上，对各类旅游收入的性质和内容加以分析。

（一）按旅游经营业务的不同，可分为国内旅游收入和国际旅游收入

1. 国内旅游收入是指旅游目的地国家或地区因经营国内旅游业务而取得的本国内货币收入。国内旅游收入来源于本国居民在本国境内的旅游消费支出，它一般不增加该目的地国家或地区的国民收入，而只是本国物质生产部门

劳动者所创造的价值的转移和地区间收入再分配的结果。所以说，国内旅游收入体现了该国家或地区范围内经济发展的状况以及国家与企业、企业与企业、企业与居民之间的经济关系，属于国民收入再分配的范畴。

国家旅游局局长邵琪伟于2008年1月18日在北京召开的2008年全国旅游工作会议上说：2007年我国旅游业总收入达1.09万亿元，首次突破1万亿元。2007年全年入境旅游人数达1.32亿人次，增长5.5%，其中入境过夜旅游人数达5472万人次，增长9.6%；旅游外汇收入达419亿美元，增长23.5%；中国继续稳居全球第四大入境旅游接待国地位。国内旅游人数达16.1亿人次，增长15.1%；国内旅游收入达7771亿元，增长24.7%。

2. 国际旅游收入是旅游目的地国家或地区因经营境外游客来本国或本地区旅游业务而取得的外国货币收入，通常被称为旅游外汇收入。国际旅游收入来源于外国游客在旅游目的地国家或地区境内的旅游消费支出，是其他国家国民收入流入旅游目的地国家或地区，用于补偿旅游产品价值的部分。因此，对于旅游目的地国家或地区而言，国际旅游收入是外来经济对本国经济的“注入”，具体表现为旅游目的地国家或地区社会价值总量的增加。这也就等同于旅游目的地国家或地区对外输出旅游产品，是以一种特殊形式进行的对外贸易，体现着旅游客源国与旅游接待国之间的国际经济关系。国际旅游业从外国游客那里获取的外汇收入，扣除物化劳动和活劳动价值的差额，就是国际旅游业的利润，因而国际旅游业同其他生产行业一样，为社会创造了或增加了新价值，这部分价值就构成了一国的国民收入的一部分，所以，它属于国民收入初次分配的范畴。

对于理解国际旅游收入的内涵，应注意以下两点：其一，旅游目的地国家或地区的国际旅游收入是外国旅游者的开支中扣除用于支付客源国或地区与目的地国家或地区之间的国际交通费，以及客源国或地区旅游承包商的利润与旅游零售商的佣金两项费用之后的余额；其二，由于货币兑换率经常变动，同量的外汇收入在不同时期以本国货币表示的国际旅游收入在数额上会存在差异。

（二）旅游收入的性质，可分为基本旅游收入和非基本旅游收入

1. 基本旅游收入是指在旅游过程中，旅游目的地国家或地区向游客提供旅游交通、食宿、景点游览等必需的基本旅游设施和旅游服务所获得的货币收入的总和，它来源于游客在旅游过程中必须支出的费用。与基本旅游收入的实

现相关联的旅游产品，通常来说其旅游需求的价格弹性和收入弹性都较低，即不论游客收入水平、支付能力高低以及产品价格变化如何，旅游者在旅游过程中都是必须购买的。换言之，从每个游客身上获得的基本旅游收入是比较稳定的。正由于这一点，对一个旅游目的地国家（地区）而言，在其他条件不变的情况下，总的基本旅游收入与游客人次数、人均天基本旅游消费支出以及人均停留天数均成正比例变化，即游客人次数越多，游客的人均天基本旅游消费支出越高，人均逗留天数越长，该旅游目的地国家（地区）获得的基本旅游收入就越多。

2. 非基本旅游收入又称边缘旅游收入，是指旅游目的地国家或地区向游客提供非必需的旅游产品和服务（如医疗保健、邮电通讯、修理、咨询、购物等）所获得的货币收入。对于这一类货币支出，游客可依据自身的收入水平、支付能力、需求层次、兴趣偏好等来自愿灵活地进行选择，所以说非基本旅游收入只是游客在旅游过程中可能发生的消费支出。由于非必需或非基本的旅游产品的需求弹性都较大，于是，通过提供此类旅游产品而形成的非基本旅游收入就具有不稳定的特点，与游客人次、逗留时间等因素也没有必然的正比例关系。但是，它在旅游收入总量中所占比重的大小，却可反映出一个国家或地区旅游业发展的深度。旅游业越发达，旅游经济运行机制越完善，非基本旅游收入比例就越高。

（三）按产品形态的不同，旅游收入可分为商品性收入和劳务性收入

1. 商品性收入是指向游客提供实物形式的商品而得到的货币收入，包括商品销售收入（如销售各种生活用品、工艺美术品、旅游纪念品、土特产品、药品、书报杂志等）和饮食销售收入（指为游客提供膳食、酒水饮料等而得到的收入）。

2. 劳务性收入是指为游客提供各种劳务性服务而获得的收入。劳务性收入有以下几种：①旅行社旅游业务费收入。指旅行社在包价旅游收入中扣除支付给有关部门的住宿费、餐费、交通费、文娱活动费等费用后余下的翻译导游费、各项手续费及其他服务性收入。②住宿费。指为游客提供饭店、宾馆客房等住宿服务而得到的收入。③交通费。指为游客提供地区间的飞机、火车、轮船、汽车等长途运输和市内交通服务而获得的收入。④文化娱乐费。指为游客提供游览观光、文艺表演等各种文化娱乐服务而得到的收入。⑤邮电通讯费。指为游客提供邮寄文件、包裹、长途电话、电报等服务而获得的收入。⑥其他

费用。指为游客提供上述各项服务以外的其他服务，如医疗、美容、洗染等而得到的收入。

第二节 旅游收入的衡量指标

在旅游统计工作中，通常把旅游收入的衡量指标归纳为两大类：旅游收入总量指标和旅游收入水平指标。旅游收入指标是旅游目的地国家或地区掌握和分析旅游经济活动的重要工具。它通过有关的统计数据及其相关计算，来说明旅游经济活动的实质，反映旅游经济活动的水平、规模、速度、结构及其他比例关系，从而为旅游经营者和有关部门在制定旅游发展规划、选择最佳旅游目标向场时提供依据和信息，发挥提高旅游企业经济效益和整个旅游业的经营管理水平的功效，旅游收入指标通常是以货币单位来计算和表示的。

一、旅游收入总量指标

（一）旅游总收入

该指标是指一定时期内旅游目的地国家或地区向国内外游客提供旅游产品、购物品和其他劳务所获得的货币收入的总额。这一经济指标综合反映了旅游目的地国家或地区旅游经济的总体规模状况和旅游业的总体经营成果。旅游总收入通常用本国货币计量表示，公式如下：

$$R_T = R + P_e = (N \times P) + P_e$$

其中，R_T是一定时期旅游总收入，R 为基本旅游收入，N 为旅游总收入人次，P 为基本旅游消费支出，P_e为非基本旅游收入。

（二）旅游外汇总收入指标

该指标是指一定时期内旅游目的地国家或地区向外国游客提供旅游产品、购物品和其他劳务所取得的外国货币收入的总额，也是外国游客入境后的全部消费支出总额：其计算公式可套用公式如下：

$$R_T = R + P_e = (N \times P) + P_e$$

其中：R_T表示某时期内一国或一地区的旅游外汇总收入，R 表示外国游客的基本旅游消费支出，N 表示一定时期内接待的外国游客总人次，P 为外国游客入境后的人均基本旅游消费支出，P_e表示外国游客的非基本旅游消费支出。

旅游外汇总收入指标是衡量一个国家或地区国际入境旅游发展水平的重要标志之一，又是反映该国家或地区旅游创汇能力的一项综合性指标。在国际旅游业中，它常被用来同该国家或地区的外汇收入总量（包括外贸商品出口收汇量和非贸局外汇收入）进行比较，以说明国际入境旅游在一个国家或地区全部外汇收入中的地位及其对弥补国家外贸逆差所作的贡献。该指标一般以美元为计量单位。

二、旅游收入水平指标

（一）人均旅游（外汇）收入

人均旅游收入指标是指旅游目的地国家或地区在一定时期内平均每接待一个游客人次所取得的货币收入．亦即游客在旅游目的地国家或地区旅游活动过程中的平均货币支出额。它反映了游客的人均消费水平，一般以本国货币计量表示。人均旅游收入指标是某一时期内旅游总收入与同期接待的旅游总人次之比，可用公式表示如下：

$$R_u = \frac{R_T}{N}$$

其中，R_u表示人均旅游收入，R_T表示旅游总收入，N表示旅游总人次。同样，当N为接待的海外游客总人次，R_T为旅游外汇总收入时，则R_u表示人均旅游外汇收入。

人均旅游外汇收入指标是指一定时期内旅游目的地国家或地区平均每接待一个海外游客人次所获得的旅游外汇收入额，也是每一个海外游客在旅游目的地国家（地区）境内的人均外币支出额，一般以美元为计量单位。

在实际工作中，人均旅游（外汇）收入指标常被用来比较在不同时期内旅游目的地国家或地区接待每一（海外）游客人次的实际（外汇）收入，从而分析其增长或降低的原因，以便作出相应的决策或采取必要的措施。

上述公式通过变化，可以得出一些结论，如R_t与R_u同方向、同比例变化。表明旅游总收入地增长或减少，人均旅游收入随之同比例增减。可知，旅游总收入也随着游客数量的增减而作相应变化，读者自己可以得出其他有意义的结论。

（二）人均天旅游（外汇）收入

人均天旅游收入是指旅游目的地国家或地区平均每天从每位游客那里获得的旅游收入。它等于一定时期内旅游目的地国家或地区的旅游总收入与游客停留总天数之比，或是一定时期内旅游目的地国家或地区人均旅游收入或人均停留工数之比。公式表示如下：

$$\frac{R_{\mathrm{d}}=R_{\mathrm{T}}}{(N\times D_{\mathrm{a}})} \quad 或 \quad R_{\mathrm{d}}=\frac{R_{\mathrm{u}}}{D_{\mathrm{a}}}$$

其中 R_{d}表示单位时间人均旅游收入，D_{a}表示一定时期内旅游者在旅游目的地国家或地区的平均停留天数，公式中的其他字母的含义与上述相同。

人均天旅游收入指标主要用于分析与比较不同时期旅游目的地国家或地区接待旅游者平均每人次每天的开支趋势，以表明该国家或地区在旅游市场上的竞争地位。

（三）旅游换汇率

旅游换汇率是指旅游目的地国家或地区提供单位本国货币的旅游产品所能换取的外国货币的数量比例。由于外国游客到某一目的地国家或地区旅游支付的是外国货币，其结算是以外币对本币比价为依据的，所以通常来说，旅游换汇率与该国家或地区同期的外币兑换率是一致的。在不同时期，外汇比价不同，旅游换汇的数值也就不同。在国际经济交往中，国际旅游的换汇成本明显低于对外贸易中物质产品的换汇成本。换句话说，即以一定数量货币表示的出售给国际游客的旅游产品，要比同量货币表示的出口——物质产品换取到更多的外汇收入。这是因为旅游产品的核心是服务，相对于物质产品的出口而言。

单位旅游出口值所需的物质投入比单位物质产品要小得多，加之旅游出口具有产地成交的特点，免除了中间运输环节，而且旅游出口基本上不受国际市场价格波动的影响。旅游换汇率指标反映了旅游外汇收入对一国或地区国际收支平衡的作用大小，愈来愈引起各个国家和地区，特别是发展中国家和地区的高度重视。

（四）旅游收汇率

旅游收汇率又称旅游外汇净收入率，是指一定时期旅游外汇纯收入与同期旅游外汇总收入的比率。它等于一定时期内旅游外汇收入总额与同期旅游外汇支出总额的差除以旅游外汇总收入量。公式表示如下：

$$R_E = \frac{(R_T - E)}{R_T}$$

其中，R_E 表示旅游收汇率，R_T 表示旅游外汇总收入，E 表示旅游目的地国家或地区旅游外汇支出总额。

一般而言，旅游收汇率的高低同一国或地区社会经济发展水平密切相关，它在一定意义上反映了一国或地区旅游业发展过程中的自立程度。

（五）旅游创汇率

该指标是指旅游目的地国家或地区在一定时期内非基本旅游外汇收入与基本旅游外汇收入之比，可用公式表示如下：

$$C = R_o / R_a$$

其中，C 表示旅游创汇率，R_o 表示非基本旅游外汇收入，R_a 表示基本旅游外汇收入。

公式表明，旅游创汇率与非基本旅游外汇收入成正比，与基本旅游外汇收入成反比。因此，要提高旅游创汇率，重点应放在不断扩大外国游客对非基本旅游产品的消费支出上面。这个指标的高低，既反映了旅游目的地国家或地区的产业结构、经济体系的完善程度，也反映了该国或地区旅游业的发达程度以及创汇的能力和潜力。

三、旅游收入影响因素

旅游业是一个关联性、依赖性较强的行业，旅游目的地国家或地区的旅游收入的增减，会受到多种不同因素的影响。这些因素主要有：

（一）接待旅游者的人次数

旅游目的地国家或地区接待的旅游者人次数是决定其旅游收入高低的基本因素。在正常情况下，旅游收入与旅游者人次成正比例变化。尽管每一位旅游者的旅游消费水平会有很大差别，但只要是某个国家或地区所接待的旅游人次增加，它的旅游收入也会随之增加；接待的旅游人次减少，它的旅游收入也会随之减少。一个国家或地区接待旅游人次的多少，与该国或地区的旅游资源的丰富程度、吸引力强度、政局稳定与否、政府的政策等方面有着直接的关系。

（二）旅游者的支付能力与平均消费水平

在旅游接待人数既定的条件下，旅游者的支付能力和人均消费水平是旅游目的地国家或地区旅游收入增减变化的另一决定因素。旅游者的平均消费水平和支付能力与旅游目的地国家或地区的旅游收入成正比例变化。旅游者的支付能力强、平均消费水平高，旅游目的地国家或地区的旅游收入就必然增加；反之，旅游者的支付能力和平均消费水平低，则旅游目的地国家或地区的旅游收入就减少。旅游者的支付能力和平均消费水平的高低与旅游者的构成有关，如旅游者的年龄、社会阶层、家庭状况、职业、个人可自由支配收入以及消费偏好等。一般来说，来自欧美等发达地区的旅游者的平均消费水平比来自发展中国家的旅游者的平均消费水平高。另外，人均旅游消费水平也与旅游目的地的旅游产品构成、产品质量等旅游业发展的总体水平密切相关。

（三）旅游产品质量和旅游资源的吸引力

旅游产品的质量和旅游资源的吸引力及开发程度是影响旅游收入的重要因素之一。旅游目的地国家或地区旅游资源的丰富程度、开发程度、旅游产品特色，是吸引旅游者的重要方面；而旅游产品质量和品位的高低，又是吸引旅游者进行购买的重要原因。旅游目的地国家或地区要充分利用旅游资源及其吸引物，不断对旅游产品进行深层次地开发，调整产品结构，提高产品质量，从而提高旅游者的消费支出，增加旅游收入。

（四）旅游者在旅游目的地的停留时间

在旅游者人次数、旅游者消费水平既定的条件下，旅游者在旅游目的地停留时间的长短对旅游目的地的旅游收入增减有着直接影响。旅游者在旅游目的地停留就要消费，就会有消费支出，停留的时间越长，其消费支出就越多，旅游目的地旅游收入便会增加。旅游者在旅游目的地停留时间的长短，除了与旅游者个人闲暇时间的长短有关外，更重要的是与旅游目的地景点景观的丰富程度、吸引力大小以及旅游活动的安排、组织等因素有关。

（五）旅游目的地的旅游价格

旅游收入等于旅游产品的价格与旅游产品销售量的乘积。当旅游产品销售量一定时，旅游收入与旅游产品价格成正比；当旅游产品价格一定时，旅游收入与旅游产品销售量成正比。然而在现实经济生活中，旅游价格与旅游产品销售量是变量关系。一般而言，当旅游价格上升时，旅游需求量减少，从而旅游产品销售量亦要减少；当旅游价格下降时，旅游需求量增加，从而旅游产品销售量也要增加。旅游收入随旅游价格的变化而变化，其变化规律要视旅游产品的需求价格弹性而定。一般来说，当旅游产品富有弹性时，旅游价格与旅游总收入成反比，即：价格上升，旅游收入下降；价格下降，旅游收入增加。当旅游产品缺乏弹性时，旅游价格与旅游总收入成正比，即：价格上升，旅游收入增加；价格下降，旅游收入减少。因此，要正确地计算旅游收入，就必须正确计算旅游产品的价格弹性，并根据价格弹性的大小，实施正确的营销策略。

（六）外汇汇率

外汇汇率是各个国家间不同货币种类之间的相互比价。外汇汇率对旅游目的地国家或地区旅游收入的变化会产生一定的影响。如果旅游目的地国相对旅游客源国的货币贬值，汇率降低，在旅游目的地国家旅游价格未提高的条件下，会刺激该旅游客源国的旅游需求，导致旅游目的地国家或地区的入境旅游人数增加；反之，如果旅游目的地国相对旅游客源国的货币升值，汇率提高，那么将会抑制旅游客源国的旅游需求，导致旅游目的地国家或地区入境旅游者人数减少，从而使该国旅游外汇总收入降低。一般说来，旅游目的地国的货币贬值，更有利于旅游业的发展，增加旅游收入。因为对于外国旅游者而言，旅游目的地国货币贬值相当于旅游目的地国的旅游价格的降低，旅游者用同等数量的本国货币可以购买更多的旅游产品。如 90 年代由于美元对欧洲主要货币地持续疲软，影响了美国游客在欧洲的购买力，从而抑制了北美客源国对欧洲各旅游目的地国或地区的旅游需求，而亚太地区许多国家的货币汇率都同美元直接挂钩，美元的价值在这些国家却相对较为坚挺和稳定，因此美国赴亚太地区的游客人数与日俱增。

（七）统计因素

旅游收入是通过一定的方法统计出来的数据，因此旅游收入的总体水平还要受统计因素的影响。旅游收入有些是来自直接旅游部门，也有些是来自间接旅游部门，由于受诸多因素的影响，致使旅游统计部门所统计出来的旅游收入并不能真实地反映旅游目的地国家或地区所取得的旅游收入。主要表现在：一是旅游部门之间、旅游部门与非旅游部门之间对旅游收入常常会出现遗漏或重复统计的现象；二是旅游者在旅游活动中所支出的有些费用，如小费就无法统计到旅游目的地国家或地区的旅游收入中，致使该旅游目的地国家或地区的旅游收入统计出现遗漏；三是在探亲旅游过程中，某些旅游者以馈赠礼品、土特产品等方式来换取亲朋好友所提供的免费食宿，这种交换方式所产生的旅游收入也是无法进行统计的；四是由于“地下旅游经济活动”的存在，即旅游者与旅游从业人员以私下交易方式，将购买旅游产品和服务的费用直接交给餐厅服务员、导游员、出租汽车司机等，致使旅游收入减少和政府税收减少等，也增加了旅游统计中的漏统现象。

第三节　旅游收入分配

一、旅游收入分配的概念

旅游收入是国民生产总值（GNP）的一部分，也是以分配、再分配形式参与国民经济的再生产过程。从微观经济学角度看，旅游企业经营的目的是获得营业收入，取得或增加利润。从宏观经济学角度看，国家或地方政府管理、调控国民经济的目标是：实现充分就业，物价稳定，保证适度的经济增长和国际收支平衡。为了实现这四大目标，政府主要通过财政政策和货币政策参与分配和再分配，主要手段是税收、利率等。

因此，旅游收入的分配可用一个等式来表示：

分配总额＝资产折旧＋间接税＋工资＋利润＋利息＋地租＋所得税

在旅游经济学中，一般把旅游产品的生产要素分为四大类：劳动（L）、资本（K）、自然资源（N）、经营管理才能（E），那么，收入与分配的直接关系可用下列函数式来表示：

$$I=f(L、K、N、E)$$

即收入I的大小取决于L、K、N、E诸生产要素的投入量。这里，f表达的是函数关系。

其中，K包含了实物性资本（如能源、原材料、设施设备、建筑物）和货币性资本（如贷款、资本金），分别以折旧、利息予以补偿，属于资本所有者的收入。

L——劳动力的报酬，又是劳动力的价格，即分配给劳动者的那部分旅游收入，包括奖金、福利、特殊贡献的奖励等。

N——指未经人类劳动加工过的生产手段，如土地、矿藏、原始森林等。自然资源的主体是土地。当它作为生产要素进入生产领域时，理应要求得到相应的报酬。

狭义的地租就是租用土地的报酬，广义的地租（又叫准地租）不仅指土地，也指租用其他资源（如建筑物、设备）时所支付的报酬。在旅游业，准地租现象十分普遍，如交通工具的租赁，游乐场地、餐厅的委托经营、租赁经营等。

E——一般指经营管理才能的报酬，即企业家为企业获得正常利润而取得的报酬。它分为两种情况：①业主自己经营，即所有权、管理权合一，以自有资金或土地为投入要素，利息和租金包含在利润之中；②委托他人经营，即所有权、经营管理权分离，也就是所有者将某些生产要素出租，所以利润就是经营管理者的能力的报酬。

旅游收入的分配与国民收入分配一样，通常是经过初次分配和再分配两个过程来完成的。旅游收入是旅游目的地国家或地区各旅游部门和企业经营收入的总和。旅游收入的初次分配是在直接经营旅游业务的旅游部门和企业内部进行的。初次分配的内容是旅游营业总收入中扣除当年旅游产品中所消耗掉的生产资料价值后的旅游净收入。旅游净收入又是旅游从业人员所创造的新增价值，旅游净收入在初次分配中最后可分解为职工的工资、企业的盈利以及政府的税收。

旅游收入进行初次分配后还必须进行再分配。再分配是在旅游业的外部，在全社会经济范围中进行的。其分配的内容和渠道首先是旅游部门和企业为扩大再生产，向有关行业的企业购买各种物质产品和服务，从而使旅游部门和企业的盈利转换为相关行业部门的收入。其次，旅游部门和企业的职工，把所得工资的一部分用于购买他们所需要的文化物质产品和劳务，使相关部门企业获得了收入。再次，旅游部门和企业把旅游收入中的一部分用于支付各种税金等，从而转化为政府的财政预算，用于国家或地区的经济建设、公共福利事业和旅游产业的发展等。

旅游收入经过上述初次分配和再分配两个过程，就实现了旅游收入的最终分配和使用。

二、旅游收入地初次分配

旅游部门和企业在取得旅游收入以后，首先应该在直接经营旅游业务的部门和企业之中进行分配。这些部门和企业包括饭店、旅行社、交通部门、餐饮部门、旅游景点、旅游用品和纪念品商店等。但值得注意的是，并非所获得的营业收入全部参与初次分配，参与初次分配的仅是这些部门和企业所获得的旅游净收入，即将其旅游营业总收入扣除掉当年生产旅游产品所耗费的物化劳动的价值补偿（这部分价值补偿不能用于扩大再生产和职工的消费，故不存在分配问题）之后所剩余的那部分即旅游从业人员所创造的新价值。旅游净收入在初次分配中，分解为职工工资、政府税收和企业留利三大部分，这就使得国家、旅游部门和企业、旅游从业人员三方都得到了各自的初始收入，见表7-1所示。

表7-1　旅游营业总收入初次分配

<table>
<tr><td colspan="10">旅游营业总收入</td></tr>
<tr><td colspan="5">价值补偿</td><td colspan="5">旅游净收入</td></tr>
<tr><td rowspan="2">购买原材料支出</td><td rowspan="2">设备折旧补偿</td><td rowspan="2">房屋折旧补偿</td><td rowspan="2">低值易耗品补偿</td><td rowspan="2"></td><td rowspan="2">旅游从业人员的工资收入</td><td rowspan="2">政府税收</td><td colspan="2">旅游部门与企业的自留利润</td><td rowspan="2"></td></tr>
<tr><td>公积金</td><td>公益金</td></tr>
</table>

旅行社是旅游业赖以生存和发展的“三大支柱”之一，由于旅行社的特殊职能和地位，使其在旅游收入的初次分配中具有独特的作用。旅行社不仅是从事旅游产品流通的企业，而且是整体旅游产品的生产者。它根据市场的需求，首先向住宿、餐饮、交通、游览、娱乐等部门和企业顶订单项产品，经过加工组合，形成不同的包价旅游产品，出售给旅游者，由此获得包价旅游收入。这种包价旅游收入首先表现为旅行社的营业总收入，但与饭店、餐馆、交通部门等旅游企业不同，旅行社的营业总收入中，很大一部分的成本项目是其他旅游部门的收入。旅行社要根据所签订的经济合同中规定的支付时间、支付方式，双方约定的价格、数量以及其他有关规定，向这些为自己提供各项旅游产品的旅游部门和企业分配其应得的营业收入。当这些部门和企业获得营业收入时，才按照前述的分配方式进行旅游收入的初次分配。从这个意义上说，旅

行社观光参与旅游收入的初次分配，在旅游收入分配中也体现为旅行社总收入转化为其他旅游部门和企业营业收入的过程。因而，旅行社的经营活动既是旅游产业收入的来源，又决定了旅游营业收入的分配，具有双重职能。

三、旅游收入地再分配

旅游收入经过初次分配后，在初次分配的基础上，按照价值规律和经济利益原则。在旅游目的地国家或地区的全社会范围内进行再分配，以实现旅游收入的最终用途。旅游收入之所以进行再分配的原因在于：一是为了使旅游业能够不断扩大生产，满足其自我发展和自我完善必需的物质条件的需要；二是满足旅游从业人员的物质文化生活需求，以恢复和增强其体力和智力，继续为游客提供优质服务。同时，劳动者的家庭需要也能够得到满足，使劳动力不断地再生产；三是满足社会综合发展的需要，维护社会安定团结，推动社会文化的进步和社会经济的繁荣、发展。旅游收入再分配的流向，见表 7－2 所示。

表 7－2　旅游净收入的再分配

<table>
<tr><td colspan="4">旅游从业人员的个人收入</td><td colspan="5">政府的税收转化为政府的财政支出</td><td colspan="5">旅游企业部门自留利润</td><td>利息支出</td><td>保险金支出</td><td>租金支出</td></tr>
<tr><td rowspan="3">商业部门的收入与支出</td><td rowspan="3">服务部门的收入与支出</td><td rowspan="3">金融部门的收入与支出</td><td rowspan="3">保险机构的收入与支出</td><td rowspan="3">经济建设投资</td><td rowspan="3">国防建设投资</td><td rowspan="3">公共事业福利投资</td><td rowspan="3">旅游业投资</td><td rowspan="3">国家储备基金</td><td colspan="2">公积金</td><td colspan="3">公益金</td><td rowspan="3">金融部门的收入与支出</td><td rowspan="3">保险机构的收入与支出</td><td rowspan="3">房地产与租赁单位的收入与支出</td></tr>
<tr><td>扩大再生产</td><td>技术改造</td><td>新产品研制</td><td>开拓新市场</td><td>职工医疗与培训</td></tr>
<tr><td colspan="5">为其提供产品与劳务的部门的收入与支出</td></tr>
</table>

第四节　旅游乘数和旅游卫星账户

一、旅游乘数的概念

乘数的概念并不陌生，它是宏观经济学中的一个普通的概念，其内涵本质上没有什么新意，不过是在旅游经济学中的一个应用。让我们回忆一下经济学中的这一概念。

"乘数"（Multiplier）是经济学中的一个基本概念。乘数理论反映了现代经济的特点，即由于国民经济各部门的相互联系，任何部门最终需求的变动都会自发地引起整个经济中产出、收入、就业等水平的变动，后者的变化量与引起这种变动的最终需求变化量之比即是乘数。1882 年，经济学家巴奇霍持（Bagehot）分析了紧缩产业对经济及其他产业所引起的负面影响，自此，不少经济学家便对乘数理论展开了长期的研究，并在 20 世纪 20 年代末 30 年代初掀起一股乘数理论研究高潮。庇古（Pigou）、博塞拉甫（Bocerup）、吉布林等经济学家均从不同视角提出了各自的乘数分析方法。其中，英国经济学家卡恩（Kahn）于 1931 年最早提出乘数概念。然而现代乘数理论主要是沿着凯恩斯乘数模型和里昂惕夫投入—产出模型两大主线发展而来的。

鉴于旅游业综合性强和涉及面广的特点，旅游学术界在一些旅游经济学的著作中往往对经济学的乘数理论加以修正和发展，形成旅游乘数理论，并以此说明旅游业"兴一业，旺百业"的产业关联性（即具有促进国民经济各部门倍数增长的优势）。马西森（Matheson）和沃尔（Wall）于 1982 年提出旅游乘数，即"旅游乘数是这样一个数值，最初旅游消费和它相乘后能在一定时期内产生的收入效应"；本文采用世界著名旅游学者、英国萨瑞大学的阿切尔（Archer）对旅游乘数的定义，旅游乘数是指旅游花费在经济系统中（国家或区域）导致的直接、间接和诱导性变化与最初的直接变化本身的比率。旅游乘数是用以测定单位旅游消费对旅游接待地区各种经济现象的影响程度的系数。

二、旅游乘数效应的机制

旅游乘数效应是如何发挥其机制的呢？原来，对于旅游目的地国家或地区来说，来访国际游客的旅游消费作为无形出口贸易的收入，使外来资金“注入”到接待国的经济之中，这种“注入”资金在部分流失于本国或地区经济系统之外的同时，余额部分则在本国或地区经济系统内渐次渗透、依次发挥直接效应（direct effects）、间接效应（indirect effects）和诱导效应（induced effects），刺激本国家或地区经济活动的扩张和整体经济水平的提高，直至外来资金在目的地国家或地区经济活动中少到可以忽略不计时为止。乘数效应是用以测定旅游消费（即接待国或地区的旅游收入）所带来的全部经济效应（直接效应 + 间接效应 + 诱导效应）大小的系数。一般来说，旅游乘数效应可以从两方面估计：一是旅游消费在经济系统内继续转手花费的数额。如果该数额大，则乘数值大，反之数值越小。二是旅游者的花费数额在本地再花费的次数。轮转次数越多，乘数越大；反之越少。旅游乘数效应可分为以下三个阶段：

（1）直接效应阶段。旅游收入最初注入的一些部门和企业，如旅行社、餐饮业、交通部门、邮电部门及参观游览部门等，都会在旅游收入初次分配中获益。旅游者原生旅游消费对于经济系统中旅游企业在产出、收入、就业等方面造成的影响，称为旅游消费的直接效应。

（2）间接效应阶段。直接受益的各旅游部门和企业在再生产过程中要向有关部门和企业购进原材料、物料、设备，各级政府把旅游中缴纳的税金投资于其他企事业、福利事业等，使这些部门在不断地经济运转中获得了效益，即间接地从旅游收入中获利。世界大量研究结果表明，旅游消费的间接效应常常超过它的直接效应。

（3）诱导效应阶段。直接或间接为旅游者提供服务的旅游部门或其他企事业单位的职工把获得的工资、奖金用于购置生活消费品或用于服务性消费的支出，促进了相关部门和企事业的发展。此外，那些从旅游收入的分配与再分配运转中受到间接影响的部门或企事业单位在再生产过程中又不断购置生产资料，又推动了其他相关部门生产的发展。如此，旅游收入通过多次地分配与再分配，对国民经济各部门产生着连锁的经济作用。旅游消费的诱导效应可以是非常显著的。1967 年美国学者哈姆斯顿（F. Harmston）对于美国密苏里州旅游消费诱导效应的研究表明，旅游消费的诱导效应导致的区域内货币流量是间接效应的3倍多。

三、旅游乘数类型

西方学者弗莱彻（Flecher）和斯尼（Snee）划分了六种旅游乘数：产出乘数（output multiplier）、销售乘数（sales）或交易乘数（transactuins）、收入乘数（income）、就业乘数（employment）、政府收入乘数和进口乘数。各种旅游乘数具有内在的联系，但它们所测定的具体内容却各不相同；因此，只有准确地把握各种旅游乘数的具体内容及彼此间的区别，才能根据实际情况客观地评价旅游业的经济影响，更好地发挥乘数理论对旅游政策制定和旅游规划操作的指导作用。以下重点阐述旅游收入乘数、旅游消费乘数、旅游就业乘数和旅游投资乘数。

（一）旅游收入乘数

旅游收入乘数是旅游消费所带来的总收入与旅游消费之比，可用来从收入方面说明单位旅游消费额增量所产生的经济效应。在分析对旅游业经济影响时，收入乘数被认为是灵敏度最高的“显示器”。阿切尔认为，旅游收入乘数等于（直接收入+间接收入+诱导收入）/旅游消费总额，称之为“标准”乘数（normal multiplier）；莫尔和彼得森于20世纪50年代提出“比率”乘数（ratio multiplier），即（直接收入+间接收入+诱导收入）/直接收入，这只能用来描述相关经济部门之间及其同当地消费支出之间的内在关联现象，并不能说明带来单位收入增量所必须“注入”的旅游消费增量。因此，“比率”乘数不是真正的旅游乘数。

1. 旅游收入乘数效应的涵义

20世纪60年代以来，旅游业在世界各地迅速发展，并成为许多国家的重要经济部门之一，对其他经济部门和整个社会经济产生了较大的促进和带动作用。经济学家把乘数效应概念引入到旅游经济活动的分析之中，从而产生了旅游收入乘数效应的概念。

旅游收入乘数效应是用来衡量旅游收入在国民经济领域中通过初次分配和再分配的循环周转，给该国或地区的社会经济发展带来的增值效益和连锁促进作用。用来衡量这种连锁促进作用与增值效益程度的尺度，称为旅游收入乘数。

2. 旅游收入乘数公式

借鉴乘数的一般计算公式，旅游收入乘数的计算公式为：

$$K = \frac{\Delta Y}{\Delta I}$$

其中，K 代表旅游收入乘数，ΔY 代表国民收入增加量，ΔI 代表旅游收入的增加量。

只要在旅游收入流入旅游目的地国家或地区的经济运行中，就会对生产资料和生活资料生产部门以及其他服务性企事业单位产生直接或间接影响，进而通过社会经济活动的连锁反应，导致社会经济效益的增加。如果把这笔资金的一部分储蓄起来或用于购买进口物资，使资金离开本地经济运行过程或流失到国外，就会减少对本地区经济发展的“注入”，也就是说，边际储蓄倾向和边际进口物资倾向越大，对本地区的经济发展的乘数效应就越小。根据以上乘数原理，计算乘数的公式可进一步表述为：

$$K = \frac{1}{1 - \mathrm{MPC}} \quad 或 \quad \frac{1}{\mathrm{MPS}} \quad 或 \quad \frac{1}{\mathrm{MPS} + \mathrm{MPM}}$$

其中，MPC 表示边际消费倾向，MPS 表示边际储蓄倾向，MPM 表示边际进口物资倾向。该公式也可表示为：

$$K = \frac{1}{1 - \mathrm{MPC}} = \frac{1}{L}$$

其中，L 表示旅游漏损率（包括储蓄、购买进口产品、纳税等）。

由此可见，旅游收入乘数的大小取决于边际消费倾向与漏损率在旅游收入中各占的比例大小。边际消费倾向越大，说明旅游收入中用于消费流通领域的比例越大，漏损的比例越小，则旅游收入乘数也越大。如果漏损率越大，说明旅游收入中脱离当地消费流通领域的比例越大，用于消费的比例越小，则旅游收入乘数越小。

例如，某旅游目的地的旅游边际消费倾向为 70%，即表示在这个地区的旅游收入中，70% 的资金在本地区的经济运行系统中运转，而余下 30% 的资金用于储蓄或购买进口物资，或是离开了本地区的经济运行。则：

$$K = \frac{1}{1 - \mathrm{MPC}} = \frac{1}{1 - 0.7} \approx 3.3 \quad 或 \quad K = \frac{1}{L} = \frac{1}{0.3} \approx 3.3$$

计算结果说明，旅游收入经过初次分配和再分配获得了 3.3 倍于原始收入量的经济效果。当然，如果把 80% 的资金投入经济运行，仅有 20% 的资金用于储蓄和购买进口物资，旅游收入乘数就为 5，就可获得原始收入量 5 倍的经济效果。

3. 旅游收入乘数的种类

旅游收入的乘数效应，使一个国家或地区增加一笔旅游收入相应会引起该地区经济的增长，使国民收入总量增加，并反映出国民收入的变化和经济影响。这种影响作用，主要是通过以下几种常用的乘数模式，从不同侧面对国民经济产生相应的经济影响。

（1）营业收入乘数

营业收入乘数，是指增加单位旅游营业收入额与由此导致其他产品营业收入增加额之间的比率关系。该乘数表明一个地区旅游业的发展对整个地区营业总收入的作用和影响。

（2）居民收入乘数

居民收入乘数，是指增加单位旅游收入额与由此导致的该地区居民总收入增加额之间的比率关系。该乘数表明了一个地区旅游业的发展对整个地区居民收入的影响。

（3）政府收入乘数

政府收入乘数，是指每增加一单位旅游收入对旅游目的地国家或地区政府净收入所带来的影响。该乘数用来测定旅游目的地国家或地区政府通过税收从旅游经济活动中得到的效益，即旅游收入对政府税收增加所产生的作用和影响。

（二）旅游消费乘数

旅游消费对国民经济而言是外部“注入”。根据世界旅游组织的测算，旅游消费直接投向的是行、游、食、住、购、娱等 6 个部门，间接影响的有金融、保险、农业、印刷、医疗、通讯等 58 个部门。如果游客购买景点的缆车票，那么其费用的周转和乘数效应为：

车票→缆车→安装→运输→生产厂商→购买机器→钢铁

↓

勘探←建矿←开采←铁矿石←选矿←炼铁

旅游经济学家克莱门特认为，复杂的产品和服务的周转次数达 13～14 次，较简单的也要 5～6 次。根据美国夏威夷州的统计年报，每 1 美元的旅游消费诱导的消费乘数如表 7－3 所示。

表 7－3　美国夏威夷州每 1 美元旅游消费的乘数效应

	产出乘数		收入关联系数	
	直接间接乘数	总乘数	直接间接收入关联系数	总收入关联系数
农业	1.31	2.21	0.62	0.98
纺织、服装	1.21	1.77	0.39	0.61
其他制造业	1.48	1.96	0.33	0.52
空运	1.24	1.76	0.36	0.57
其他运输业	1.34	2.06	0.50	0.79
批发业	1.28	2.11	0.57	0.91
餐饮场所	1.41	1.95	0.37	0.59
其他零售业	1.24	2.15	0.63	1.00
旅馆	1.45	2.23	0.54	0.85
其他服务业	1.31	2.06	0.52	0.83

资料来源：《美国夏威夷州统计年报》，1992 年

由表 7－3 看见，产出乘数系指带动相关行业产出的增加；收入关联系数系指带动居民收入的增加；总乘数包括了直接、间接和诱导三个层次的效应。旅游者每购买 1 美元的餐饮产品，可带来 1.41 美元的直接、间接销售。而餐饮经营者还需购买 0.54 美元的中间产品，总乘数为 1.95。

世界旅游理事会（World Travel and Tourism Council，简称 WTTC）根据各国的经济发展水平、“漏出”程度（指物品的进口、税收、境外信贷利息、境外代理商费用等），在 1990 年进行过一次全球旅游收入 2.9 万亿美元的乘数效应的测算。WTTC 指出，全球旅游收入对国民经济总产出的乘数为 2.5，即每 100 万美元的旅游收入，可为其他行业带来 250 万美元的增加值。世界旅游理事会在 1993 年发布的年报中指出，根据全球旅游业历年营业收入的数据，旅游者每支出 100 万美元，可为旅游企业增加另外的 50.1 万美元收入，为相关

行业增加51.7万美元，诱导国民经济其他部门增加48.2万美元，总共贡献额为250万美元，因此，全球旅游消费的平均乘数为2.5。

（三）旅游就业乘数

就业乘数用来说明单位旅游消费所引起的全日制就业机会的数量变化。这一乘数有两种用法：①表示单位旅游消费所带来的全部就业人数；②表示由单位旅游消费所带来的直接就业人数与继发就业人数之和同直接就业人数之比。这两类乘数均可用来分析旅游业的经济影响。在劳动力大量剩余的发展中国家，就业乘数显得和收入乘数同等重要。我国国际旅游的就业效应见表7-4。由于就业乘数往往要求做出以下与实际不完全相符的假设，因而应谨慎待之：①不考虑规模经济效应和技术的运用，即产出水平提高后资本/劳动力比率不变；②每一生产部门现有劳动力都得到充分利用，增加其产品需求必须增雇劳动力；③劳动力市场永远供大于求，从而保证剩余劳动力的供给。

表7-4 中国国际旅游的就业效应（单位：万人）

年份	直接就业	总就业	占第三产业比重	占全国比重
1985	16.84	33.68	0.41%	0.06%
1986	27.65	55.30	0.64%	0.11%
1987	35.68	71.36	0.78%	0.14%
1988	43.90	87.80	0.90%	0.16%
1989	51.74	103.48	1.04%	0.19%

（四）旅游投资乘数

投资与消费一样，是外部资金对本地经济的“注入”。改革开放以来，我国的投资主体、资金来源、投资方式呈多元化发展态势。WTTC在《关于发展中国旅游业的建议》中说，政府应重视基础设施建设，以各种途径筹集资金，发挥旅游业在国民经济中的龙头作用和启动作用。根据中外的实际经验，旅游投资的乘数作用有：

（1）推动经济发展。据世界银行测算，1995年，突尼斯国民生产总值达163.7亿美元，人均1820美元，1985—1995年年均增长率为1.8%，而国际旅游业创汇14.63亿美元，占GNP的9%，年均增长率超过10%。可是突尼斯10年前国际旅游收入还不到2亿美元。迅速发展的奥秘是《鼓励旅游法》，国家按此法规为投资者提供 60% 的配套低息资金，累计吸引 7.5 亿美元旅游建设外资。

（2）带动地方收益的增加。1980—1990 年间，我国黄山累计投入基础工程、接待设施的费用为 5928 万元。这期间，接待游客 1189 万人次，旅游收入 17940 万元，利税 5300 万元。1991—1995 年间，黄山市仅用于扩建机场、修建公路、建造索道的资金就达 5 亿元，而企业、乡镇和个体投入的资金也近 5 亿元。大投入带来大产出，1996 年，黄山旅游收入 6.5 亿元，占了地方财政收入的半壁江山。

（3）产生关联增值效应。据深圳侨城房地产公司的资料，投资 9.54 亿元的"锦绣中华"、"中国民俗文化村"、"世界之窗"建成开业后，由于宾客如云，声名鹊起，从而引起周边地产升值达 3 ~4 倍，使地处郊区的华侨城土地、房产价格与市中心商务区相差无几。美国佛罗里达、纽约及日本东京等也有主题公园、景区促使地产、物业升值的经济现象。此外，旅游投资还有吸引消费、增加就业、提高收入的乘数效应。

四、旅游乘数评价

虽然乘数理论被广泛地用来评价旅游业对接待国家或地区的经济影响，但同时也存在以下几方面的局限性：

1. 乘数理论不以分析旅游接待国家或地区的产业结构、经济实力为基础。实际上，不同的经济背景可能产生不同性质和不同量值的乘数。如果接待国经济实力较强，技术先进，生产门类齐全，经济上自给的程度很高，无论是从数量上还是质量上都能满足国内企业、居民及外来旅游者对各种物质商品和服务的需要，那么便有可能使游客通过旅游消费所带来的收入尽可能多地留在国内、减少对进口商品和服务的购买。自给的程度越高，旅游乘数数值就越大，乘数效应就越强劲；反之，如果接待国或地区经济落后，生产门类不全甚至单一化，不能满足人们对有关商品和服务的需要，那么该国或地区势必会在相应的经济领域过度依赖进口，因而乘数效应就必然很微弱。而且，经济规模愈小，产业关联愈弱，边际进口倾向就愈高，乘数效应也就愈不显著。

2. 乘数理论的前提条件之一是要有一定数量的闲置资源和存货可被利用，以保证需求扩张后供给能力相应增长。然而，在实际中，由于需求过度膨胀或原有供给存量所剩无几，要满足需求的增长要求，就必须从其他经济活动中借用资源（从而减少其他活动的产出）或从外部进口产品或服务，否则，乘数效应地发挥就会受阻。我国目前的情况就是如此，由于国内旅游、国际旅游市场日趋成熟和规模化，旅游消费受到刺激，从而给其他关联部门造成很大的压力。其中，交通业处于超饱和运输状态，不存在资源闲置和存货现象，因而成为制约旅游业增长的“瓶颈”，影响旅游消费乘数效应地充分发挥。要消除“瓶颈”约束，营造有利于乘数效应发挥的环境，有两种方案可供选择：一是从其他活动中抽调资源来供给这一部门的需求，如改变现有交通运输结构，增加客运能力，压缩货运运量，这样实际上是削减了交通部门对其他行业的投入；二是进口相关物品（如购进大型客机，缓解民航压力），但我国外汇储备一直紧张，进口引起的外汇漏出又同旅游业创汇的经济目标相冲突，与此同时，外汇漏出还会进一步削弱乘数效应。因此，无论选择哪一种方案，都会陷入顾此失彼的两难境地。由此可见，如果经济中不存在闲置资源与存货，或“瓶颈”制约比较严重，旅游乘数理论将失效。

五、旅游卫星账户

（一）旅游卫星账户的发展

旅游卫星账户（TSA，Tourism Satellite Account），是指按照国际统一国民账户的概念和分类要求，将因旅游消费而引致的产出部分从各个旅游消费相关部门中分离出来，在国民账户之外单独设立一个虚拟账户，以准确测度旅游的经济影响。

早在20世纪70年代中期，法国就提出了以需求和预测为重点的旅游卫星账户的概念，并于1980年首次发布了初步统计结果。为了能够尽可能准确地衡量旅游业的地位，经合组织（OECD）于1980年初开始寻求相应的统计工具，并提出了旅游经济账户的概念。加拿大国家旅游数据项目组于1984年提出对“卫星账户”概念的认识，并于1989年拟写报告建议，提出为准确测度加拿大旅游业的规模和影响，加拿大统计局应开发出相应的旅游卫星账户。1944年，加拿大统计局与加拿大旅游委员会联合对外发布所开发的旅游卫星账户体系。1991年，在渥太华召开的世界旅游统计大会通过决议指出，相关各国在条件具备及需求显著的情况下，应积极引入TSA。

1993年，联合国、国际货币基金组织、世界银行及其他国际组织联合通过一套新的国民账户体系（SNA93），同时建议在国民账户核心框架中，应开发卫星账户以便测量得到充分体现的社会经济现象。世界旅游组织（WTO）在其《旅游统计建议》（1994）中采纳了联合国的这一建议，并召集来自经合组织（OECD）、欧洲统计局（EUROSTAT）、世界旅游理事会（WTTC）、国际劳工组织（ILO）、亚太旅游组织（PATA）、加勒比旅游组织、国际饭店与餐馆联合会以及部分国家统计和旅游行政管理机构的专家开展工作，先后提出多种旅游卫星账户。1999 年 6 月 15—18 日，在法国尼斯召开的"关于旅游经济影响度量方法的世界大会"上，共同讨论了在世界范围内建立和推广旅游卫星账户的问题。

2000 年 3 月世界旅游组织提交的旅游卫星账户得到联合国统计委员会的批准。2001 年 5 月 8—10 日世界旅游组织在温哥华召开了以"TSA－为良好的决策提供可靠依据"为主题的会议，积极倡导采用旅游卫星账户。对此作出重要贡献的还有 WTTC，该组织通过收集 20 个国家和地区性研究所的模式经验以及 WEFA 的世界宏观经济资料，开发了一套先进的账户系统，从世界、地区、国家等不同层面测算了旅游的经济影响，极大地推动了社会对旅游作用的认识。

（二）WTO 旅游卫星账户及在中国的实践

在世界旅游组织旅游卫星账户中，旅游消费概念包括旅游中（during trip）的所有消费（而不管产品或服务的性质）、旅游前的花费（只要明显是为了旅游发生的消费，包括免疫接种、体检、护照等费用，甚至包括因为旅游而引致的馈赠礼物方面的花费）、旅游后花费（只要明显与旅游相关的产品和服务上的花费）。此外，在旅游卫星账户中，世界旅游组织从供给方角度提出了旅游特征产品（Tourism Characteristic Product）、旅游相关产品（Tourism Connected Product）等概念。其中，旅游特征产品是指多数国家中，在没有旅游活动的情况下将消失或其消费量将大幅度减少，同时其统计数据又可能收集的产品，如接待设施、餐饮服务、长途交通及相关服务（如汽车租赁等）、旅行商以及文化和娱乐服务等（见表 7－5）。

旅游相关产品是指那些旅游参与消费，并且消费额在旅游者的总消费额或在销售者的总销售额中占有较大比重，但未被包括在旅游特征产品中的产品，如出租车服务和不具普遍意义的地方手工艺品以及纪念品。由于对旅游卫星账户还有许多技术细节问题尚存在分歧，而且现在 WTO、WTTC 和 OECD 各有一套旅游卫星账户，这些给旅游卫星账户的采用增加了困难；从实践看，引入旅游卫星账户的主要是发达国家和旅游发达的小国，对于中国这样的发展中大国，改变旅游统计体系并非易事（魏小安等，1999），所以我国尚没有采用旅游卫星账户。在可见资料中，只有赵丽霞、魏巍贤（2001）在国家自然科学基金的资助下，对旅游卫星账户在我国的应用作了探索，并构建了厦门市旅游卫星账户，计算出厦门旅游增加值占 GDP 的 4.94%。

表 7－5　特征旅游产品构成

住宿设施
饭店及其他住宿接待设施
自费或免费第二住所服务
餐饮服务
客运服务
城际轨道交通服务
公路交通服务
航空交通服务
水陆交通服务
客运支持服务
旅游代理商、旅游经营商和导游的服务
旅游代理商服务
旅游经营商服务
旅游信息及导游服务
交通装备租赁
文化服务

休闲及其他娱乐服务资料来源：WTO Tourism Satellite Account：The Conceptual Framework p. 66

［案例分析］

旅游国民收入及其初次分配

旅游业常常被许多国家，尤其是发展中国家看做是发展经济的重要手段。

人们希冀通过旅游发展为当地经济注入新的活力，带来财富的增长，并为解决社会经济问题带来契机。然而，旅游业发展究竟能在多大程度上为当地带来好处，这些利益是如何被分配的，这种分配格局将对目的地带来什么样的影响与后果，这些问题不仅关系到对旅游业发展的总体评价，关系着旅游从业者最终利益的实现，也是和谐社会建设中宏观调控政策需要着力解决的重大问题。

游客在目的地国家（地区）的消费形成了该国家（地区）的旅游收入（即旅游产值）。这些产值，一部分以工资、利息、税收和利润的形式在各生产要素中进行分配，即首轮国民收入分配；另一部分被用于购买企业所需要的商品和服务（中间投入品），成为提供这些中间投入品的供应商的间接产值。这些间接产值，将又一次在生产要素和供应商之间进行分配，为二次供应商创造了派生产值与国民收入，依次循环直至为零。在每一轮消费——收入创造循环中，各种生产要素累计获得的收入分配，形成了流转后的国民收入分配结构（含首轮收入分配）。最终需求生产诱发原理，游客在目的地的消费支出，可视为来自目的地经济系统外的最终需求增量。最终需求相对于生产领域是外生变量，在既定产业关联的格局下，最终需求的变动会由于产业间的波及效果而激发国民经济各产业部门产值的变动。

2004 年湖南省接待海内外游客共获得旅游总收入（旅游产值）371.59 亿元，除去旅游企业所需的中间投入外，旅游发展为湖南省直接创造国民收入 168.56 亿元，旅游业直接毛附加值率 0.4536，即每 1 元旅游产值平均将直接产生 0.4536 元增加值，高于全社会平均水平（0.3965），但略低于湖南省第三产业平均水平（0.4809），旅游产业附加价值率处于全社会中等水平。从旅游业对 GDP 的贡献度上看，旅游直接国民收入占当年全省 GDP 总量的 3.06%；经当地经济交换与再循环，累计形成国民收入 604.40 亿元，占当年全省 GDP 的 10.83%。旅游创造的全部国民收入是首轮国民收入的 2.58 倍，略高于国际最高水平 2.5（加拿大）。旅游业有力地推动了湖南省经济的发展，并为之创造了巨大的财富。2004 年，湖南省人均 GDP 为 10366 元，约合人均 1249 美元，与国内外经验数据相比较，湖南旅游国民收入主体初次分配格局出现了严重的失衡：企业替代了从业者成为旅游国民收入初次分配的主体。

与首轮收入分配格局相比，旅游发展创造的全部国民收入中，政府收入增长了约 5.6 个百分点。这是由于：其一，除旅游业外，大多数产业主要使用的是竞争性较强的公共和私人稀缺资源，较少使用外部性资源和成本为零的自由资源，资源使用成本较高，缴纳给公共资源提供者——政府的费用相应提高；其二，政府初次分配收入主要依赖于非劳动要素收入，通过旅游带来的收入在各个产业部门中流转，税基得以拓宽，生产税净额得到增加，政府从旅游发展中获得了外部效应。

从企业层面上看，虽然在两轮收入分配中，企业所占比例基本保持不变，但其构成却发生了重要的变化。一个明显的结构性变化是企业盈余下降了5个百分点，这意味着旅游业资本利润率高于为其提供中间产品行业的资本利润率。另一个明显的变化是企业固定资产折旧上升了约5个百分点，而与此同时，劳动者报酬下降了5.6个百分点，显示出为旅游业提供中间产品的行业有资本替代劳动力的迹象。进一步分解GTNI发现，在604.40元的GTNI构成中，第一产业32.27亿元，占5.34%；第二产业368.44亿元，占60.96%；第三产业203.69亿元，占33.70%，除去旅游业首轮收入效应外，第三产业中只有35.13亿元（约5.81%）是由旅游派生效应产生的。这一结果隐含着一个重要推论，即旅游发展对于目的地第二产业的推动作用最大，发展旅游有助于加速地区工业化进程。

对2004年湖南省旅游业国民收入及其初次分配格局进行了分析。研究发现：

（1）旅游业为湖南省当年直接贡献了3.06%的国民收入，旅游产业附加值率为0.4536，处于全社会中等水平；旅游业资本利润率高于为其提供中间产品行业的资本利润率。

（2）政府、企业和从业者在旅游国民收入初次分配格局中所占比例为16%、68%、16%。与国内外同期经验水平相比，湖南省旅游国民收入初次分配格局出现了严重失衡，主要表现为企业收入比重过大，劳动报酬偏低，旅游业发展中的主要获益者是资本所有者而非旅游从业者，政府从旅游业发展中获得了外部效应。这一分配格局不利于激发劳动者参与旅游发展的积极性，并可能导致居民收入差距扩大，需要政府通过再分配手段加以干预和调节。

问题：

1. 从旅游总收入（产值）中究竟能产生多少旅游国民收入，其大致比例是多少？

2. 旅游国民收入是如何在政府、企业、从业者3大利益主体之间进行初次分配的？

3. 这一分配格局对于旅游业发展有何影响，可能导致什么样的结果？

【思考题】

1. 一个地方的旅游收入反映了什么？为什么？

2. 基本旅游收入与非基本旅游收入有什么不同？

3. 设 R_T是某地一定时期旅游总收入，R 为基本旅游收入；N 为旅游总收入人次等于 10 万人次；P 为基本旅游消费支出 5000 元；P_e为非基本旅游收入 2000 元。求该地该时期的基本旅游收入是多少？

4. 你认为旅游乘数是否成立？为什么？

5. 你认为有必要成立旅游卫星账户吗？

6. 你认为旅游收入分配是否公平？为什么？

第八章 旅游投资与决策

第一节 旅游投资的概念及方式

一、旅游投资的概念

（一）投资的概念

投资是指经济主体以预期收益为目的的资金投入行为和过程。它包括投资主体、投资手段、投资目的和投资行为过程四个方面的内容。

1. 投资主体。投资主体是指投资活动的经济主体，即具有独立投资决策权并对投资行为负有责任的经济法人和自然人。在我国现阶段，投资主体具体包括政府机构、经济实体和个人。投资是这些人或人格化的组织进行的一种有意识的经济活动。各投资主体既可以独立投资，也可以联合投资，从而构成一个多元化、多层次的投资主体结构。

2. 投资手段。投资手段是指资金投入，包括有形资产和无形资产的投入。有形资产直接表现为资金形态；无形资产，如商标、专利权等，当其用来投资时，必须借助于价值尺度，使其转化为资金形态。

3. 投资目的。投资目的是指投资的预期收益，包括经济收益和社会收益。投资固然是为了取得经济、财务收益，但还必须考虑社会收益。某种投资行为，在没有或只有较少经济、财务收益，但是有社会收益的情况下，仍然可以成为经济主体从事该项投资的动机。

4. 投资行为过程。投资行为过程是指资金运动的全过程，包括资金的投入、使用、管理和回收。将投资仅仅看作是资金的投入，显然是片面的，这样不能表达投资行为的动态过程和它的连续性。无论是什么样的投资，资金投入都只是投资活动的开始。

（二）旅游投资的概念

旅游投资是旅游经济活动的起点，也是旅游经济持续发展和获取目标的依托。旅游投资，是指在符合国家有关政策法规的前提下，在一定时期内，各投资主体根据旅游经济发展的需要，将一定数量的资金投入到旅游发展项目中，以获取一定预期收益为目的的行为和过程。

在旅游投资中，投资的主要目的是为了获得包括经济效益在内的综合性效益，具体包括：第一，获取更多的外汇收入和社会经济收入；第二，提供更多的社会就业机会；第三，更好地调整国家或地区内经济发展的不平衡性；第四，更好地继承和发挥社会文化方面的作用，传承优秀的传统文化；第五，更好地保护和改善环境，促进旅游经济的可持续发展等。

二、旅游投资的分类

为了进一步了解各种投资的特点，加强投资管理，提高投资效益，还必须分清旅游投资的性质，对旅游投资进行科学的分类。

1. 实体投资与金融投资

按投资对象的存在形态，可将投资分为实体投资与金融投资。所谓实体投资，是指企业购买实质形态的资产的投资。在这里实质形态的资产不仅包括具有物质形态的资产，而且包括各种无形资产。因为无形资产尽管没有实物形态，但企业投资无形资产是为了直接从事生产经营活动或劳务活动，谋求投资收益。所谓金融投资，是企业购买各种金融资产的投资。在这里金融资产仅是一种权益，不具备实物形态。金融资产的直接表现形式是金融工具，它是资金缺乏部门向资金盈余部门融通资金时，或者发行者向投资者筹措资金时，依一定格式形成的书面文件。金融工具的种类繁多，如商业银行活期存款、大额定期存款单、公司债券、国债或公债券、股票、保险单等。实体投资与金融投资相比较，在投资收益上，实体投资一般只能获得投资利润，而金融投资不仅可以获得投资利润，还可以获得资本利得，即金融工具的卖价与买价之差。在投资的风险上，实体投资一般只遇到所生产的产品或提供的劳务在市场上不能实现的风险，而金融投资不仅会遇到接受投资企业所生产的产品或提供的劳务在市场上不能实现的风险，还会遇到金融市场风险。通常影响金融市场的因素不仅多而且变动比较频繁，金融工具的价格对这些因素的变动反映也十分敏感，所以，金融市场风险比实物商品风险要大得多。总之，实体投资风险相对较小，投资收益也相对较低；金融投资风险相对较大，投资收益也相对较高。因而企业在进行投资时，必须以此为基础，进行合理搭配。

此外，在投资分类中，也可按其与企业生产经营的关系，把投资分为直接投资和间接投资两类。直接投资是把资金投放于生产经营（或服务）性资产，以便获取利润的投资；间接投资是把资金投放于证券等金融资产，以便取得投资利润和资本利得的投资。这种分类与实体投资和金融投资内涵一致，只是角度不同。

2. 长期投资与短期投资

按投资回收时间的长短，可以划分为长期投资和短期投资。长期投资是指年以上才能收回的投资，主要指对厂房、机器设备等固定资产的投资，也包括年以上对无形资产和长期有价证券的投资；短期投资是指能够并且也准备在年内收回的投资，主要指对现金、应收账款、存货、短期有价证券等流动资产的投资。长期有价证券如能随时变现便可用于短期投资。一般而言，长期投资风险大于短期投资的风险，与此相应，长期投资收益通常高于短期投资。

3. 对内投资和对外投资

按投资投出的方向，可以分为对内投资和对外投资。对内投资是把资金投在企业内部，购置各种生产经营用或服务用资产的投资；对外投资是指企业以现金、实物资产、无形资产等方式或者以购买股票、债券等有价证券方式向其他单位的投资，企业金融投资一定是对外投资。从理论上讲，对内投资的风险要低于对外投资，对外投资的收益要高于对内投资的收益，否则，企业无需作出对外投资的决策。

4. 初创投资与后续投资

按投资在再生产过程中的作用，可分为初创投资和后续投资。初创投资是在建立新企业时所进行的各种投资，其特点是投入的资金通过建设形成企业的原始资产，为企业的生产、经营（或服务）创造必备的条件。后续投资则是指为巩固和发展企业再生产所进行的各种投资，包括为维持企业面临再生产所进行的更新性投资、为实现扩大再生产所进行的追加性投资、为调整生产经营方向所进行的转移性投资等。从理论上讲，企业的后续投资至少要维持以前投资的收益水平，按照风险收益对等的原理，后续投资的风险相对较高。其原因在于，如果后续投资是原投资方向的继续，那么，后续投资处在产品生命周期的后期阶段，有可能面临产品衰落的风险，如果后续投资的投向与原投资方向不同，那么由于是新的投资领域，收益的不可知性较大，风险也就较大。

5. 独立投资、互斥投资和互补投资

按投资项目之间相互关系，可以分为独立投资、互斥投资和互补投资。独立投资也称非相关性投资，是可以不管任何其他投资是否得到采纳和实施，都不显著地受到影响的投资；互斥投资也称互不相容性投资，是采纳或放弃某一投资，并会显著地影响其他投资的投资。互补投资是指可同时进行、相互配套的投资，如港口和码头、油田和油管投资。

第二节 旅游投资决策

决策是指人们为达到预期目标，提出实现目标的多种方案，并从多种方案中选择最有效的行动方案的过程。投资项目的决策类型多种多样，一般分为确定型、非确定型和风险型三种类型。

一、确定型决策

确定型决策指在拟建项目的有关数据已知或可能发生的事件能够控制的情况下，从各种方案中选择出最佳方案的决策过程。

例如：计划投资建设某个旅游项目，经过市场调查和可行性研究后提出三个备选方案，即新建、扩建和改建方案，现在需要对该旅游项目的建设方案进行决策，选择出最佳方案。有关的资料数据如下：

年收益 方案 自然状况	第Ⅰ方案（新建）	第Ⅱ方案（扩建）	第Ⅲ方案（改建）
需求量较大时	3100	2000	1400
需求量一般时	1700	2600	2000
需求量较小时	1100	1400	1900

通过对以上数据的分析，可以了解三种方案在不同市场条件下的获利水平，进而作出如下决策：

当需求量较大时，由于第Ⅰ方案的获利水平最高，因而决策者应该选择新建方案。

当需求量一般时，由于第Ⅱ方案的获利水平最高，因而决策者应该选择扩建方案。

当需求量较小时，由于第Ⅲ方案的获利水平最高，因而决策者应该选择改建方案。

可见，确定型决策是通过一定的量化分析，从各类方案中选择出最好的方案，这种决策的结果比较准确和肯定，决策者只需从多种方案中选出最优的一个，决策过程简单明了。

二、非确定型决策

投资或建设方案的收益值在不同的自然状态下可以估算，但各方案出现的概率则难以预计，在这种情况下进行的决策称为非确定型决策。非确定型决策的选择方案有等概率法、小中取大法、大中取小法等。例如：拟投资某项目，该项目建成后，其产品的市场需求量可能出现较高、一般和较少三种情况，由于缺乏详细、准确的资料，对各种情况出现的概率无法估计，在对拟建项目进行可行性研究后，提出了三种可供选择的方案。各方案的收益情况如下表所示：

年收益 方案 自然状况	第Ⅰ方案 （新建）	第Ⅱ方案 （扩建）	第Ⅲ方案 （改建）
需求量较大时	6200	7600	5000
需求量一般时	4000	4700	2000
需求量较小时	-2000	-5600	1400

1. 等概率法。假定各自然状态以相等的机会发展，求出各方案的期望值（用 E 表示），期望值较大者即为最优方案。

$$E_1 = \frac{1}{3} \times (6200 + 4000 - 2000) = 2733$$

$$E_2 = \frac{1}{3} \times (7600 + 4700 - 5600) = 2233$$

$$E_3 = \frac{1}{3} \times (5000 + 2000 + 1400) = 2800$$

从计算结果得知，采用Ⅲ方案最好，决策者应该对项目进行改建，其产品在不同的市场需求状态下可以取得较大的收益。

由于等概率法要求一定的假定条件，由此会对计算结果的准确性产生较大地影响，决策者最好结合其他方法全面分析后再作出最终抉择。

2. 小中取大法。即决策者持稳重、审慎的态度，在几种不确定的随机事件中，选择当市场需求量较小时收益值最大的方案作为最优方案的决策方法。

从表可以看出，当市场需求量较小时，三个方案的收益值分别为 -2000、-5600、1400，第Ⅲ个方案的收益值最大，决策者应当选择Ⅲ方案即改建方案作为最优方案。

3. 大中取大法。即决策者持乐观进取的态度，在几种不确定的随机事件中，选择当市场需求量较大时收益值最大的方案作为最优方案的决策方法。

从表可以看出，当市场需求量最大时，三个方案的收益值分别为 6200、7600、5000，第Ⅱ个方案的收益值最大，决策者应当选择Ⅱ方案即扩建方案作为最优方案。

4. 大中取小法。即决策者在几种不确定的随机事件中，选择最小损失值的方案作为最优方案的决策方法。所谓最小损失值是指在不同的市场状态下各方案损失值中的最小值，它表明，如果选错方案，决策者将会受到不同程度的损失，而采用这种方法，则可以在万一选错方案的情况下，将损失减少到最低限度。

根据表的数据，各方案的损失值如下：

当需求量较大时：

第Ⅰ方案的损失值为：7600 - 6200 = 1400

第Ⅱ方案的损失值为：7600 - 7600 = 0

第Ⅲ方案的损失值为：7600 - 5000 = 2600

当需求量一般时：

第Ⅰ方案的损失值为：4700 - 4000 = 700

第Ⅱ方案的损失值为：4700 - 4700 = 0

第Ⅲ方案的损失值为：4700 - 2000 = 2700

当需求量较小时：

第Ⅰ方案的损失值为：1400－（－2000）＝3400

第Ⅱ方案的损失值为：1400－（－5600）＝7000

第Ⅲ方案的损失值为：1400－1400＝0

损失值 方案 / 自然状况	第Ⅰ方案（新建）	第Ⅱ方案（扩建）	第Ⅲ方案（改建）
需求量较大时	1400	0	2600
需求量一般时	700	0	2700
需求量较小时	3400	7000	0
损失值中的最小值	5500	7000	5300

经过计算可以得知，在最大损失值中的最小值是2700，因而选择第Ⅲ方案即改建方案为最优方案。

三、风险型决策

风险型决策也叫做随机型决策或概率型决策，这种决策需要具备以下几个条件：有两个以上的备选方案；有两个以上的市场状态；各个方案在不同市场状态下的损益可以计算出来；决策人可以估计各种市场状态发生的概率，但不能肯定其是否发生。风险型决策的过程一般是根据预测概率和收益值计算出各方案的期望收益值，其中期望收益值最大的即为最优方案。

例如：某旅游投资项目，有三个备选方案，具体资料数据如下：

收益值 方案 / 市场状况的概率分布	第Ⅰ方案（新建）	第Ⅱ方案（扩建）	第Ⅲ方案（改建）
市场状况好0.3	5000	3000	2500
市场状况中0.5	2000	2500	3000
市场状况差0.2	－1000	－500	0

计算各方案的期望收益值：

$$E_1 = 5000 \times 0.3 + 2000 \times 0.5 - 1000 \times 0.2 = 2300$$

$$E_2 = 3000 \times 0.3 + 2500 \times 0.5 - 500 \times 0.2 = 2050$$

$$E_2 = 2500 \times 0.3 + 3000 \times 0.5 + 0 \times 0.2 = 2250$$

在这三种方案中，第Ⅰ方案的期望收益值最大，故Ⅰ方案为最优方案。

第三节　旅游投资可行性研究

一、可行性研究的必要性

旅游投资项目可行性研究是一门综合运用多种学科的知识，寻求使旅游投资项目达到最好经济效益的研究方法。它的任务是以市场为前提，以技术为手段，以经济效益为最终目标，对拟建的旅游投资项目，在投资前期全面、系统地论证该项目的必要性、可能性、有效性和合理性，作出对项目可行或不可行的评价。因此，可行性研究就是对拟定的投资项目在未来能否带来经营上和经济上的效益而进行的研究，以确定投资项目在技术上、开发上和经济上的可行性。

1. 可行性研究是旅游项目投资必不可少的工作

旅游投资项目建设包括三个主要的阶段，即投资前阶段、投资建设过程阶段和经营过程阶段。可行性研究属于项目建设投资前阶段的主要工作内容。为了保证旅游投资项目的有效实施，达到投资的基本目标，并且在生产经营过程中实现投资利润的最大化，就必须对市场，包括竞争者市场进行研究分析，对投资项目的选址和区域特点进行分析，对生产经营过程的原材料、燃料、动力、设备、劳动力等资源的来源渠道和价格等进行分析，对旅游建设项目总成本进行估算，对生产经营成本与收益进行分析。以确定旅游建设项目在技术上是否可行，开发上是否可能，经济上是否合理，从而为投资开发者提供决策的依据。

2. 可行性研究是评估旅游项目的重要依据

可行性研究是旅游项目建设中一项重要的前期工作，是旅游投资项目得以顺利进行的基础和必要环节。可行性研究的主要目的就是判断拟建的旅游投资项目能否使产权投资者获得预期的投资收益。要达到或完成这一目的，就必须用科学的研究方法，经过多方分析并提供可行性研究报告，以使上级主管部门或者投资者据其对该项目进行审查、评估和决策。

3. 可行性研究为筹集资金提供重要的参考依据

旅游投资项目多属于资金密集型项目，往往需要注入大量的资金。对于旅游项目开发单位而言，除自筹资金和国家少量预算内资金外，大部分需要向金融市场融资，其中主要渠道是向银行贷款。作为商业银行，为保证或提高贷款质量，确保资金的按期收回，要实行贷前调查，并对旅游投资项目的可行性进行审查。因此，可行性研究报告可为银行或资金借贷机构贷款决策提供参考依据。

二、可行性研究的基本原则

可行性研究作为对拟建的旅游投资项目提出建议，并论证其技术上和经济上是否可行的基础性工作，必须坚持以下基本原则：

1. 根据项目的具体要求进行研究

由于各个旅游投资项目的背景情况千差万别，所以可行性研究并没有千篇一律的模式。在实际工作过程中，研究人员对市场需求、项目规模、设计要求的确定，以及编制财务计划所使用的方法，都应根据项目的具体要求而定。

2. 提供充分论据供决策者参考

可行性研究是投资者、开发者、经营者和相关部门决策时的重要参考依据，因而报告中的证据必须充分，论证过程必须全面，并明确提出研究的结论和事实，为决策者进行正确合理的选择提供依据。

3. 正确使用定量和定性分析相结合的方法

在可行性研究中，应把定量分析和定性分析的方法相互结合，通过精确可靠的数据尽可能客观地得出定性结论，使可行性研究更富科学性、准确性和可操作性。

4. 实事求是地预测项目效益

如果研究人员经过研究认为某一旅游投资项目无法取得预期的效益和目标，就应本着实事求是的态度，毫不迟疑地向投资者报告，而不应该牵强附会地作出一个并不可行的可行性报告，从而导致旅游投资项目实施后带来巨大损失。

三、可行性研究分类

（一）投资机会研究

投资机会研究是指在一个确定的地区或部门内，在利用现有资源的基础上所进行的寻找最有利的投资机会的研究。其主要目的是为旅游投资项目提出建议，旅游项目建议书就是在投资机会研究的基础上形成的。投资机会研究比较粗略，主要是对旅游项目的可行性进行一些估计，并非进行详细的计算。但是，这种研究是必要的，因为每个项目都需要确定是否有必要进一步获取建设的详细资料。国外投资机会的研究对投资额估计的误差一般要求在30%以内，机会研究的时间较短，一般是1～3个月，花钱也不多，一般占总投资的0.2%～1.0%。

（二）初步可行性研究

初步可行性研究是在投资机会研究的基础上，对拟建的旅游投资项目的可行性所进行的进一步研究。它主要是针对那些比较复杂的建设项目而进行的，因为这类项目仅凭投资机会研究还不能决定其取舍，必须进一步进行可行性分析。初步可行性研究要解决的主要问题是，进一步论证投资机会是否有可能，进一步研究拟建的旅游投资项目建设可行性中某些关键性的问题，如市场分析、中间工厂实验等，分析是否有必要开展详细可行性研究。初步可行性研究只需概括地研究，包括诸如市场需求和旅游接待能力、资本投入、地理位置、项目设计以及财务效益等内容。在初步可行性研究的基础上，对项目的各种方案进行初次筛选。初步可行性研究对投资估算的误差要求在20%以内，所需时间约3～4个月，研究费用占总投资的0.25%～1.25%。

（三）详细可行性研究

详细可行性研究即在上级主管部门批准立项后对旅游投资项目所进行的技术经济论证，它需要进行多种方案地比较。投资项目越大，其内容就越复杂。详细可行性研究是确定旅游投资项目是否可行的最终依据，也是有关管理部门和银行进行进一步审查的依据。

详细可行性研究报告是投资者作出投资决策的主要依据，它必须全面研究并回答六个方面的问题，即说明六个“W”。

Why——说明投资的目的，即为什么要投资建设这个项目；

What——说明投资的对象、什么样的项目、准备选择怎样的设施、采取什么样的技术、有多大的接待服务能力、经济上的盈利性如何；

Where——说明投资地点、项目建在何处、当地的自然条件和社会经济条件如何，对项目地址要进行多方案比较，选取其中最优者；

When——说明何时开始投资、何时建成运营、何时收回投资；

What——说明由谁来承担施工和作业管理；

Which——说明采取何种方法筹措资金，进行工程建设和作业管理。

总之，详细可行性研究的任务是拟订详细的建设方案，进行深入地技术经济分析论证。对详细可行性研究的投资估算误差要求在10%以内，所需的时间和经费随项目的大小及复杂程度有所不同，少则几个月，多则几年，经费占项目总投资的0.2%～3%。

在旅游投资项目建设中，常常涉及开发者、经营者、资产借贷者、资产投资者和政府机构等，每一方均从各自的利益出发，对拟建的工程进行可行性研究。所以可行性研究往往又可分为投资前研究、经营研究、资金研究、资产投资研究和政府机构研究等内容。投资前研究是由开发者进行的，主要研究项目开发或建设的投入和开支是否合算。项目开支包括设计费、土地征购费和主体投资三大部分。经营研究是由经营部门进行的，主要是估计该旅游投资项目工程完成后的市场销售情况和预测未来经营中可能带来的经济效益。资金研究是由资金借贷者进行的，主要是研究该项目工程建设所需要的投资资金的数量和资金分配。资产投资研究是由资产投资者进行的，主要是在估计资产投资收入和资产现金流动的基础上，研究预测该项目工程建成后的投资利润与税收上的好处（如减免税等）。政府机构研究是由政府有关部门进行的，主要是评价该项目建成后对财政、经济、社会、环境及对周围地区的影响。

四、可行性研究的内容

根据国家规定，一般工业建设项目的可行性研究应包括10项主要内容。旅游投资项目属于非工业项目，其可行性研究需结合旅游行业的特点，参照工业项目的要求，进行适当调整。下面，以新建景区项目为例，介绍调整后的旅游投资项目可行性研究的主要内容。

1. 总论

总论的主要内容包括：项目名称、主办单位及负责人，承担可行性研究的单位，研究工作的主要依据、工作范围和要求，项目提出的背景、投资建设的必要性和经济意义，可行性研究的主要结论、存在的问题与建议，项目的主要技术经济指标（列表说明）。

2. 旅游市场需求预测

（1）旅游客源市场的需求调查与预测。调查分析的主要指标有主要客源地、游客人数、最低客源量、游客量的季节变化、停留时间、旅游动机、客源地至旅游地的距离、文化或血缘关系等。

（2）游客的社会人口学特征调查分析。主要指标有年龄与性别结构、收入水平与消费结构、职业与受教育状况、闲暇时间、时尚与传统、满意程度及重游率等。

（3）旅游市场竞争状况分析、投资项目竞争能力与策略分析。

3. 旅游资源的评价

（1）旅游资源的调查与评价。评价所使用的主要指标有景观资源的艺术特色、科学价值与文化价值；景观的地域组合；旅游资源容量和空间密度；旅游资源密度；旅游的节律性或季节性等。

（2）根据旅游资源和旅游市场调查分析的结果，确定项目资源开发导向和旅游产品方案。

4. 旅游地选择

（1）项目建设地点的地理位置、气象、水文、地质、地形条件和社会经济现状；项目用地范围、建设条件、地价、拆迁及其他工程费用情况。

（2）该地区与客源地的距离，现有航空、铁路、公路、内河航道、港口码头的运输能力、实际负荷及发展规划情况。

（3）该地区现有供水、排水、供电、煤气、蒸汽的能力和实际负荷及其发展规划情况。

5. 旅游环境评价与保护

（1）旅游生态、经济、社会环境调查；旅游心理容量、旅游资源容量、旅游生态容量、旅游经济发展容量、旅游地域社会容量的测定。

（2）项目旅游污染的预测，制定环境与资源保护措施。

（3）根据旅游市场、资源、环境的评价结果进行拟建项目的规模和发展方向的技术经济比较和分析。

6. 景区规划设计方案

（1）景区旅游主题与形象设计；景区各类用地布局方案的初步选择和土

建工程量估算。

(2) 景区内娱乐、餐饮、购物及其他辅助设施建筑设计方案的初步选择和土建工程量估算；旅游地饭店的设计方案和布局规划。

(3) 景区内公共交通系统、给排水、供电、通讯系统及辅助设施的设计方案的初步选择和土建工程量估算。

(4) 列出选定的主要设备与辅助设备名称、型号、规格、数量，并说明选用理由。若引进技术、设备，应说明引进的理由、国别。

7. 企业组织、劳动定员和人员培训

旅游企业经营管理体制及机构设置；在项目进展的各个不同时期需要的各种级别的管理人员、工程技术人员、工人及其他人员数量、水平以及来源；人员培训规划和费用的结算。

8. 项目实施计划和进度

项目建设的基本要求和建设工程安排；勘察设计、设备制造、工程施工、设备安装、调试、试运营所需时间和进度要求；选择整个工程项目实施方案和总进度，用线条图或网络图表述最佳实施计划方案的选择。

9. 投资估算与资金筹措

主体工程和协作配套工程所需的投资；流动资金和经营成本的结算；资金来源、筹措方式及贷款的偿付方式。

10. 社会及经济效益评价

包括财务评价、国民经济评价、社会评价和不确定性分析。

微观的财务评价是投资项目经济评价的重要组成部分。财务评价是根据国家现行财税制度和现行价格，分析测算项目的效益和费用，考察项目的获利能力、清偿能力及使用外汇效果等财务状况，从企业财务角度分析、判断投资项目是否可行，为投资决策提供可靠的依据。

宏观的国民经济评价是项目经济评价的核心部分，它是从国家整体角度考察项目的效益和费用，用影子价格、影子工资、影子汇率和社会折现率，计算分析项目给国民经济带来的净收益，评价项目经济上的合理性。它是考虑项目或方案取舍的主要依据。

11. 评价结论

运用各项数据，从技术、经济、社会以及项目财务等方面论述投资项目的可行性；推荐一个以上的可行性方案，提出决策参考；指出项目存在的问题、改进建议及结论性意见。

综上所述，项目可行性研究的基本内容可概括为三部分：第一部分是市场调查和预测，说明项目建设的“必要性”；第二部分是建设条件和设计方案，说明项目在技术上的“可行性”；第三部分是经济效益的分析与评价，这是可行性研究的核心，说明项目在经济上的“合理性”。可行性研究就是主要从这三个方面对项目进行优化研究，并为投资决策提供依据。

第四节　旅游投资项目评价

一、资金的时间价值和等值计算

1. 资金的时间价值

在投资项目评价过程中，经常会遇到货币在不同时间点上价值的换算问题。一项投资项目往往投资支出发生在前，一系列的收入发生在后。在计算项目的经济效益时，如果把不同时间的投资支出和收入直接对比，就不能得出正确的结论。为了保证收支的可比性，获得准确的经济评价结果，就必须把不同时间点的货币价值换算成相同时间点的价值，这样就产生了资金时间价值的概念，不同时间发生的等额资金在价值上的差别称为资金的时间价值。

资金时间价值的含义可以从两方面理解。首先，资金投入流通，与劳动力相结合其价值发生增值，其增值的实质是劳动力在生产过程中创造了剩余价值，而从投资者的角度来看，资金的增值特性使资金具有时间价值；其次，从消费者的角度看，资金一旦用于投资，就不能用于现期消费，牺牲现期消费是为了能在将来得到更多的消费，因此资金时间价值体现为对放弃现期消费的损失所应给予的必要补偿。

资金的时间价值体现为资金运动所带来的利润（或利息），它是衡量资金时间价值的绝对尺度。资金在单位时间内产生的增值（利润或利息）与投入的资金额（本金）之比，简称为“利率”或“收益率”，它是衡量资金时间价值的相对尺度，数值越大，表明资金增值越快。利息的计算有单利计息和复利计息之分。

单利计息仅以本金为基数计算利息，即不论年限有多长，每年均按原始本金计息，而已取得的利息不再计息。设贷款额（本金）为P，贷款年利率为i，贷款年限为n，本金与利息的和用F表示，n年末本利和单利计算公式为：

$$F=P\times(1+n\times i)$$

单利计息虽然考虑了资金的时间价值，但对以前已经产生的利息没有转入计息基数而累计计息，因此，单利法计算的资金时间价值是不完善的。复利计息以本金与累计利息之和为基数计算利息，即“利滚利”。复利计算的本利和公式为：

$$F=P\times(1+i)^n$$

2. 资金等值的计算

（1）资金等值的概念

资金等值是指在考虑资金时间价值因素后，不同时点上数额不等的资金在一定利率条件下，具有相等的价值。例如现在的100元与一年后的112元，其数额并不相等，但如果年利率为12%，则两者是等值的。因为现在的100元，在12%利率下，一年后的本金与资金时间价值两者之和为112元。同样，一年后的112元在年利率为12%的情况下等值于现在的100元。不同时点上数额不等的资金如果等值，则它们在任何相同时点上的数额必然相等。

影响资金等值的因素有三个，即资金额大小、资金发生的时间和利率，它们构成现金流量的三要素。利用等值概念，将一个时点发生的资金金额换算成另一时点的等值金额，这一过程叫资金等值计算。进行资金等值换算还需建立以下几个概念：

贴现与贴现率。把将来某一时点的资金金额换算成现在时点的等值金额称为贴现或折现。贴现时所用的利率称为贴现率或折现率。

现值。是指资金“现在”的价值。需要说明的是，“现值”是一个相对的概念，一般地说，将$t+k$个时点上发生的资金折现到第t个时点，所得的等值金额就是第t个时点上资金金额在时点的现值。现值用符号P表示。

终值。是现值在未来时点上的等值资金，用符号F表示。

等年值。是指分期等额收支的资金值，用符号A表示。

（2）现金流量图

由于资金时间价值的存在，使不同时间上发生的货币无法直接加以比较。为了便于对项目进行经济评价和对方案进行比较，反映项目各种费用、收益的大小及相应发生的时间，需要用一个平面坐标系来反映项目经济活动的全过程。现金流量图就是一个有效工具。

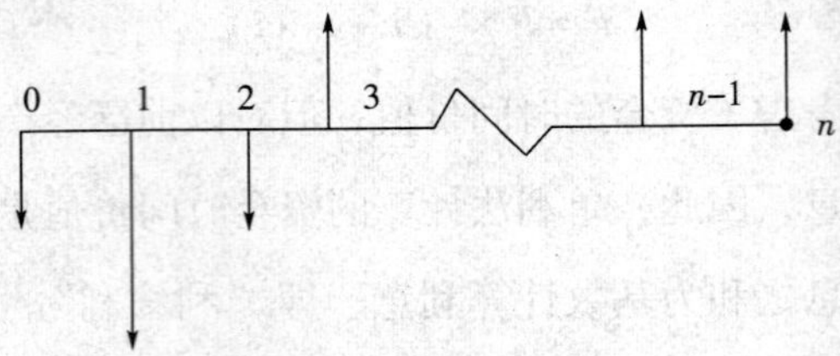

图中，水平线段代表所分析计算的某一系统，如投资项目。水平线段向右伸延，表示时间地延续。水平线等分成若干间隔，每一间隔代表一个时间单位，或者说一个计息周期，它可以是年、月、周、日等。

图中纵坐标表示所在时刻发生的费用或效益的金额，并且约定以一个投资项目为一个独立系统。从该系统角度看，凡是在某一时间上，流出系统的货币称为现金流出，用箭头向下表示；流入系统的货币称为现金流入，用箭头向上表示。带箭头的垂直线段的长短与现金流入、现金流出的大小成比例。同一时间上的现金流出与现金流入的代数和称为净现金流量。现金流入、现金流出和净现金流量统称为现金流量。

3. 资金等值计算公式

下面给出在投资项目经济评价中常用的六个基本的等值换算公式：

（1）一次支付终值公式。如果现在存入银行 P 元，年利率为 i，n 年后拥有本利和多少？

计算公式：

$$F = P \times (1+i)^n$$

式中系数 $(1+i)^n$ 称为一次支付终值系数，也可以用符号 $(F/P, i, n)$ 表示。所以公式又可写成：$F = P(F/P, i, n)$

（2）一次支付现值公式。已知 n 年后一笔资金 F，在利率 i 下，相当于现在多少钱？

计算公式：

$$P = F \times \frac{1}{(1+i)^n}$$

系数$\frac{1}{(1+i)^n}$记为（P/F，i，n）。

（3）等额支付终值公式。如果某人每年末存入资金 A 元，年利率为 i，n 年后资金的本利和为多少？

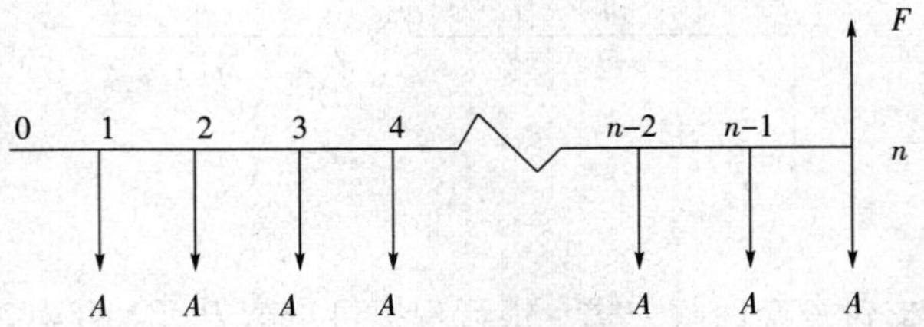

由现金流量图可看出，第 n 年末资金的终值总额 F 等于各年存入资金 A 的终值总和。

$$F=A\left[\frac{(1+i)^n-1}{i}\right]$$

式中$\left[\frac{(1+i)^n-1}{i}\right]$称为等额支付终值系数，可以用符号（$A/F$，$i$，$n$）表示。

（4）等额支付偿债基金公式。等额支付偿债基金公式是等额支付终值公式的逆运算，即已知终值 F，求与之等价的等额年值 A。计算公式可由等额支付终值公式直接导出：

$$A=F\left[\frac{i}{(1+i)^n-1}\right]$$

式中系数$\left[\frac{i}{(1+i)^n-1}\right]$称为等额支付偿债基金系数，可用符号（$F/A$，$i$，$n$）表示。

（5）等额支付现值公式。从第 1 年末到第 n 年末有一个等额的现金流入，每年的金额均为 A，这一等额年值在利率为 i 的条件下，其现值是多少？

计算公式：

$$P=A\left[\frac{(1+i)^n-1}{i\ (1+i)^n}\right]$$

式中系数$\left[\frac{(1+i)^n-1}{i(1+i)^n}\right]$称为等额支付现值系数，用（$P/A$，$i$，$n$）表示。

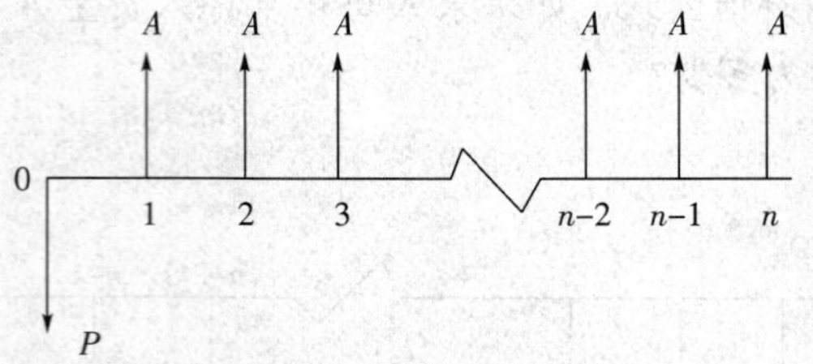

（6）等额支付资金回收公式。银行现提供贷款 P 元，年利率为 i，要求在 n 年内等额分期回收全部贷款，问每年末应回收多少资金？这是以现值求等年值的问题。

根据等额支付现值公式可得：

$$A=P\left[\frac{i(1+i)^n}{(1+i)^n-1}\right]$$

式中系数$\left[\frac{i(1+i)^n}{(1+i)^n-1}\right]$称作等额支付资金回收系数，可用（$A/P$，$i$，$n$）表示。

二、投资项目的静态分析方法

投资项目的经济评价方法，按照对资金时间价值因素的考虑与否，可分为静态分析法和动态分析法。不考虑资金时间价值的分析方法，称为静态分析法。静态分析法计算比较简单，可对若干个方案进行粗略评价，或对短期投资项目作经济分析。目前国内外多采用以下几种静态分析方法。

1. 投资回收期法

投资回收期法也称为投资返还期法或偿还年限法，是指用投资方案所产生的净现金收入回收初始全部投资所需的时间，对于投资者来说，投资回收期越短越好，从而减少投资的风险。投资回收期从工程项目开始投入之日算起，即包括建设期，单位通常用“年”表示。

根据投资及净现金流量的情况不同，投资回收期的计算公式分以下几种：

第一种情况，项目在期初一次性支付全部投资 P，当年产生收益，每年的净现金流量不变，为收入 B 减去支出 C（不包括投资支出），此时投资回收期 T 的计算公式为：

$$T = \frac{P}{B - C}$$

第二种情况，项目现在期初一次性支付投资 P，但是每年的净现金流量由于经营情况的变化而不一样，设第 t 年的收入为 B_t，t 年的支出为 C_t，则能使下式成立的 T 为投资回收期。

$$P = \sum_{t=0}^{T} (B_t - C_t)$$

第三种情况，如果投资在建设期 m 年内分期投入，t 年的投资为 P_t，t 年的净现金流量仍为 $B_t - C_t$，则能使下式成立的 T 为投资回收期。

$$\sum_{t=0}^{m} P_t = \sum_{t=0}^{T} (B_t - C_t)$$

第二、三种情况计算投资回收期通常用列表法求得。

	0	1	2	3	4	5	6
1. 总投资	6000	4000					
2. 收入			5000	6000	8000	8000	7500
3. 支出			2000	2500	3000	3500	3500
4. 净现金流量（2－3）			3000	3500	5000	4500	4000
5. 累计净现金流量	－6000	－10000	－7000	－3500	1500	6000	10000

从表可见，投资回收期在 3 年与 4 年之间，具体的计算公式为：

$$投资回收期 = (累计净现金流量开始出现正值的年份) - 1 + \frac{|上年累计净现金流量|}{当年净现金流量}$$

采用投资回收期进行单方案经济评价时，应将实际的投资回收期 T 与标准的投资回收期 T 进行比较，只有当 $T \leqslant T_b$ 时才认为该方案是可行的，T_b 可以是国家或部门制定的标准，也可以是企业自己的标准，确定的主要依据是全社会或全行业投资回收期的平均水平，或者是企业期望的投资回收期水平。

静态投资回收期可以直观、简单地表明投资需要多少年才能回收，便于为投资者衡量风险。但是，其最大的缺点是没有反映投资回收期以后项目的情况，因而不能全面反映项目在整个寿命期内真实的经济效果。所以投资回收期一般用于粗略评价，需要和其他指标结合起来使用。

2. 投资收益率法

投资收益率是指项目在正常生产年份的净收益与投资总额的比值。其一般表达式为：

$$E = \frac{NP}{P}$$

式中：E 为投资收益率，NP 为正常生产年份或者年平均收益，P 为总投资额。

三、投资项目的动态分析方法

1. 净现值法（Net Present Value）

净现值法是指根据投资方净现值的正负数来确定该方案是否可行的决策方法，如果 NPV >0，表明该投资方案有利可图；如果 NPV =0，表明该投资方案的预期收益刚够还本付息；如果 NPV <0，表明该投资方案会导致亏本。

净现值是指投资回收量（税后现金量）与原始投资量之间的差额。用公式表示如下：

$$\text{净现值} = \text{历年税后现金量} - \text{原始投资}$$

$$\text{NPV} = \sum_{t=1}^{n} \frac{A_t}{(1+i)^t} = P_v$$

式中：i—利率（贴现率）；

P_v—原始投资；

A_t—t 时期税后现金量。

例如：某项目的投资量为3000万元，四年来的税后现金量分别为1500万元、1200万元、900万元和300万元，贴现率为10%，试问该方案是否可以接受？

$$\text{NPV} = \frac{1500}{1+10\%} + \frac{1200}{(1+10\%)^2} + \frac{900}{(1+10\%)^3} + \frac{300}{(1+10\%)^4} - 3000$$

$$= 3236.45 - 3000$$

=236.45（万元）

因为 NPV >0，所以该方案可以接受。

净现值是一个绝对量指标，当多个方案相比较时，如果各个方案的原始投资额不等，则用这个指标计算的结果没有可比性，而要用"现值指数法"来弥补。

2. 现值指数法（Present Value Index）

在备选方案的原始投资额各不相等的情况下，可采用现值指数法来评价各方案的优劣。现值指数是指投资方案未来的税后现金量与原始投资量之间的比率。用公式表示如下：

$$PVI=\frac{\sum_{t=1}^{n}\frac{A_t}{(1+i)^t}}{P_v}$$

当 PVI >1 时，表明备选方案可以接受，其中值最大的为最优方案。

当 PVI≤1 时，则表明备选方案不能接受。

3. 内部报酬率法（Internal Rate of Return）

内部报酬率就是投资方案预期的税后现金量与原始投资量相等，即净现值（NPV）等于零时的利率或贴现率，它明确反映了方案的投资报酬率。用公式表示为：

$$NPV=\sum_{t=1}^{n}\frac{A_t}{(1+r)^t}$$

式中 r 为内部报酬率。例如：某投资项目的原始投资量为 100 万，其他数据如下表所示。

年份	历年税后现金率	9%资金成本率	现值	11%资金成本率	现值
1	200000	0.9174	183480	0.9009	180180
2	300000	0.8417	252510	0.8116	243480
3	500000	0.7722	386100	0.7312	565600
4	200000	0.7084	141680	0.6587	131740
5	100000	0.6499	64990	0.5935	59350
			1028760		980350

从上表的计算得知，当资金成本率为9%时，净现值NPV为1028760 - 1000000 = 28760 > 0；当资金成本率为11%时，净现值NPV为980350 - 1000000 = -19650 < 0。

可见，该项目的内部报酬率在9%至11%之间，设该项目的内部报酬率为x，则$\frac{1028760}{|-19650|}=\frac{x-9}{11-x}$，$x=10.19$，即该项目的内部报酬率为10.19%。

以上是进行投资决策时最常用的几种方法，它们的分析角度不同，各有其利弊，决策者在进行项目优选时，一定要综合分析，根据企业的目标及约束条件，选择不同的评价方法。如果各个项目相互独立，NPV、PVI、IRR可作出完全一致的决策，但当评估项目互相排斥时，一般应该以NPV的评判标准为基准。

[资料]

河南省旅游城市的旅游投资

河南是中华民族的重要发祥地之一，具有灿烂的历史文化和秀美的锦绣河山。河南省政府决定从2000年开始，每年拿出6000万元资金，一方面用于全省旅游基础设施建设和旅游资源开发，另一方面按照国家要求，用于旅游国债项目配套资金。在落实省级配套资金的同时，省政府要求国情项目所在市也必须加大投入，落实好配套资金。2002年，河南省利用旅游国债资金的洛阳市、郑州市、开封市和商丘市都按照国债地方项目配套的要求，积极筹措配套资金。其中，洛阳龙门石窟旅游区环境整治工程，总投资1.1亿元，国债资金安排1500万元，省配套资金达2000万元，其余由该市配套解决；嵩山旅游区基础设施工程，总投资3300万元，国债资金安排1000万元，省配套资金800万元，郑州市和登封市配套资金1500万元；开封宋都景区水系疏浚和环境整治工程，总投资3278万元，国债资金安排1000万元，省配套1300万元，其余由开封市全部配套落实；商丘古城旅游区基础设施建设工程，总投资3110万元，申请国债600万元，省市已落实配套资金1500万元。由于全省上下共同努力，配套资金及时足额到位，确保了建设项目顺利实施。此外，为配合国家旅游局开展的“创建中国优秀旅游城市”活动，加强旅游业的物质文明和精神文明建设，全面提高城市的现代化旅游功能和旅游产业素质，省政府决定对获得“中国优秀旅游城市”的城市实行以奖代补，奖励资金全部用于旅游项目建设。2000 年，省政府共拿出 1600 万元，奖励获得“中国优秀旅游城市”称号的郑州、开封等城市。

【思考题】

1. 旅游投资项目经济评价的方法和内容有哪些？
2. 简述旅游投资决策有哪些方法？
3. 试比较旅游投资风险分析方法。
4. 试述我国旅游投资管理体制的现状及改革方向。
5. 旅游投资的特点及分类有哪些？
6. 旅游投资项目可行性分析的原则是什么？

第九章　旅游经济结构与优化

旅游经济总量的增长和旅游经济结构的优化是旅游经济发展的两个重要方面。尤其旅游经济结构不仅决定着旅游经济总量增长的规模和水平，而且还直接影响着旅游经济效益的提高。本章针对旅游经济结构与优化这一课题，首先阐述了旅游经济结构的概念和特征，对影响旅游经济结构的各种因素进行分析，同时介绍了旅游市场、旅游产品、旅游产业、旅游区域和旅游组织管理等旅游经济结构的内容，探讨了旅游经济结构优化的目标、内容和方法。

第一节　旅游经济结构概述

一、经济结构的概念

所谓结构，是指一个系统各组成部分的比例及构成状况。凡有系统，必有结构，结构和系统是相互联系、互有区别的概念。结构存在于系统之中，系统由结构所组成，结构的性质特征及运行规律决定着系统的功能及特点。国民经济是一个大系统，经济结构就是国民经济系统各组成部分的比例、构成及其相互联系、相互作用的内在形式及状况。经济结构通常有狭义和广义之分，进一步理解经济结构的狭义和广义概念，有利于从社会经济系统的内在特征，动态地考察社会经济的运行过程和状态，从而揭示社会经济运行的客观规律和发展趋势。

狭义的经济结构，一般是指生产关系或生产力结构，具体包括所有制结构、产权结构、社会阶层结构等。而生产力结构则主要表现在产业结构、生产力要素结构及经济技术结构等，其反映了社会生产力发展到一定水平的经济比例和构成关系。广义的经济结构，则是把生产力和生产关系统一起来的社会经济结构，既包括生产关系，又包括生产力。因此，广义的经济结构反映了国民经济系统在总体上由哪些部门构成，具有哪些层次、要素和特点；反映了各部门、各层次、各要素之间是如何相互关联地组成一个有机整体；反映了国民经济系统内部及整体运动和变化的形式、规律及内在动力等。

二、旅游经济结构的特征

旅游业是国民经济大系统中的一个子系统，具有与其自身发展相适应的经济结构。所谓旅游经济结构，就是指旅游业内部各组成部分的比例关系及其相互联系、相互作用的形式。同社会经济大系统和其他经济子系统相比较，旅游经济结构既有一般经济结构所具有的共同特征，又有不同于其他经济结构的典型特征，具体可概括为以下几方面。

（一）旅游经济结构的整体性

旅游业是一个综合性的经济产业，其由食、住、行、游、购、娱等要素所组成并缺一不可，每种要素都体现了旅游经济的一个部分或方面，是从属于旅游经济这个整体的。由于各组成要素的性质和特点不同，任何一个组成要素都不能代替由它们所组成的旅游经济结构。因此，旅游经济结构不仅仅是各组成要素的简单相加，而是根据旅游经济整体发展的需要，按照各要素之间相互联系、相互作用的特点和规律性，形成合理的比例及构成，从而发挥出旅游经济的综合性功能。

（二）旅游经济结构的功能性

结构和功能是密切相关的，经济结构决定经济功能，经济功能又促进经济结构的变化。因此，不同的旅游经济结构必然产生不同的旅游经济功能和旅游经济效益。例如，我国传统的旅游经济结构是以观光型旅游为主的，因此其功能及效益也是同观光型旅游相联系的。随着社会经济的发展，人们的旅游需求有了新的变化，逐渐满足人们放松工作压力和享受生活的需要。一个社会在一定时期评价旅游经济结构功能好坏的标准，就是看旅游经济结构能否有效地提供和满足人们不断变化的旅游需求的功能，能否形成一种自我协调、自我适应、具有充分活力的旅游经济机制，从而促进旅游业快速发展和旅游生产力不断提高。

（三）旅游经济结构的动态性

由于旅游经济系统各要素、各部门及其相互关系是不断变化的，因此旅游经济结构也是不断发展变化的。旅游经济结构的变化不仅有量的变化，而且有质的变化。其量的变化一方面表现为旅游经济规模的增长，另一方面表现为旅游经济各种比例关系的变化。因此，通过对旅游经济结构量的分析，可以把握旅游经济结构在旅游经济发展规模和速度方面的适应性。旅游经济结构质的变化主要表现在旅游经济的效益和水平上，并通过各种量的指标反映出来，但总的情况是表现为旅游业的综合发展水平和经济效益地不断提高。

（四）旅游经济结构的关联性

旅游经济结构与其他产业或部门经济结构的最大差别就在于关联效应较强。从旅游业食、住、行、游、购、娱六大要素看，任何一个要素的有效供给都离不开其他相关要素的配合；从旅游产业中的旅行社、旅游饭店、旅游交通、旅游景点、旅游购物等行业看，任何一个行业的发展都必须以其他行业的发展为条件，都离不开其他行业的密切配合。因此，旅游经济结构较强的关联性，使组成旅游经济结构的各行业、各要素的协调发展成为旅游经济结构协调的重要内容，其中任何一方面的发展薄弱或不协调，都会影响到旅游经济产业整体发展的规模、效益和水平。

三、旅游经济结构的影响因素

旅游经济结构的典型特征，决定了影响旅游经济结构的因素也是十分复杂的，既有自然因素又有社会因素，既有客观因素又有主观因素。通常，对旅游经济结构的影响因素主要有以下几方面。

（一）旅游资源因素

旅游资源对旅游经济结构的影响是至关重要的。传统观点认为旅游资源主要是自然旅游资源和人文旅游资源；而现代观点认为，旅游资源还应包括人才、信息、智力、资金等。旅游资源是旅游业赖以生存和发展的物质基础，其所具有的数量和质量不仅决定着旅游业的发展规模及水平，而且决定着旅游经济结构的功能和属性。因此，正确认识和分析旅游资源的品位、特点、类型及规模，是实现旅游经济结构合理化的重要因素之一。分析旅游资源对旅游经济结构的决定和影响作用，通常应重点考虑以下几方面。

1. 分析自然和人文旅游资源的状况。自然和人文旅游资源是旅游业发展的基础，一个国家所拥有的自然旅游资源和人文旅游资源的状况、规模、品位及特点，直接决定着该国旅游业发展的规模和水平。因此，必须首先分析自然和人文旅游资源的规模、品位及特点，掌握它们的特色和比较优势，才能开发出具有特色和优势的旅游产品，形成具有鲜明特点的旅游目的地，不断提高对旅游者的吸引力，增强在旅游市场上的竞争力。

2. 分析资金和劳动力资源的状况。旅游业是一个高投入、高产出的经济产业，必须投入大量的资金进行旅游产品的开发和建设；同时，旅游业又是以服务为主的行业，劳动力素质的高低直接影响着服务水平的高低。因此，在分析旅游资源因素对经济结构影响的基础上，还必须分析资金和劳动力的状况，既要分析资金和劳动力拥有的数量对旅游经济结构的作用，还要分析劳动力质量对旅游经济结构的影响，以不断提高对资金、劳动力资源要素地投入。

3. 分析智力和信息资源的状况。旅游是一种满足人们身心需求的高层次活动，因而智力资源的开发不仅能更广泛地利用自然与人文旅游资源，还能创造出新的资源，组合成颇具吸引力的旅游产品。智力资源的开发越好，则旅游产品的形象就越好，吸引力就更大。而要有效地开发智力资源，就离不开充分的信息资源，特别是在瞬息万变的国际旅游市场中，及时、准确地掌握市场信息及相关信息，不仅对形成合理的旅游经济结构具有重要的影响作用，而且对旅游经济的良性循环发展也是非常重要的。

（二）旅游市场因素

市场经济作为社会经济运行方式和社会资源配置机制，要求一切经济活动都必须以市场为轴心，按照市场经济规律对社会经济活动进行调节和控制。现代旅游经济是一种以市场为导向的外向型经济，因而其整个经济运行都必须围绕市场来进行。

从旅游需求角度看，旅游者的需求是决定和影响旅游经济结构的关键因素。因为一个国家或地区旅游业发展的规模和水平，主要表现在其对旅游客源市场的拥有数量和水平。而旅游客源地的数量，旅游客源地的社会经济发展水平，旅游客源地的出游人数等，又决定着旅游目的地国家或地区的旅游经济结构及旅游业的发展速度和规模。

从旅游供给角度看，一个地区旅游市场的大小还取决于其旅游产品的供给及旅游服务的水平，它不仅决定着该地区旅游市场接待规模的大小，还决定着旅游市场的开拓发展水平及旅游经济效益的提高。旅游供给规模和水平通常是受旅游开发及投资结构决定和影响的，因此必须根据旅游市场需求变化趋势，有效地增加资金的投入，科学地进行旅游资源的开发，形成合理的旅游产品供给规模和旅游产业结构与区域结构，才能有效地促进旅游经济结构的合理化。

（三）科技进步因素

科学技术是第一生产力，科技进步不仅是现代经济发展的主要动力，也是影响旅游经济发展的重要因素。特别是对于现代旅游经济来讲，科技进步因素对旅游经济结构的作用越来越重要，并从以下几个方面表现出来。科技进步促进人们旅游需求结构的变化。现代科学技术的发展对人们的生活方式产生重要的影响，引起人们消费结构的变化，而人们消费结构的变化又促进旅游需求结构的变化，进而引起旅游产品结构和投资结构的变化，从而增强了对旅游经济结构变动的影响力，促使旅游经济结构在科技进步的基础上实现质的飞跃。民用航空、高速列车等旅游交通技术的发展，主题公园、康体度假和现代娱乐设施的发展，都充分体现了旅游业如何有效地利用现代科学技术，最大限度地满足旅游者的旅游需求。

科技进步直接影响着旅游经济结构的变动。现代科学技术的进步与发展，改变了对旅游资源开发和利用的具体方式，提高了旅游资源的利用效果和水平；促进了旅游交通工具和通讯手段的发达，为旅游活动的有效进行提供先进的工具和手段；加快了旅游设施的建设和发展，丰富了旅游活动的内容，改善了旅游服务的质量，从而直接对旅游经济结构发生影响作用，不断提高旅游业的经济效益和社会效益。科技进步对旅游业的经营和管理等“软”技术方面产生着积极的促进作用，促进现代旅游经济管理的科学化和现代化；科技进步加快了现代信息技术、高新技术在旅游业应用的步伐，提高了现代旅游经济的科学内涵。

（四）社会经济因素

一个国家或地区社会经济发展水平及其为旅游业发展所提供的有利条件或限制因素，直接影响到该地区旅游经济结构的变化及旅游经济的可持续发展。通常，发达的经济条件更容易为旅游业提供各种基础设施、交通运输手段及财力资源，并且往往具有较高的旅游服务和管理水平，从而增强了旅游目的地的吸引力和市场竞争力，促进旅游经济效益和社会效益的提高。

从旅游经济发展的国际比较看，欧洲和北美地区由于经济发达，在从 20 世纪 50 年代以来的半个多世纪中，一直是世界旅游业较发达的区域，其接待国际旅游入境人数占到全球国际旅游入境人数的 80% 左右。又如我国东部沿海地区及大多数中心城市经济一般比较发达，从而也成为我国旅游经济较发达的地区，接待海外旅游者占全国海外入境旅游总人数的60%；而中西部经济欠发达地区，虽然拥有丰富的旅游资源，但开发能力及相配套的社会经济条件薄弱，无法尽快转化为经济优势，使旅游经济的发展较为缓慢。因此，在考虑旅游业发展和旅游经济结构调整时，除了考虑旅游资源、科技进步及旅游市场因素外，也要充分适应不同地区社会经济的发展水平，适度超前发展旅游业通过旅游业，带动地方社会经济发展；同时又根据不同发展阶段的社会经济状况，合理地进行旅游经济结构的调整，实现整个旅游经济与社会经济发展的和谐统一。

（五）政策和法律因素

经济政策和法律、法规是政府部门的重要调控手段之一。运用经济政策和法律、法规，不仅能加快旅游资源的优化配置，促进旅游经济在数量扩张、结构转换和水平提高方面协调发展，实现旅游经济的良性循环；而且有利于促进旅游经济结构的合理化，减少地区间经济差异，实现总体效率与空间平等的统一。尤其旅游业是以市场为导向的经济产业，如果没有国家从政策和法律、法规等方面给予宏观地指导和调控，旅游业不仅不能快速地发展，而且也不可能得到健康地发展。

从政策方面讲，国家对旅游产业的重视和相应的经济政策与规定，不仅对旅游经济的发展具有重要的促进作用，同时也对旅游经济结构的变动及发展具有影响和调控作用。特别是目前国家按照经济发展与经济结构演进规律所制定的一系列政策，对大力发展旅游业，推进旅游经济结构的合理化等，都具有十分重要的影响和促进作用。

从法律方面看，按照旅游经济总体发展的需要，制定有利于旅游经济结构合理化的法律、法规，促进旅游经济结构按照市场经济的要求进行合理地调整；同时根据已有的法律、法规要求，合理地进行旅游产业地组织和旅游区域地布局，有利于促进旅游经济持续快速地发展。

第二节 旅游经济结构的内容

一、旅游市场结构

旅游市场结构，是指旅游市场上旅游需求和供应之间的数量规模和比例关系，其反映了旅游目的地和旅游客源市场之间的供求比例和相互联系。因此，对旅游市场结构地研究，重点是分析旅游需求结构、旅游供给结构及旅游供求相适应的结构状态等方面。

（一）旅游需求结构

旅游需求是旅游者对旅游产品既有购买欲望，又具有支付能力的需求。由于旅游者的收入水平、闲暇时间、兴趣爱好、职业类型、年龄性别、个人修养等方面的差别，导致旅游者需求也千差万别、各不相同，从而形成不同的旅游需求结构。因此，分析和研究旅游需求结构，要着重研究国际旅游市场和国内旅游市场的需求构成及分布状况，着重研究不同性别、年龄、阶层和职业的旅游者构成及需求特点，着重研究不同季节、不同旅游方式（如团队、散客）的需求结构和变化趋势等，从而为旅游经营者开发和提供多种类型的旅游产品，满足旅游者多样化的需求提供科学依据。

（二）旅游供给结构

旅游供给是旅游经营者在一定时期内向旅游者提供的各种旅游产品的总和，是包括旅游住宿、旅游交通、旅游餐饮、旅游景观、旅游购物、旅游娱乐等各种内容的综合性服务。旅游产品是一种综合性产品，不仅要求从供给数量上满足旅游者需求，还要求从供给结构上能够相互配套。因此，分析和研究旅游供给结构，必须研究旅游资源的类别和性质，以开发出具有特色的旅游景观；必须研究各种旅游设施的规模、水平和比例，以形成合理配套的综合接待能力；必须研究各种旅游服务的内容和质量，不断提高旅游服务水平，才能有效地满足旅游者的需求。

（三）旅游供求适应结构

旅游需求与供给都有一定的时空变化，因而旅游供给和需求一旦在数量、规模和比例上相互适应，就实现了旅游市场结构的协调，从而促进旅游经济的发展。但由于旅游需求的变动性和旅游供给的相对稳定性，以及旅游资源分布的不均衡性和旅游活动的季节性等因素影响，使旅游供给和需求在数量、规模、层次、时间和空间比例上往往难以相互适应。因此，为了提高旅游经济效益，避免旅游资源浪费或供给不足，就必须根据实际情况对旅游市场结构中出现的不协调现象进行及时调整，以满足旅游经济发展对旅游市场结构的要求。因此，从旅游供给与需求相适应的情况看，要重点研究在完全竞争、完全垄断及垄断竞争等不同市场结构下，市场供求变化及竞争的特点，以针对旅游市场供需变化，为形成供求适应的市场结构，制定宏观管理政策及微观经营策略提供科学的依据。

二、旅游产品结构

旅游产品是指为旅游者开展旅游活动提供的各种物质产品和服务的总和，它是由各种旅游资源要素所组成的综合性旅游产品，包括各种旅游景观、旅游交通、旅游娱乐、旅游餐饮、旅游住宿及旅游购物等。此外，组合性的旅游线路产品也有不同的规模、不同的日程等，这些不同旅游产品及要素之间的各种组合关系就构成了旅游产品结构。由于旅游产品具有不同于一般物质产品和服务产品的特点，因而研究旅游产品结构也应从不同的方面来掌握。

（一）旅游产品消费结构

旅游产品消费结构，是指旅游者在旅游过程中所消费各种类型的旅游产品及相关消费资料的比例关系，以及旅游者的不同消费层次及水平的比例关系。不同旅游产品及其要素的消费类型主要包括食、住、行、游、购、娱等方面的消费；而不同消费层次及水平的消费类型则主要包括高档消费、中档消费、低档消费或舒适型消费、经济型消费等。

（二）旅游产品要素结构

旅游产品是一种综合性产品，包含食、住、行、游、购、娱等多种要素。因此要从要素结构入手，研究旅游景观、旅游设施、旅游服务及旅游购物品等各自的发展规模、数量、水平及比例状况，从而把握住各种要素的特点及供给能力，为开发旅游产品奠定基础。研究旅游产品要素结构，还要研究各种旅游要素的组合状况，即以旅游景观为基础的各种自然风景和人文风情资源的有机组合，各种旅游设施和旅游服务的配备比例，各种旅游活动的合理安排等，从而组合成综合性的旅游产品，更好地满足旅游者的消费需求。

（三）旅游产品组合结构

旅游产品组合，是按照一定的旅游需求和旅游供给条件，把各种单项旅游产品有机组合起来，形成一定区域内旅游活动的消费行为层次结构。因此，从旅游产品组合结构入手，研究各种旅游线路的设计与单项旅游产品的有机组合，把各个区域旅游产品和专项旅游（如会议、探险、考察、体育等）有机结合起来，向旅游者提供具有吸引力的综合性旅游产品，就成为旅游产品组合结构研究的重要内容。

三、旅游产业结构

旅游产业结构，是指以食、住、行、游、购、娱为核心的旅游业内部各行业间的经济技术联系与比例关系，也就是旅游产业内部的行业（或部门）结构。由于旅游经济具有综合性的特点，从而决定了旅游产业结构具有多元化的性质。一般讲，旅游业主要包括旅游交通、旅游饭店和旅行社，它们被誉为“旅游业的三大支柱”。但是，从旅游业的六大要素看，旅游产业还应包括旅游娱乐业、旅游商品业，旅游景点开发与管理等。从更广泛的角度看，旅游产业还应包括旅游教育培训部门、旅游研究和设计规划部门等。只有从大旅游观的角度来认识旅游产业结构，才能提高对旅游经济重要性的认识，从而确立旅游业在国民经济中应有的地位。

（一）旅行社业

旅行社是依法成立，专门从事招徕、接待国内外旅游者，组织旅游活动，收取一定费用佣金，实行自负盈亏，独立核算的旅游企业。旅行社作为旅游业的“龙头”，不仅是旅游产品的设计、组合者，同时也是旅游产品的营销者，在旅游经济活动中发挥着极为重要的作用。因此，旅行社发展的规模、经营水平及其在旅游产业结构中的比重，直接对旅游经济结构和发展产生重要的影响作用。

（二）旅游饭店业

旅游饭店是为旅游者提供食宿的基地，也是一个国家或地区发展旅游业必不可少的物质基础。旅游饭店数量、饭店客房数和床位数多少标志着旅游接待能力的大小；而旅游饭店的管理水平高低、服务质量好坏、卫生状况及环境的优劣，则反映了旅游业的综合服务水准。因此，对于任何国家或地区而言，没有发达的、高水平的旅游饭店业，就不可能有发达的旅游业，而旅游饭店业的发展规模和结构同样对旅游经济结构和发展产生着重要的影响作用。

（三）旅游交通业

旅游业离不开交通运输业，没有发达的交通运输业就没有发达的旅游业。旅游交通作为社会客运体系的重要组成部分，不仅满足旅游产业发展的要求，同时又促进社会交通运输的发展。特别是旅游交通运输要满足旅游者安全、方便、快捷、舒适等方面的需求，就要求旅游交通不仅具有一般交通运输的功能，还要具有满足旅游需求的功能，从而要求在交通工具、运输方式、服务特点等方面都形成旅游交通运输业的特色。

（四）旅游景观业

旅游景观，是指对各种自然旅游资源与人文旅游资源进行开发而形成的旅游吸引物，包括各类旅游景区景点及特种旅游活动等。具有吸引力的旅游资源是构成旅游景观业的核心内容，也是形成旅游产品的重要内容。因此，必须从整体上把旅游景观业作为旅游产业结构的重要组成部分，通过统一的规划和开发建设，加强统一的宏观协调和管理，使旅游景观业的建设发展与其他部门相协调，形成合理的旅游产业结构，才能促进旅游经济的发展。

（五）旅游娱乐业

旅游是一种以休闲为主的观光、度假及娱乐活动，因而丰富的旅游娱乐不仅是旅游活动中的重要组成部分，也是增强旅游目的地吸引力，提高旅游经济效益的重要手段。随着现代科技进步和发展，旅游娱乐业已成为丰富旅游产品内涵，增强旅游产品吸引力的重要内容。旅游娱乐业在旅游产业结构中的地位日益上升，其促进旅游经济发展的作用也在不断提高。

（六）旅游购物业

旅游购物是旅游活动的重要内容之一，也是在旅游接待规模既定情况下，提高旅游经济综合效益的重要手段。随着现代旅游经济的发展，各种旅游工艺品、纪念品、日用消费品的生产和销售正不断发展，形成了商业、轻工、旅游相结合的产销系统和大量的旅游商品网点，不仅促进了旅游经济的发展，也相应带动了地方民族工业、土特产品轻工业、传统手工业的发展，从而促进了地方社会经济的繁荣。

四、旅游区域结构

一个国家的经济发展及产业布局总是离不开一定的地域空间，只有对各个产业和企业在地域空间上进行合理地配置和布局，才能实现生产力的合理组织，最终实现经济的效率目标与空间平等目标的和谐统一。因此，所谓旅游区域结构是指在一定范围内，旅游业各要素的空间组合关系，即从地域角度反映的旅游市场、旅游区的形成、数量、规模及相互联系和比例关系，或称为旅游业的生产力布局。

旅游区域结构一般包括旅游要素区域结构和旅游经济区域结构两方面。旅游要素区域结构，主要包括旅行社区域结构、旅游饭店区域结构、旅游交通区域结构、旅游商品区域结构、旅游资源区域结构、旅游市场区域结构、旅游流区域结构、旅游投资区域结构等，它们反映了各旅游要素的空间分布与布局、功能分区以及要素与地区间的空间联系状态等。旅游经济区域结构，主要是建立在以特定区域为范围的旅游区、旅游圈、旅游带结构，是构成旅游目的地的重要内容。

研究旅游区域结构，合理布局旅游生产力，有利于充分有效地利用各区域的旅游资源、经济资源和劳动力资源，发挥资源优势和比较优势，调动各区域的积极性，促进区域旅游经济的发展；有利于以有限的资金投入，促进旅游经济的最佳地域组合，促进旅游区域的联合与协作，从而提高旅游经济的综合效益；有利于保护环境和生态平衡，保障城乡居民生活环境和生活质量，保护旅游业赖以生存和发展的自然物质基础，保证旅游经济与生态环境有机协调起来，以旅游开发促进环境保护，以环境保护促进旅游发展，真正形成旅游经济发展与环境保护的良性循环，实现旅游经济地可持续发展；有利于在建设社会主义市场经济体制中，充分发挥政府宏观调控的主体作用，通过制定旅游区域经济政策，为不同地区、不同阶段的旅游经济发展提供政策依据及指导，使不同地区从旅游市场出发，结合自身的资源优势，制定旅游业发展规划，促进旅游经济的发展。

五、旅游投资结构

旅游投资结构，是指投资额在不同旅游建设项目之间，不同旅游目的地之间的比例关系，其对于旅游市场结构、旅游产品结构、旅游产业结构、旅游区域结构等都会产生不同程度的影响。旅游建设项目从不同角度可分为不同的类型。从建设内容可分为旅游基础设施项目、景区项目、旅游饭店项目、旅游教育项目、旅游交通项目、旅游购物开发项目、旅游环境保护项目，等等；从项目规模可分为大型、中型、小型项目；从建设项目的性质可分为新建项目、改建项目、续建项目、扩建项目；从地区分布可分为旅游业发达地区、欠发达地区、不发达地区；从旅游投资来源可分为国家投资、地方政府投资、旅游企业投资和社会融资等。

由于旅游投资的目的、方式、途径各不相同，故不同投资来源也导致旅游投资结构不同。从中国的实际看，旅游投资一般来源于国家投资、利用外资、银行贷款、社会融资和自筹资金五方面。国家投资一般是指纳入各级政府财政预算的旅游投资，其主要用于旅游基础设施建设；利用外资是指利用外国政府、银行、国际金融组织、各种国外基金组织的资金和外商直接投资等，其既可用于旅游基础设施建设，又可用于经营性投资；银行贷款是有偿向银行借用的资金，大多数是用于流动资金，但也可用于旅游基础设施、接待设施等方面地建设；社会融资是通过发行股票、债券等方式从社会募集资金来投入旅游开发和建设；自筹资金是由地方政府或旅游企业自行筹集的不属于以上范围的资金，其筹集和使用方式比较灵活多样。

六、旅游组织管理结构

旅游经济结构不仅包括生产力方面的结构，也包括生产关系方面的结构。因此，所谓旅游组织管理结构，是从生产关系角度研究旅游经济的所有制结构、企业规模结构和相应的体制结构等。

旅游经济所有制结构，反映了旅游业所有制关系的构成及比例。分析旅游经济所有制结构的特点、运行状况及发展趋势，既有利于发挥各投资主体的作用；又有利于不断改革探索，促进社会经济的发展，增强旅游经济的内在活力和外在动力，从而进一步加快旅游经济的发展。

旅游企业规模结构，反映了旅游企业大、中、小结构比例和旅游企业集团化发展的状况。旅游企业大、中、小规模结构是由客观条件所决定的，是在市场竞争中，通过市场竞争而逐步形成，相对稳定。旅游企业遵循规模经济和集约化经济的市场竞争要求，逐步形成一些紧密型与松散型相结合的大企业集团，如饭店管理公司、旅游集团公司等，其有利于增强旅游企业的竞争力和提高经济效益。

旅游管理体制结构，是从宏观角度所表现的有关旅游行业的政策保障体系、行业管理体制及实施手段体系的状况。随着中国经济体制改革从计划经济向市场经济转变，经济增长方式从数量扩展型向综合效益型转变，以及旅游经济地快速发展，中国旅游业正逐步形成以政府行业管理为指导，旅游企业为主体，中介组织为辅助的，集旅游政策保障体系、旅游法律法规体系和旅游宏观调控体系为一体的旅游管理体制结构。

第三节　旅游经济结构优化的重要意义

一、旅游经济结构优化的概念

旅游经济结构优化，是指整个旅游经济结构的合理化和高度化。旅游经济结构的合理化，是指在现有经济技术基础上，旅游经济内部各种结构保持较强的互补性和协调性，具有符合现代旅游经济发展要求的比例关系，从而实现整个旅游经济的持续稳定地发展。旅游经济结构的高度化，是指在旅游经济合理化的基础上，充分应用现代科学技术成果，有效利用社会分工的优势，不断提高旅游业的技术构成和旅游生产要素的综合利用率，促进旅游产出向高附加值方向发展，不断提高旅游经济的综合效益。旅游经济结构的合理化和高度化，是旅游经济结构优化的两个相辅相成的重要内容和目标，它们既相互联系，又有区别，具体表现在以下几方面。

（一）旅游经济结构合理化是高度化发展的前提和基础

旅游经济结构合理化，是使旅游经济活动中各种因素或结构之间在各种数量、规模的比例方面形成一种动态协调，以有利于旅游经济顺利地发展；而旅游经济高度化是以技术进步为标志，是一个不断创新发展的动态过程。因此，旅游经济结构高度化必须以合理化为前提和基础，没有旅游经济结构的合理化则高度化就失去了依存的条件，不但不能促进旅游经济地协调发展，甚至会引起旅游经济结构的失衡而制约旅游经济的发展。只有当旅游经济结构实现了合理化，并且其结构效益积累到一定水平，才可能推动旅游经济结构向高度化发展。

（二）旅游经济结构高度化是合理化发展的方向和目标

旅游经济结构合理化发展的方向和目标，就是要不断适应社会经济发展的需要，努力推进旅游经济结构的高度化，以满足人们不断增长的旅游需求。因为人们的旅游需求是随着物质文化生活水平的提高而不断变化的，尤其是现代科技进步对人们的物质文化生活有较大的影响，如果旅游经济结构不以高度化为发展方向和目标，就难以满足人们日益变化的旅游需求，旅游经济结构也无法实现更高层次上的合理化。因此，旅游经济结构合理化是一个动态发展的过程，其以高度化为发展方向和目标，通过不断应用现代科学技术，调整旅游经济结构，提高旅游经济的外部适应性，促进旅游经济地高度化发展。

（三）旅游经济结构合理化和高度化是相互促进的

通常，在旅游经济发展的不同阶段和不同时期，旅游经济结构的合理化和高度化发展的目标是不一样的。在某一发展时期，当旅游经济发展缓慢、结构性矛盾突出情况下，就必须对旅游经济结构进行合理化调整，以缓解结构性矛盾，保证旅游经济稳定协调地发展；当旅游经济结构基本协调，而旅游需求结构变动较大时，就要积极推进旅游经济结构的高度化，以增强旅游经济结构的转换能力，提高结构生产力和发挥结构的联动功能，促进旅游经济地快速发展。因此，旅游经济结构的合理化和高度化的区分是相对的，在旅游经济发展过程中它们是相互渗透、相互联系而共同发挥作用的。

二、旅游经济结构优化的标志

旅游经济结构优化并不是一个抽象的概念，而是有具体的评价标准的。尽管由于各个国家在旅游经济发展水平，旅游经济结构形成的历史背景方面的不同，从而导致各国旅游经济结构优化的标准存在着差别，但旅游经济结构作为一种客观经济活动的实体，却有着普遍意义的优化标准，具体表现在以下几方面。

（一）旅游资源配置的有效性

在现实旅游经济中，旅游资源的稀缺性和旅游需要的无限性是客观存在的矛盾，因此旅游资源配置的有效性是衡量旅游经济结构优化的基本标志之一。通常，合理的旅游经济结构应能够充分、有效地利用旅游资源及人、财、物力要素；能够较好地利用国际分工的条件，发挥自身的比较优势，实现旅游资源要素的最佳配置；能够促进旅游资源的保护和适度开放，尽量保持旅游资源的有效使用和永续利用。

（二）旅游产品类型的多样化

由于人们旅游需求的千差万别、多种多样，决定了旅游产品类型的多样化发展。在旅游经济发展初期，大多数旅游产品是以观光旅游产品为主，但随着社会经济的发展和人们生活水平的提高，人们的旅游需求从观光旅游向休闲度假、康体娱乐、科考探险、商务会展等多方面发展，从而要求旅游产品必须向多样化发展，才能满足人们多样化的旅游需求。

（三）旅游产业结构的协调性

旅游经济结构优化的重要标志之一，就是旅游产业结构演进和内部构成的合理化和高度化，从而促进旅游产业结构地协调发展。因此，合理的旅游经济结构应能够使旅游业内部各产业、各部门保持合理的比例关系；能够相互配合、相互促进地协调发展；能够有效地促进旅游生产、流通、分配及消费地顺利进行；能够不断调整旅游供给和需求处于协调发展的状态，使旅游业的综合生产力不断提高，促进整个旅游经济动态协调地发展。

（四）旅游区域布局的合理性

任何旅游经济活动都必须在一定的空间范围内进行，因此旅游区域布局的合理性也是评价旅游经济结构优化的重要标志之一。通常，合理的旅游经济结构应遵循旅游经济发展的客观要求，形成包括旅游景点、旅游景区、旅游经济圈、旅游经济带在内的合理的旅游区域布局，才能树立整个旅游目的地的整体形象，提高国家或地区旅游经济的综合生产能力，提高整个旅游经济的综合效益。

（五）旅游科技应用的广泛性

现代旅游经济是一种依存性很强的经济，其不仅以相关经济产业的发展为基础，更是依赖现代科技地广泛应用。在旅游产业中的各个部门无一不利用现代科技来谋求健康地发展，从旅游交通、旅游娱乐、旅游购物、旅游景区景点等，都必须应用现代科技来提升竞争力；而旅游宣传促销、旅游教育、旅游规划与开发、旅游经营管理更离不开对现代信息技术和高新技术地应用。

（六）旅游经济发展的持续性

良好的生态环境是旅游经济可持续发展的前提和基础，也是旅游经济结构优化的重要标志。合理的旅游经济结构应能够促进生态环境的保护和改善，即随着旅游经济地发展，不仅保护自然旅游资源和人文旅游资源不受破坏，而且进一步美化和改善生态环境，使旅游业发展与生态环境地保护有机地融为一体，实现经济、资源和环境的良性循环，促进旅游经济持续稳定地发展，促进社会经济效益不断提高，促使国家经济实力不断增强。

三、旅游经济结构优化的意义

旅游经济结构优化对旅游经济发展具有十分重要的意义，因为旅游经济的持续发展取决于旅游经济结构的优化，而旅游经济结构的优化不仅是旅游经济发展的战略目标，也是旅游生产力体系形成的客观要求，是旅游经济实现良性循环发展的根本保证。

（一）旅游经济结构优化是旅游经济发展的战略目标

在传统的经济体制下，人们往往把经济发展的总量增长和速度作为经济发展目标，因而在讲到旅游经济发展战略时，也往往过分强调发展指标和增长速度，忽略了旅游经济结构和效益。事实上，旅游经济总量的增减和发展速度的快慢不一定反映生产力水平的提高或降低，而旅游经济结构的优劣则明显反映出生产力水平的升降和旅游经济效益的好坏。因此，数量扩展型的旅游经济增长未必带来经济效益的提高，相反引起投入量的增加和结构失衡，最终使整个旅游经济发展不协调；而质量效益型的旅游经济增长依赖于技术进步和结构优化，旅游经济结构合理而优化，既有速度，又有效益，从而能实现旅游经济长期持续协调地发展。

（二）旅游经济结构优化是旅游生产力体系形成的要求

生产力经济学认为："生产力是由相互联系、相互依存、相互制约的各种因素所构成的有机整体，各个因素必须质量相适应，数量成比例，序列有秩序，才能形成合理的生产力结构，才能有效地实现人与自然之间的物质变换过程。否则，就不能形成合理的结构，不能构成有效的生产能力。"旅游业是一个综合性的经济产业，旅游经济各部门，各要素的发展规模、速度和水平，如果不能相互适应形成一定的数量比例和合理的序列结构，就不能形成旅游生产力体系，从而就不能发挥出应有的功能。因此，要促进旅游经济的发展，就必须形成有效的旅游生产力体系；而要形成有效的旅游生产力体系，就必须努力实现旅游经济结构的合理化，推动旅游经济结构地高度化发展，才能不断提高旅游经济结构的生产力和效益。

（三）旅游经济结构优化是旅游经济良性发展的根本保证

旅游经济的良性发展通常表现为旅游经济各部门、各要素比例协调地发展。如果比例不协调，经济发展大起大落，则是不良循环的反映。虽然通过宏观调控的手段可以使旅游经济比例关系暂时协调，但随着旅游经济的继续增长，又会出现新的比例失调。因此，要解决旅游经济的平衡协调发展问题，最根本的还是从旅游经济结构优化入手。只有从根本上实现了旅游经济结构的合理化，不断促进旅游经济结构的高度化，才能使旅游经济发展实现速度适当、效益良好，最终进入持续协调发展的良性循环中。

（四）旅游经济结构优化是提高旅游经济综合效益的手段

旅游经济结构优化的根本目的是使旅游资源得到合理地开发利用，旅游供给体系趋于完善，形成旅游区域结构新格局，使旅游产业外部和内部各种重要比例不断趋于协调，并向高度化方向发展，从而充分有效地发挥旅游业的产业功能和经济优势，全面提高旅游经济的综合效益。旅游经济结构优化的目标和内容，包括旅游经济各种结构都必须处于合理化和高度化的发展状态中，而且各种结构之间的相互作用、制约的关系必须有利于各种结构保持合理化发展的状态。其中旅游产品结构、旅游市场结构、旅游产业结构和旅游区域结构的优化又在整个旅游经济结构的合理化中居于重要地位。

第四节　旅游经济结构优化目标和内容

一、旅游产品结构优化目标和内容

旅游产品结构优化的目标，是指各种旅游产品之间在规模、数量、类型、层次等各种指标的比例方面形成一种协调的组合关系，其包括各种旅游产品之间要保持合理的数量比例关系，同种旅游产品在不同消费者类型之间要保持合理的数量比例关系等。

（一）加强旅游产品的开发

大多数旅游产品都是由单项旅游产品组合而成的，任何单项旅游产品地缺少、不足或过多都对旅游产品结构的优化产生影响。因而必须对各种单项旅游产品的开发都给予重视，不能因收益回报少而忽视对某些单项旅游产品地开发，也不能因某种单项旅游产品的收益大而一哄而上。有些单项旅游产品特别是旅游景区景点，一旦经过开发引导，就成为旅游产品结构中不可缺少的重要的一环，若开发不足势必降低旅游产品的吸引力。

（二）优化旅游产品的结构

旅游产品结构不是一个静止的结构，而是在不断地发生运动和变化的。随着旅游者消费需求的提高和多样化，会对旅游产品类型和产品层次提出新的要求。如旅游者需求由观光旅游需求发展到对度假旅游的需求；由对普通交通工具的需求变为对高级交通工具的需求等。因此，要求旅游经营者时刻跟踪旅游需求地变化，及时对旅游需求结构作出准确地预测，以适时调整现有旅游产品结构。此外，为延长现有旅游产品的生命周期，也要重视对现有旅游产品的挖潜、更新和提高工作，进行深层次开发，创造出新的价值，在满足旅游需求的同时，保持旅游产品结构的优化。

（三）培育名牌旅游产品

名牌旅游产品是旅游产品结构的核心，也是使旅游活动具有吸引力的基础，其在旅游产品结构中占有举足轻重的地位。因此，在旅游资源开发中既要重视对具有特色及吸引力强的旅游产品的开发建设，又要注意丰富旅游产品的类型和数量，尤其是通过加强名牌旅游产品的开发，促进整个旅游产品结构的优化。要通过对优势旅游资源和特色旅游产品的开发同时，开发更多的、内容丰富的一般旅游产品来增加旅游环境的容量，通过培育名牌旅游产品来吸引更多的旅游者，实现既增加旅游经济效益，又促进生态环境的保护。

二、旅游市场结构优化目标和内容

旅游市场结构的优化目标，是在促进旅游供给和需求动态均衡发展的基础上，不断扩大旅游客源市场规模，增加消费支出高的旅游者，提高旅游创汇收入和旅游经济总量的数量和水平。根据旅游市场结构优化的目标，其主要内容是通过调整旅游市场客源结构，努力开拓高素质的旅游客源。所谓高素质的旅游客源，主要是指具有高需求、高消费、高素养的旅游者。

（一）高需求旅游者

高需求旅游者，是指对旅游产品的内容和服务质量的要求越来越高，不仅要求旅游活动的内容更加丰富多彩、类型多样；而且要求服务质量能够更加优质化和个性化，能够充分满足每个旅游者的需求。随着人们收入水平和生活质量的日益提高，随着带薪假日的增多，高需求旅游客源市场不断扩大已成为国际旅游市场的发展趋势。因此，要不断扩大旅游市场的范围和规模，就必须顺应国际旅游的发展趋势，开发多样化的旅游产品，提供优质化和个性化的旅游服务，满足旅游者的高需求，才能不断增加旅游者的数量和规模。

（二）高消费旅游者

高消费旅游者，是指旅游者在旅游目的地的人均消费水平高，尤其是具有高需求的旅游者通常都具有高消费的经济能力和条件。根据调查，旅游者的高消费支出取决于旅游产品和服务质量。通常，休闲度假、康体娱乐、会展商务、科考探险旅游产品的消费支出都比观光旅游产品高。因此，要通过开发多样化的旅游产品，进一步提高旅游设施质量和服务水平，丰富旅游活动的内容和形式，提供更方便的旅游通达条件和更优质的旅游产品，在满足旅游者多样化需求，延长旅游停留时间的基础上，才能不断增加旅游者消费支出，增加旅游业的总收入。

（三）高素养旅游者

高素养旅游者，是指旅游者的文化素养较高，旅游环境保护意识强，尤其是随着人们对“回归自然”的追求和对生态环境、文化遗产保护意识的增强，高素养的旅游者具有更强的环境保护意识和文明的旅游行为。增加高素养旅游者的数量，不仅有利于加强对生态环境和历史文化遗迹的保护，促进旅游经济的可持续发展；而且有利于增加旅游者消费支出，减少追加的环境保护成本，从而提高旅游经济效益和社会、生态环境效益，实现旅游经济地良性发展。

三、旅游产业结构优化目标和内容

旅游产业结构优化的目标，是指旅游业内部各行业之间形成协调的数量比例和经济技术关系。其包括旅游产业在类型、规模、发展水平等各方面结构的合理化和高度化。为了实现旅游产业结构优化的目标，必须针对以下内容采取有效的对策和措施。

（一）坚持宏观调控与市场调节相结合

在旅游产业结构优化过程中，宏观调控与市场调节分别具有不同的优越性。从宏观上，国家对旅游经济结构中的不合理状况，可以通过行政手段、预算投资及价格、利率、税收等宏观调控措施强制性地、及时地进行调整，从而避免市场失效和市场调节的滞后性。但市场的复杂性及其运行的规律性又决定了市场调节也具有不可替代的基础性地位和作用，旅游行业的供给结构总是受着旅游市场需求的引导。

（二）坚持主导行业与关联行业相适应

在旅游产业结构中，旅行社在各行业中处于中心地位，起主导作用，它是联系各行业的纽带。因此，要充分发挥它的“龙头”带动作用，并与其他行业形成合理的比例关系。同时，也要深入研究旅游市场的发展趋势，根据旅游市场需求变化特点，分析和研究不同旅游行业的变化趋势，着重解决“瓶颈”行业的制约，及时调整相关行业的供给及运行状态，保持整个旅游产业结构的合理性，才能适应旅游经济发展的要求。

（三）加快旅游企业的集团化发展

加快旅游企业集团化发展是旅游产业结构高度化的重要内容。国际经验表明：专业化、综合性强的企业集团是增强旅游竞争力的重要手段，它能够发挥规模经济的优势，降低旅游市场风险，是旅游产业结构合理化和高度化的重要措施之一。组建大型旅游集团，形成旅游开发、经营、管理的一体化；促进所有制结构调整，实现旅游经济所有制结构的合理化；加强旅游集团的科学管理和现代化管理，不断提高旅游企业经营管理的国际化水平，依靠科技促进发展，依靠管理增加效益。

四、旅游区域结构优化目标和内容

旅游区域结构优化的目标，是指根据不同地区旅游资源和社会经济发展的差异性，合理布局旅游生产力，形成各旅游区在旅游产品数量、规模上的合理比例及相互联系，提高旅游目的地的整体竞争力。实现旅游区域结构优化目标，应切实按照以下要求，促进旅游区域结构的合理化和高度化发展。

（一）突出重点发展的原则

旅游区域布局应按照区域经济发展理论，遵循突出重点的原则，加强对重点旅游区、旅游城市及旅游路线的建设和发展。应根据旅游市场需求变化和发展趋势，重点加强具有一定知名度的旅游区的配套建设及旅游度假区的开发，通过重点建设一批融观光、度假及文化娱乐为一体的旅游区，尽快形成具有相当产业规模的综合接待能力，增强对国内外旅游者的吸引力；应加快对重点旅游城市的配套建设，特别是对旅游中心城市进一步深度开发，提高综合接待能力，充分发挥旅游中心城市的作用，增强对邻近地区和全国的辐射功能，成为旅游经济发展的“增长点”；要重点扶持和建设一批具有发展潜力，经济效益好的旅游路线，开展多种专项旅游，丰富旅游的内容，增强旅游经济发展的后劲。

（二）遵循点—轴发展的规律

所谓旅游点—轴发展规律，就是以建设国际化旅游城市为依托，形成“增长点”，再以“点”带“面”，经过辐射扩散作用，发展旅游区，带动整个区域旅游经济的发展。按照点—轴发展规律的要求，首先要加快重点旅游区和国际化旅游城市的建设，在重点旅游区和旅游城市中，有选择地建设一批具有国际化标准和功能的旅游城市和旅游景区，形成旅游经济发展的“增长点”。然后，依托这些“增长点”的辐射扩散作用，不断向周围地区扩散，并形成旅游经济圈和旅游经济带，带动相应地区旅游经济跳跃式地发展，从而促进整个旅游经济区域的形成，推动整个旅游经济区域的发展。

（三）强调合理分工、互相补充

旅游区域布局必须遵循合理分工、突出特色、互相补充的原则，根据各区域间旅游经济的发展水平及区位状况，进行合理的分工和布局。各地区应根据自身的旅游资源优势和区位条件，根据旅游市场需求而开发和建设与经济发展相适应的旅游产品，并和相关地区旅游经济结构形成合理的分工和布局。在注意突出各自的优势和特色时，要强调互补互济，形成各地区之间旅游资源互补、旅游市场互补、旅游产品互补、旅游优势互补，从而促进整个旅游生产要素地流动和有效利用，提高旅游经济的整体效益。

（四）积极发展国内外区域的合作

旅游业是一个开放型的经济产业，封闭是不能发展的，因而必须加快对外开放，积极发展国际国内的旅游合作。要按照旅游经济的内在联系，以区域经济理论为指导，加强各地区之间的旅游区域联合和协作，逐步形成具有一定规模、具有一定水平和各具特色的区域旅游网，提高区域旅游的整体竞争能力。要积极发展国际区域合作，参与国际市场竞争。特别是要顺应目前国际经济区域一体化的趋势，打破边界约束，寻求更大范围内的区域旅游合作，增强中国旅游业在国际旅游市场上的联合竞争能力，为进一步开拓国际旅游市场拓展新的途径。

[资料]

中国旅游饭店业的竞争格局与态势

中国的旅游饭店业是改革开放后较早开放的行业之一，作为旅游业的三大支柱产业之一，二十多年来取得了长足地发展，到 2001 年底全国共有星级饭店 7348 家。然而，在表面强大的市场阵容下面，经济效益却不容乐观。据有关资料显示，自 1995 年后，全国旅游饭店的利润额呈直线下降趋势，至 1998 年旅游饭店业则出现全行业亏损的局面，2000 年亏损虽然较 1999 年有大幅度减少，但亏损总额仍达 26 亿元。随着中国加入世贸组织，国内市场国际化、国际竞争国内化的态势将进一步加剧。面对国内日趋激烈的竞争现状和国际竞争的强大压力，必须全方位分析中国旅游饭店业的竞争格局和发展态势，及时讨论并提出有效的对策措施。

(一) 从产业结构看，中国旅游饭店业出现了严重的结构性过剩

在过去二十多年中，饭店数量的增幅明显高于客人的增幅，从而出现了总量相对过剩的局面。不仅如此，由于旅游饭店结构不合理，直接导致了严重的结构性过剩的局面。主要表现在以下两个方面：

一是旅游饭店的档次结构不合理。到2001年底，全国高、中、低档饭店数分别是570家、6025家和753家，比例为0.8∶8.2∶1.0，与发达国家1∶4∶5的比例存在着较大的差距，明显存在着档次结构上的失调，高、中档饭店过于集中。虽然按C_4法计算的产业集中度标准测算，饭店市场的产业集中度远远低于垄断标准，但在高档次市场上，一些知名的品牌已占据了一定的市场，造成相对垄断的局面。因此，旅游饭店发展失控，主要是高、中档饭店的数量太多，增长速度太快，进而引起业内发展消极的连锁反应。

二是旅游饭店业的区域结构不合理，空间分布结构不均衡。全国旅游饭店相对集中于东部地区，中西部地区分布较少，特别是高档饭店主要分布在北京、上海、广东三省市，造成了部分区域出现结构过剩的局面。旅游饭店业结构过剩，是导致行业内部竞争激烈、经济效益低下的主要原因之一。

(二) 从竞争的态势上看，过度竞争的表面下，竞争空间拓展存在相对不足

全国旅游饭店业竞争激烈，处于过度竞争的态势，对此已经有许多论文做了充分论证，但也应看到，中国旅游饭店业还存在着巨大的发展空间。主要表现在以下方面：

一是旅游饭店的低档市场进入企业少，存在着巨大的市场空间。到2001年年底，全国仅有一星级饭店753家，随着国内旅游业的兴起，旅游市场对低档次经济型饭店的需求将日益显露，低档旅游饭店远远不能满足日益增长的市场需求。

二是中西部旅游饭店分布较少，随着西部大开发地进一步开展，特别是西部旅游发展战略的实施，中西部对旅游饭店需求将进一步扩大。

三是旅游饭店业的竞争手段不足。旅游饭店业的竞争手段可分为价格竞争和非价格竞争（如服务、品牌、技术、知识、文化等），然而，中国旅游饭店目前的竞争主要还集中在价格竞争层面上，非价格竞争程度低。因此，旅游饭店

可以通过创新现代企业管理及营销理念来增强企业的新竞争能力；通过市场细分来确定目标市场，开展专业化经营；通过品牌化提高饭店知名度等，这些都将为中国旅游饭店提供广阔的发展空间。

（三）从竞争的产权主体上看，国有旅游饭店竞争处于劣势，内资旅游饭店整体竞争力不强

从下表可以看到，国有饭店比重大，但多数竞争力不强，出租率仅55.13%。另据统计，2001年国有饭店的全员劳动率只有5.78万/人，而国际集团的全员劳动生产率则是13.12万/人，后者是前者的2.26倍。此外，集体饭店、私营企业等内资饭店的客房出租率远远低于股份制、外资及港澳台商投资的饭店企业。伴随着入世规则实施，外资进入中国市场的步伐将进一步加快，国内市场国际化、国际竞争国内化的态势将进一步加剧，如何提高国有饭店及内资饭店的竞争力是亟需考虑的问题。

表9-1　2001年不同经济类型星级饭店规模及经营状况

经济类型	饭店数（家）	客房数（万间）	床位数（万张）	营业收入（亿元）	客房出租率（%）
国有经济	4339	42.83	84.93	316.9	55.13
集体经济	790	6.38	11.77	42.19	59.25
股份合作企业	115	4.24	5.81	15.96	60.71
联营企业	97	1.02	1.93	10.85	57.44
有限责任公司	477	5	9.19	48.81	62.38
股份有限公司	276	3.84	6.98	46.14	64.73
私营企业	351	2.77	5.37	12.83	56.52
其他内资企业	321	2.95	5.54	20.68	59.42
港澳台商投资企业	324	6.78	11.7	135.91	64.65
外商投资企业	268	5.82	10.07	112.96	64.15
合计	7358	81.63	153.31	763.32	58.45

摘编自潘肖澎、张丽："我国旅游饭店业的竞争格局及对策初探"，《旅游调研》，2003年第2期

【思考题】

1. 何为旅游经济结构？其有何特征？
2. 结合实际，阐述旅游经济结构的影响因素。
3. 分析旅游经济结构合理化和高度化的关系。
4. 旅游经济结构优化具有哪些标志？
5. 实现旅游经济结构优化有何意义？
6. 为什么说高素质客源是旅游市场结构优化的重要内容？

第十章　旅游经济效益与评价

提高经济效益是旅游产业及其企业追求的经营目标，是判断旅游业对国民经济贡献大小的主要标志，也是旅游业可持续发展的客观要求。因此，本章着重分析旅游经济效益的概念，以帮助读者掌握旅游经济效益的特点及影响因素；并分别从旅游微观经济效益与旅游宏观经济效益两个层次对旅游经济活动的成果进行分析；介绍衡量旅游经济效益的指标因子，以探讨提高旅游经济效益的途径；并介绍从产业角度来评价旅游经济效益的方法——旅游产业关联度分析。

第一节　旅游经济效益及评价内容

一、旅游经济效益的概念和内涵

旅游经济效益是在合理利用资源和保护环境的条件下，在旅游经济活动过程中劳动占用和劳动耗费同劳动所得的对比关系，即费用和效用的比较。在这里既要强调在旅游经济活动中劳动时间的节约，追求投入与产出的对比效益；同时还要强调旅游社会效益，要合理利用资源和保护周围环境。

旅游经济效益的内涵十分丰富，可从以下三个方面概括：

（一）经济效益、社会效益与环境效益

旅游活动首先会为旅游活动发生地创造经济效益，改善人们的生活状况，为旅游企业创造利润，为当地政府以及国家增加税收。旅游同时会产生社会效益，表现为促进各相关经济与非经济部门地发展，扩大就业，提高人们的生活水平，提高人们的文化水平和素质。旅游的环境效益是指旅游活动对自然环境与生态平衡的贡献与影响。旅游资源开发利用的好坏直接关系人类生存与经济效益。在美化环境、保护资源，保持生态平衡过程中，不仅提高了旅游的经济效益，也提高了整个社会的经济效益。

在本质上旅游经济效益、旅游社会效益与旅游环境效益是一致的，但三者不一致的现象也经常发生。尤其是在一些地区的旅游业发展中，片面追求经济效益而忽略了社会效益与环境效益。

（二）直接经济效益与间接经济效益

旅游业投入的劳动与取得的劳动成果的比较是旅游的直接经济效益。旅游业是具有很强带动性的产业，旅游业的发展对相关行业、部门以及整个国民经济产生效益，这是旅游的间接经济效益。

（三）长远效益与短期效益

发展旅游业不仅要追求短期效益，更要有战略眼光，注重长远效益，但在实际工作中，往往只注意追求眼前的既得利益，盲目开发，掠夺经营，用眼前的利益换取长远地、持续稳定地发展。旅游经济长远效益与短期效益的统一才是旅游经济效益的内涵所要求的。

旅游经济效益按照范围又可以分为旅游企业经济效益与社会经济效益，它们分别从微观与宏观两个方面反映旅游经济效益的大小。

二、旅游经济效益的特点

旅游业作为一个综合性的经济产业，有其自身的特点和运行规律。因此，旅游经济效益既有和其他经济活动相似的特点，又有区别于其他经济活动的不同特点，具体表现在以下方面。

（一）旅游经济效益是微观经济效益与宏观经济效益的统一

旅游经济活动通常由旅行、餐饮、住宿、交通、购物、娱乐等多种活动组成，因而旅游经济效益实质上是食、住、行、游、购、娱等多种要素综合作用的结果，而各种要素作用发挥的好坏，最终必然体现在食、住、行、游、购、娱一系列旅游经营企业的经济效益上。同时，旅游经济效益不仅体现旅游企业的经济效益，使旅游经济活动的主体及其组织得以生存和发展；而且还要体现整个旅游产业的宏观经济效益，并通过旅游经济活动及其较强的产业带动效应，把旅游经济活动所产生的经济效益辐射、渗透到其他产业和部门，促进人们生活质量的改善和提高，从而充分体现出旅游经济的宏观效益及社会价值。

（二）旅游经济效益的衡量指标是多方面的

在市场经济条件下，旅游经济活动必须面向市场，以旅游者为中心。这就要求旅游经营部门和企业在组织旅游活动时，必须树立为旅游者服务的经营思想和观念，从旅游者的消费需求考虑，尽可能提供适销对路、物美价廉的旅游产品和服务，这是获取经济效益的前提。在充分满足人们旅游消费需求的基础上，取得合理的经济收入和利润，不断提高旅游业的宏、微观经济效益。因此，无论从宏观层面还是从微观层面来衡量旅游经济效益，均可采用多方面的指标体系进行综合分析和评价，如接待游客人数、游客逗留天数、旅游收入、旅游外汇收入、旅游利润和税收、客房率、游客人均消费、游客投诉率、资金利润率、成本利润率以及服务质量等多项指标。

三、旅游经济效益的评价内容

（一）旅游经济效益的分析内容

旅游经济效益是在合理开发利用旅游资源和环境保护的前提下，对旅游产品的投入与产出的比较。这种比较通常用价值形式表示，比较的方式有两种：一是旅游经济所得与所费之间的差额，即旅游经济净收益；二是旅游经济所得与所费之间的比值，即旅游经济效率。所以，旅游经济效益是旅游经济净收益与旅游经济效率的综合。从这个意义上说，旅游经济效益是在合理开发利用旅游资源和环境保护的前提下，人们在旅游经济活动中所得与所费之间的数量对比关系。

$$\text{旅游经济效益} = \frac{\text{旅游劳动所得} - \text{生产要素的消耗与占用}}{\text{生产要素的消耗与占用}}$$

旅游经济效益同旅游经济所得成正比，而与生产要素的消耗与占用成反比；旅游经济所得是以一定的生产要素的消耗与占用为代价的，而生产要素的消耗与占用又是由旅游经济所得引起的，二者之间存在着质的联系和量的关系；旅游经济所得与生产要素的消耗与占用之间的比例关系与旅游经济发展水平及国民经济发展状况密切相关。

旅游经济效益，既包括经济领域的效益，也包括非经济领域的效益。具体地说，在旅游产品生产和经营中投入与产出之间进行比较的效益不仅表现为旅游产品生产者和经营者的营业收入、利润和创汇能力，而且表现为旅游经济活动对相关行业乃至整个社会经济的带动效应，还表现为通过游客在精神、物质上获得的利益而使旅游目的地国家、地区和旅游企业享有的形象和声誉上的效益。

（二）旅游经济效益评价指标体系

旅游业的经济效益评价指标体系由三大部分构成：通用指标、专用指标、资产负债指标。通用指标是指国民经济中其他行业带有共性的指标，专用指标则是专用于旅行社、旅游饭店等旅游企业的指标。

1. 通用指标

（1）投资创汇率

它主要用来衡量基建投资吸收外汇的效率，指外汇收入与企业投资总金额之间的比率。

$$投资创汇率=\frac{外汇收入总额}{投资总额}\times 100\%$$

（2）资金利税率

它是全面衡量经营管理成果的综合性指标，比资金利润率更加贴切地反映了劳动成果与劳动占用之间的效果关系。

$$资金利税率=\frac{年纯利润+年上缴税金}{固定资产净值+年流动资金平均占用额}\times 100\%$$

（3）资本金利润率

它是指一定时期内取得的利润总额与投资者投入企业的资本金总额之比。

$$资本金利润率=\frac{利润总额}{资本金总额}\times 100\%$$

（4）资金利润率

它用来考察利用资金获得经济效益的效果。资金利润率高，说明投资效果好。

$$资金利润率=\frac{营业利润总额}{资金平均占用额}\times 100\%$$

（5）营业收入利润率

它又称产值利润率或企业平均利润率，指每百元营业收入所创造的利润，可用以计算当经营规模扩大时所增加的利润。

$$营业收入利润率=\frac{利润总额}{营业收入净额}\times 100\%$$

（6）成本（费用）利润率。它表明消耗物化劳动和活劳动与营业利润的关系。

$$成本利润率=\frac{营业利润}{成本费用总额}\times 100\%$$

（7）成本利税率。它是考核活劳动消耗与物化劳动消耗的指标。

$$成本利税率=\frac{年纯利润+年上缴税金}{成本总额}\times 100\%$$

（8）物化劳动消耗率

$$物化劳动消耗率=\frac{营业收入-利润-税金-员工工资}{年营业收入}\times 100\%$$

（9）万元资金实现税率

$$万元资金实现税率=\frac{年上缴利润总额+年上缴税金总额}{平均占用固定及流动资金额}$$

（10）劳动生产率指标

它是衡量旅游企业经济效益的最重要的指标之一，因为旅游业中活劳动消耗所占的比重较大。

$$人均营业收入=\frac{营业收入}{平均在职员工人数}$$

$$人均收汇额（人均创汇额）=\frac{外汇收入总额}{平均在职员工人数}$$

$$人均实现利税=\frac{利润+税金}{平均在职员工人数}$$

$$人均增值额=\frac{利润+税金+工资}{平均在职员工人数}=\frac{营业收入-全部物资消耗}{平均在职员工人数}$$

2. 专用指标

(1) 团体人均停留天数 $= \dfrac{\sum \text{团体游额人数} \times \text{停留天数}}{\sum \text{团体游客人数}}$

(2) 游客平均住宿夜数 $= \dfrac{\text{报告期游客住宿人夜数}}{\text{报告期游客住宿人数之和}}$

(3) 饭店客房出租率 $= \dfrac{\text{本月累计出租客房数}}{\text{客房总数} \times \text{本月天数}} \times 100\%$

(4) 平均每间客房日收入 $= \dfrac{\text{本期客房营业收入额}}{\text{本期营业天数} \times \text{本期可出租客房间数}}$

(5) 平均每间客房营业收入 $= \dfrac{\text{本期客房劳营业收入}}{\text{可供出租客房总数}}$

(6) 平均每间客房占用服务人员数 $= \dfrac{\text{饭店服务人员人数}}{\text{饭店可出租房间总数}}$

以上列举的只是一些主要指标，在具体考核不同旅游企业的经济效益时，可有所增加或调整。

3. 资产负债指标

（1）资产负债率

$$\text{资产负债率} = \frac{\text{负债总额}}{\text{资产总额}} \times 100\%$$

资产负债率是企业负债总额除以资产总额的百分比，它反映在全部资产价值中有多大部分是通过举债来筹集的，用于衡量企业在清算时保护债权人利益的程度以及企业后劲的大小。

（2）流动比率

$$\text{流动比率} = \frac{\text{流动资产}}{\text{流动负债}} \times 100\%$$

流动比率是企业流动资产（包括现金、应收账款、存货等）和流动负债（包括短期借款、应付账款、未付利税等）之比，它反映了企业流动资产在短期债务到期时可变现（包括现金、银行存款）用于偿还流动负债的能力。

（3）速动比率

$$速动比率 = \frac{速动资产}{流动负债} \times 100\%$$

速动比率是指企业的速动资产（流动资产中扣除变现能力即通货性较差的存货后的资产）与流动负债之间的比率。该指标可用于衡量企业流动资产中可以立即用于偿还流动负债的能力，一般指标数值为100%时被认为是比较正常的。

第二节　旅游企业经济效益与评价

对于旅游企业经济效益评价问题的研究主要是从经营成果、经营消耗、资金占用及经营消耗和资金占用效果方面考虑其经济效益指标，讨论旅游企业经济效益影响因素，探讨旅游企业提高经济效益的途径，提出旅游企业经济效益考核目的，给出考核指标，且研究企业经济效益评价方法。

一、旅游企业经济效益的分析指标

旅游企业的经济效益是通过分析旅游企业的收入、成本、利润的实现，以及它们之间的比较来体现的。

（一）旅游企业的营业收入

营业收入是指旅游企业在出售旅游产品或提供旅游服务中所实现的收入，包括基本业务收入和其他业务收入。营业收入的高低，不仅反映了旅游企业经营规模的大小，而且反映了旅游企业经营水平的高低。例如，通过旅游营业收入同企业职工人数的比较，就可以反映旅游企业劳动生产率的水平，公式如下：

$$R_P = \frac{R}{P}$$

其中：R_P——年人均营业收入；

R——年营业收入；

P——当年平均员工数。

（二）旅游企业的经营成本

经营成本是指旅游企业从事旅游经济活动所耗费的全部成本费用之和，也是旅游企业的固定成本与变动成本之和，用公式表示如下：

$$C_T = C_F = C_V$$

其中：C_T——总成本；

C_F——固定成本；

C_V——可变动成本。

分析旅游企业的经营成本，一方面要分析成本的发生及构成情况，从而有利于加强对成本的控制及管理；另一方面把经营成本同企业员工人数进行比较，可以反映旅游企业的成本水平。计算公式如下：

$$C_A = \frac{C_T}{P}$$

式中 C_A 为人均经营成本。

（三）旅游企业的经营利润

经营利润是指旅游企业的全部收入减去全部成本，并缴纳税收后的余额，包括营业利润、投资净收益和营业外收支净额。旅游企业的经营利润指标集中反映了企业从事旅游经济活动的全部成果，体现了旅游企业的经营管理水平和市场竞争力。通常，经营利润的计算如下：

总利润＝营业利润＋投资净收益＋（营业外收入－营业外支出）

其中，营业利润＝总收入－可变动成本－营业税金及附加－管理费用－财务费用。

二、旅游企业经济效益分析

旅游企业经济效益分析就是对旅游企业的成本、销售收入和利润三者之间的关系进行分析。主要分析方法是：损益平衡点分析、边际贡献分析、目标利润分析、最大利润分析。

（一）损益平衡点分析

损益平衡点分析又称保本点分析或盈亏临界点分析或损益分歧点或收支平衡点分析。该方法旨在寻求使企业的销售收入与其总成本相等的临界点或保本点，在这一点上，企业刚好收支相抵，不赔不赚。该法是一种用途广泛的传统方法，尤其是在开发新产品的决策中，首先使用此法来确定企业在不亏损的条件下应达到的最低销售量。在保本的前提下再考虑如何扩大经营，获取利润。

损益平衡点分析法的经济基础是成本与产量、收入与产量之间存在的函数关系。在损益平衡点上，企业利润为零，其销售收入与总成本相等。用公式表示，则为：

$$PQ_E = C_F + C_{AV}Q_E$$

$$Q_E = \frac{C_F}{P - C_{AV}}$$

如果考虑营业税 T_S，那么 $Q_E = \dfrac{C_F}{P(1 - T_S) - C_{AV}}$

例如，某饭店有客房 300 间，平均房价为 400 元，每天分摊的固定成本为 48000 元，每间客房的消耗品与间接管理费等占房价的 15%，营业税率为 5%。请计算：

（1）客房出租多少间时企业不亏本？

（2）该饭店每天的保本销售额是多少？

（3）该饭店的客房出租率应是多少？

根据上面公式，计算如下：

（1）客房出租间数

$$Q_E = \frac{C_F}{P(1 - T_S) - C_{AV}} = \frac{48000}{400(1 - 5\%) - 400 \times 15\%} = 150 \text{（间）}$$

（2）保本销售额

$$PQ_E = 400 \times 150 = 60000 \text{（元）}$$

（3）客房出租率

$$\frac{Q_E}{Q} = \frac{150}{300} = 50\%$$

由此可见，该饭店在其客房出租率达到 50%，或客房销售 150 间，或平均每日客房销售达到 60000 元时，处于收支平衡状态。用图示法表示，见下图 10－1。

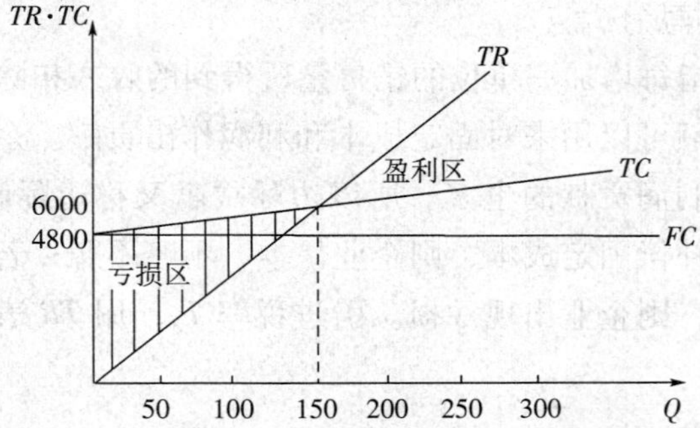

图 10－1　某饭店客房部损益平衡示意图

从图上可以清楚看到 *TR* 和 *TC* 两线的交点为该饭店的损益平衡点，该点右上方为盈利区，左下方为亏损区。固定成本 68000 元是一条与销售量平行的直线，因为它不随客房销售量的变化而变化；而总成本 *TC* 是一条自左向右上方倾斜的斜线，因为总成本中的变动成本是随客房销售量的增加而增加的；总收入 *TR* 也是一条自左下向右上方倾斜的斜线，在房价一定时随销售量的增加而增加。所以，该图清楚地表明了在一定时期内该饭店的成本、销售量和销售收入三者之间的关系。此外，还可以看出，当客房销售量大于 Q_E 时，$TR > TC$，该饭店盈利；而当客房销售量小于 Q_E 时，$TR < TC$，该饭店处于亏损中。只有当客房销售量刚好为 150 间时，$TR = TC$，该饭店才能保本。

当客房销售量超过 150 间后，饭店的利润就会不断增大。但是，当销售量扩大到一定程度时，由于生产经营、促销和管理上的需要，或服务上的疏漏造成的损失和赔偿，又会使变动成本上升，从而使总成本上升，利润又逐渐减少，甚至会出现第二次总收入等于总成本的保本情况。如果继续下去，企业又未在经营、管理和销售方面进行有效地改进，企业将再次面临亏损的局面，如图 10－2 所示。

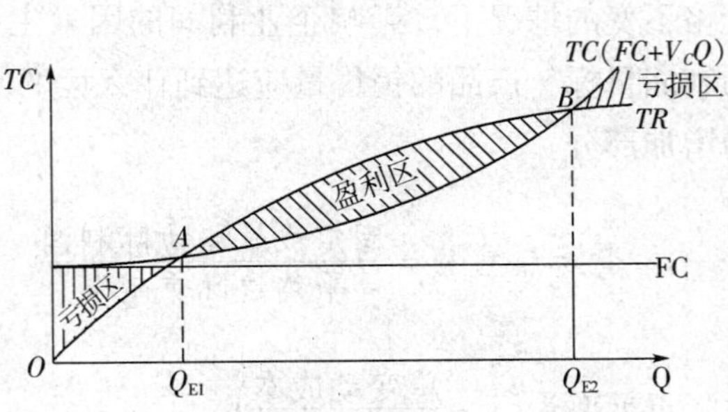

图 10－2　盈亏平衡点示意图

（二）边际贡献分析法

边际贡献是指每增加一单位的销售量所得到的收入扣除单位变动成本后的余额。这个余额可以用来对固定成本和利润作出贡献。余额愈大，除补偿固定成本外，对利润贡献的也多。所以边际贡献又称边际收益或边际利润。若这个余额刚好补偿固定成本，则企业保本，不赔不赚；若这个余额连固定成本也补偿不了，则企业出现亏损。引进税率 T_S，用 TR 表示边际贡献，则公式为：

$$MR = P(1 - T_S) - V_C$$

式中，MR 为边际贡献；P 为单位产品价格；T_S 为税率；V_C 为单位产品变动成本。根据上式和损益平衡点公式，可计算出保本销售量和保本销售额。

保本销售量的公式计算如下：

$$Q_E = \frac{F_C}{M_R}$$

保本销售额为：$Q_E P = F_C \times \frac{M_R}{P}$，式中$\frac{M_R}{P}$为边际贡献率。

（三）目标利润分析

企业利润来自于企业的销售收入补偿了产品的固定成本、变动成本和税金后的余额。余额越大，利润越多。企业往往在经营前根据自身的条件和需要为要实现的利润确定一个目标，即目标利润。为实现这个目标，企业便需从影响利润的产品销售量、单位产品价格、单位产品成本和产品的销售结构等因素的关系上采取措施。

在成本和价格不变的情况下，影响企业利润的因素主要是产品的销售量。为了达到计划的利润目标，产品的销售量应达到什么程度，此时目标利润可看作是固定成本的增加部分。

$$目标销售额 = \frac{固定成本 + 边际利润}{平均边际贡献率}$$

式中平均边际贡献率为$\left(1 - \frac{总变动成本}{总收入}\right)$。

（四）企业最大利润分析

任何企业的经营目的都是为了获取利润，使企业利润达到最大化。为了实现这一目标，就需要对企业的收入、成本和利润的关系进行分析。

$$利润 = 总收入 - 总成本$$

即
$$Pf = TR - TC$$

由于三个变量都是产量 Q 的函数，两边都对 Q 求导，可知要使利润最大，必要条件是 $MR = MC$。

当旅游产品销售量达到某一数量 Q，若边际收入大于边际成本，即 $MR > MC$，表明销售 Q 数量的旅游产品所增加的收入比消耗的成本大，因此旅游企业有利润可得。此时企业的利润总额仍可再增加，所以不是最大利润。然而随着销售量地继续增加，由于消耗的原材料也随之增加，加上管理效率的下降，往往使变动成本相应增加，若销售量增加到一定数量时，其边际收入小于边际成本，即 $MR < MC$，表明销售这一单位旅游产品所得到的旅游收入不足以弥补所消耗的成本，从而出现亏损，企业总利润下降，因此也不是最大利润。

所以，只有当 $MR = MC$ 时，表明销售量增加到销售这一单位旅游产品时，旅游企业的收入和成本相抵，利润总额不再增加，也无亏损出现，此时的利润才实现了最大化，即最大利润。

第三节　旅游宏观经济效益与评价

一、旅游宏观经济效益的概念

旅游宏观经济效益体现在两个方面：一方面，旅游宏观经济效益从狭义上体现为整个旅游业的综合经济效益，无数的旅游微观经济效益汇总成宏观经济效益；另一方面，旅游宏观经济效益从广义上体现为包括旅游业在内的整个社会的经济效益，即在旅游活动中社会投入的活劳动、物化劳动和资源的占用和消耗与旅游业及全社会效益地比较。旅游宏观经济效益除了旅游企业整体的直接经济效益以外，还包括发展旅游业带动其他相关行业发展的间接经济效益。

这种通过旅游相关行业收入的增加，促进整个社会产业的结构合理化，从而推动当地社会经济发展的效益是相当可观的。

在定量化地衡量和评价一国旅游业的经济效益方面，联合国与世界旅游组织已建立了一整套完整模式进行统计核算。该模式包括分类、调查、统计、计算机输入、核算评估等整个过程。

以下是按顺序排列的旅游产业的经济收益的衡量方法：

（1）个人收入（基本工资、薪水和业主收入）；

（2）就业（正式工作及相当于正式工作的就业）；

（3）营业收入（毛利收入和纯利润）；

（4）政府收入（税收、收费和企业纯收入）；

（5）国内生产总值（GDP）；

（6）外汇纯收入。

然后，需将旅游消费一方直接与各类旅游供给一方建立联系，为衡量经济收益建立相应的关系式。

我国对宏观旅游经济效益评价问题的研究是从宏观旅游经济效益概念的确定发展到对宏观旅游经济效益进行分析和评价，但一直未有一致的经济效益指标体系及评价方法。大部分宏观旅游经济效益指标体系的设置都是以旅游营业净收入为中心，分别从活劳动消耗、物化劳动消耗、固定资产投资、资金占用和旅游服务质量以及旅游产品满足社会与旅游者的需要程度等各个方面的指标进行综合考察。对宏观旅游经济效益地评价，主要是评价旅游产业的发展对整个国民经济发展的贡献。对旅游产业自身经济效果地评价、对旅游产业社会经济效果地评价及对旅游产业的社会非经济效果地评价。

二、旅游宏观经济效益指标

旅游宏观经济效益涉及面很广，内容丰富，通常要求从多方面、用多种指标进行分析和评价，常用于分析旅游宏观经济效益的指标主要有以下几个。

（一）旅游创汇收入和旅游总收入

旅游创汇收入指标，反映了旅游目的地国家或地区通过发展国际旅游，直接从国际旅游者的旅游消费支出中所得到的外汇收入。由于外汇收入在一国的国际收支平衡中有着重要的意义，而旅游业又是除了出口产品以外最主要的创汇产业，因此旅游创汇收入指标在旅游宏观经济效益地评价中就占有十分重要的位置。

旅游总收入指标，是指旅游目的地国家或地区通过开展旅游经济活动从国际、国内旅游者的支出中所得到的全部收入，包括旅游外汇收入和国内旅游收入，其反映了旅游产业发展的总规模收益，是评价旅游宏观经济效益的主要指标。

（二）旅游就业人数

旅游就业人数指标，反映了旅游产业发展过程中，为社会提供的劳动就业人数的总量。旅游业是一个以服务为主的综合性产业，具有对劳动力的高容纳性特点，可以从不同的工种、不同的部门为社会提供大量的就业机会。据世界旅游组织统计，全世界每年新增的劳动就业人数中，每 10 个人中就有 1 人从事旅游业工作。而对于许多经济发达国家来说，社会经济越发达，旅游业从业人数就越多。因此，旅游业从业人数的多少，也反映了旅游业自身发展的规模及其对社会经济发展地贡献及带动作用。

（三）旅游投资效果系数

旅游投资效果系数指标，是指一项旅游投资项目所获得的盈利总额同投资总额的比值，是反映旅游投资效益的重要指标。旅游投资效果系数的动态指标是考虑了资金的时间价值以后，通过贴现计算每年的平均现金净流量，因此该指标通常略低于静态指标，但更符合旅游经济活动的实际。根据旅游投资效果系数，就可评价旅游投资的效益好坏，通常旅游投资效果系数越大，则表明旅游投资效益越好。

（四）旅游投资回收期

旅游投资回收期指标，是指一项旅游投资项目回收的年限，是投资效果系数的倒数，也是反映旅游投资效益的重要指标之一。通常，旅游投资回收期数值愈小，说明旅游投资的回收时间短，旅游投资效益好；反之，旅游投资回收期数值愈大，则旅游投资的回收时间长，旅游投资效益就差。

（五）旅游带动系数

旅游带动系数指标，是指旅游直接收入地增加对国民经济各部门收入增加地促进作用。如果旅游产业创造了 1 元产值，这一元拉动其他经济部门创造了 3 元的产值，那么旅游带动系数就为 3。通常旅游带动系数越大，对国民经济发展的促进作用越大。

第四节　提高旅游经济效益的途径

一、影响旅游经济效益的主要因素

提高旅游经济效益是进行旅游经济活动的基本准则，也是实现旅游经济可持续发展的客观要求。为了有效地提高旅游经济效益，就需要对影响旅游经济效益的主要因素进行科学的分析和研究，并有针对性地采取各种措施，促进旅游经济效益地不断提高。以下介绍了影响旅游经济效益的四个方面的因素。

（一）旅游者数量及构成

在旅游经济活动中，旅游者是旅游活动的主体和旅游服务的对象，也是旅游活动产生的前提。旅游者数量的多少与旅游活动中所占用和耗费的劳动量之间存在着一定的比例关系。若以较少的劳动占用和耗费，而为更多的旅游者及时提供了优质的旅游产品和服务，则旅游经济效益就好；反之，若为一定的旅游者服务而劳动占用和耗费不断增加，则旅游经济效益就差。因此，旅游者数量的多少对旅游经济效益具有直接的影响。

随着旅游者数量的增加，旅游产品和旅游服务的利用效率必然提高，旅游收入也会相应增加，从而提高旅游经济效益。旅游经济活动中的劳动占用和耗费，特别是固定费用部分（如基本工资、折旧、管理费用等）在一定范围内会随旅游者数量的增加而相对减少，于是在其他条件不变的情况下，旅游者数量越多，则为每一个旅游者提供服务所花费的成本费用就相对减少，从而相应使旅游经济效益增加。

在旅游者数量既定的情况下，旅游者逗留时间越长，所需旅游服务项目越多，则每个旅游者的平均消费支出就越大，旅游经济效益就越高。因此，不仅旅游者的数量多少对旅游经济效益具有直接影响作用，而且旅游者停留时间多少等因素也对旅游经济效益产生直接的影响。

（二）旅游物质技术基础及其利用率

旅游物质技术基础是指对各种旅游景观、旅游接待设施、旅游交通和通讯、旅游辅助设施的总称。在旅游经济活动中，各种旅游物质技术基础与旅游经济效益具有直接的关系。通常，旅游物质技术基础条件好，则吸引的旅游者就多，而旅游人数多必然使旅游收入增多，使劳动占用和耗费相对减少，从而提高了旅游经济效益。

因此，要提高旅游经济效益，就要适度超前地发展各种旅游基础设施和接待设施，尽可能配备现代化程度较高的物质技术设备和手段，为旅游者提供优美的游览景点、舒适的食宿条件和良好的旅游环境，并不断提高旅游企业的劳动生产率，减少劳动耗费，才能提高整个旅游业的经济效益。同时，还要加强旅游企业的经营管理和旅游行业的宏观调控，不断提高旅游物质技术设施的利用率。提高旅游物质技术设施利用率，就能在已有的旅游接待条件下接待更多的旅游者，这意味着花费在每一个旅游者上的劳动占用和耗费的减少，从而有利于降低旅游成本和费用支出，提高旅游经济效益。

（三）旅游活动的组织和安排

旅游活动全过程涉及旅游者的食、住、行、游、购、娱等多方面的需求，这些需求是相互联系、衔接配套的。因此，在旅游活动中能否有效地提供旅游产品和服务，能否高质量地组织和安排好旅游者的旅游活动，就直接影响着旅游经济效益的高低。在其他条件既定的情况下，若旅游时间超过了计划安排，则势必增加旅游成本而减少旅游利润；若旅游活动组织得单一、重复、枯燥，则可能产生负面影响，导致客源减少，效益下降；若旅游服务质量不高，不能较好地满足旅游者的身心需求，就不能刺激旅游者增加旅游消费支出，从而也就无法增加更多的经济效益。

因此，在旅游活动的组织和安排中，一定要针对不同旅游者的类型、需求特点、消费习惯等，有目的地计划和组织好旅游活动，尽可能在旅游时间安排上张弛结合，留有余地，保证旅游时间有效利用；同时，在旅行线路上尽可能做到安排紧凑、内容丰富、生动有趣，提高旅游者的兴致，使其得到最大的身心需求满足；在旅游服务质量上，要礼貌谦和、服务周到，使旅游者真正能够高兴而来，满意而归。

（四）旅游业的科学管理

旅游经济效益的提高，最根本的是劳动生产率的提高，而劳动生产率的提高离不开现代科学管理。因此，旅游行业必须科学地组织劳动的分工与协作，把食、住、行、游、购、娱等方面衔接配套好，才能有效地提高劳动生产率。另外，员工素质是生产力诸要素中最活跃、最关键的因素，也是决定劳动生产率能否提高的关键，因而要积极培训和提高员工的业务技术水平，充分调动员工的劳动积极性和创造性，真正实现劳动生产率的提高。

二、提高旅游经济效益的途径

（一）管理体制行业化

旅游业是一个综合性的产业，与此相适应，旅游管理机构也应该是跨行业、跨地区的综合性部门。按照市场经济的要求，旅游行政管理部门的职责主要是：制定旅游业发展战略与发展规划，制定有关的政策、法规，开展整体宣传与统一促销，引导市场并对旅游企业实行行业管理，协调各地区、各部门之间的关系，为旅游业的发展创造一个良好的社会环境。

加强和完善旅游行业管理包括两方面内容：一方面，要加强对旅游行业的管理，将旅游市场的经济活动纳入法制管理的轨道下运行，确保旅游市场有一个良好的经济秩序；另一方面，要加强旅游市场自身的制度建设，改革和完善旅游行业管理的内容，建立一整套旅游企业市场竞争的“游戏规则”，提高行业管理的规范性和科学水平，为旅游企业提供一个公平、合理、稳定的市场竞争环境，从而确保旅游经济效益全面稳步增长。

（二）建立现代企业制度

建立现代企业制度，通过企业经营机制地转换实现与国际惯例接轨是旅游企业内部管理制度改革的主要任务。目前条件下，针对我国旅游企业经营管理现状，在旅游业推行现代企业管理制度需要在两个不同的层面展开工作。一方面，组建大型旅游企业集团，实现企业的规模化经营。实行集团化经营是科技进步和生产社会化的客观要求，也是企业追求规模经济效益的结果。集团化经营可以消除企业在分散经营中经常遇到的人为矛盾与制约，有利于提高企业的经营管理水平，有利于企业采用现代化设备与技术提高产品质量，有助于提高企业的经营实力和产品竞争能力，从而为旅游业全面推行现代企业管理制度奠定较好的基础。另一方面，在保证国有经济控制力的前提下，逐步降低国有企业或国家控股企业在旅游企业中的比重，积极探索公有制在旅游企业的多种实现形式，引进股份制，建立董事会、理事会、监事会等现代企业制度下的企业决策、监督、制约机制，改革企业的人事、劳动、分配和财务管理制度。

（三）加强市场调查与预测，扩大旅游客源

旅游客源是旅游业赖以生存和发展的前提条件，也是增加企业收入的重要途径。因此，我们必须随时掌握旅游市场供求变化趋势，对旅游市场的现有客

源流向、流量、潜在客源状况，以及主要客源国的政治经济现状和发展趋势进行调查分析预测，以便有针对性地开展旅游促销活动，提供适销对路的旅游产品，从而不断扩大旅游客源市场，提高旅游市场占有率。否则，就会失去市场竞争能力，失去客源，从而直接导致企业经济效益下降。同时应利用先进的营销手段和平台，提升企业的营销能力，使旅游企业的产品和服务在消费者心目中有明确的市场定位。

（四）优化、更新旅游产品

时至今日，我国旅游业仍是以观光旅游产品为主体产品，而各种专项、专题与特种旅游，仅在小区域内搞得比较成功，因此，要大力开发非观光旅游产品，重点考虑商务、会议、度假、探险等特种旅游项目及商务兼观光、观光后度假、会议兼观光等组合产品，改变旅游产品结构单一的局面。优化、更新旅游产品，一方面要使产品适销对路以扩大市场占有率，另一方面要扩大游客的选择范围，延长其停留时间，提高人均花费额，同时要努力扩大游客购物的金额，提高非基本旅游收入在旅游收入中的比重，达到提高旅游经济效益的目的。

（五）进行全面质量管理

提高服务质量是增加旅游业经济效益的关键。旅游产品质量的好坏不仅体现为旅游资源是否具有吸引力，旅游活动内容是否丰富多彩，旅游设施设备是否完善等，更体现为旅游服务质量的好坏，体现在旅游服务人员的服务观念、服务态度和服务技能上。因此，为了以优良的服务质量在竞争中取胜，为了抓好全面质量管理工作，要不断提高企业领导者的个人素质修养和经营管理水平，不断提高旅游从业人员的文化素质、技术素质和组织素质，以及提高旅游服务设施的现代化水平。坚信产品和服务质量总存在可改进的空间，持续不懈地提升企业所提供的产品和服务的质量。

（七）进行有效的成本控制

旅游企业的经济效益，具体表现为利润。获得利润的主要途径是提高企业销售收入和降低成本。虽然不同旅游企业的收入结构与成本结构各不相同，如饭店、游览部门和娱乐场所等都具有高固定成本和低变动成本的特点，而旅行社则变动成本居高，但无论其成本结构比重如何，降低成本都需要依靠劳动生产率的提高来实现，其主要措施是提高旅游企业职工素质，加强企业在整个经营过程中的成本管理，加强经济核算，开源节流，进而达到提高旅游经济效益的目的。

[资料]

我国旅游经济效益初步测评

我国旅游经济起步于1978年，经过近30年的奋斗，至今已初具规模，包括旅游景点、旅游文化娱乐、旅游车船、旅游物资供应和旅游商品销售等子系统在内的旅游产业大系统已初步形成。我国旅游经济的稳步发展，不仅为国家创造了大量利税，更重要的是为社会经济地发展作出多方面贡献。

旅游创汇与贸易创汇相比，它更具有创汇能力。旅游收汇的实质是出口服务产品，而旅游服务所凭借的人文、自然景观和服务设备设施的所有权是不出售的，损耗少。同时，旅游服务是游客来到目的地后就地消费，免去多环节的远距离运输，旅游贸易既不受贸易壁垒的干扰，又不受出口配额的限制，而且旅游换汇量及时交换，换汇成本低，我国旅游换汇一般为外贸换汇的70%左右。国际社会普遍认为旅游产品比一般商品更容易打入国际市场和出口创汇，并认为旅游业是最优秀的出口产品。WTTC（世界旅游理事会）认为，旅游业占了中国出口业的8.4%，预测到2010年将会增长至8.7%。

对整个经济来说，旅游业在创造就业机会和创造财富上具有重要贡献。旅游经济在中国创造了4700万份工作岗位，占整体就业情况的6.7%，预测到2010年将会增加到6900万份，占整体就业情况的8.5%。对整体经济活动则创造了870亿美元的增长额，WTTC公布的资料表明，旅游部门每增加1个直接就业人员，社会上就能增加5个就业机会。

旅游产品的生产、消费同一性，使旅游产品的需求都是有效的，旅游业为满足这个有效需求又必然产生一轮中间需求。在经济发展中，需求的有效性至关重要，因此无效需求势必造成社会产品的积压浪费，而旅游需求的有效性特点不是其他行业都具备的。

WTTC强调旅游业对国民生产总值的巨大渗透作用。目前，我国旅游收入相当于国内生产总值的4.2%，预测到2010年会达到8.7%，即3.1万亿元人民币。同时，旅游业在推动国民经济结构调整中，由于它的创汇功能强，换汇成本低、消耗少，提供就业机会多，拉动关联作用大等优势，使得它在扩大国际交流、促进区域间经济和社会协调发展方面贡献很大。

旅游业可以提高资源综合利用水平，调节和平衡地区经济。旅游产品随着人们需求的变化也朝着多样化、多层次方向发展，越是与人们生活差距大的景物和地方，对游客的吸引力愈大。原来一些不能直接产生效益的资源，一些没有出口能力的荒僻和落后地区，也由于它拥有某些旅游吸引物而发展繁荣起来，变成旅游出口业地区。

旅游活动使国内游客在获得身心调整、增强体魄和丰富知识的同时，接受了一次爱国主义教育和国情教育的熏陶，达到政治课堂收不到的教育效果。旅游活动使国际游客进一步了解中国人民的文化与历史。

此外，旅游活动改善了投资环境，促进了对外开放；推动政府努力改进产品质量，促进本地区发展社会服务，提高人民素质；旅游拯救了人类遗产，维护保养了大批自然人文景观，繁衍了中国文化，为后人造福。我国旅游业的发展前景广阔，旅游业的产业地位有了实质性提高。中央政府已将旅游业确定为国民经济的增长点之一并积极研究扶持政策。WTTC认为中国旅游业无论在创造就业机会、增进出口收益、协助本地区发展各种服务方面，还是在促进国际对中国文化社会历史地了解、吸引投资、改良公共配套设施等方面，都存在很大潜力。

【思考题】

1. 如何全面认识旅游经济效益?
2. 资产负债反映了旅游企业经济效益中哪一方面的情况?
3. 如何全面衡量旅游企业的资产负债情况?
4. 简述旅游宏观经济效益与微观经济效益的关系。
5. 提高旅游经济效益有哪些主要途径?
6. 简述旅游企业经济效益评价指标的构成。

第十一章 旅游经济增长与发展

旅游经济增长与发展是指旅游对旅游目的地的经济增长和发展的影响，该目的地可以是一个国家，也可以是一个国家的一个或几个地区。旅游对于一个国家的某个地区的经济影响，分为两个方面，一是国内旅游者对该国经济增长和发展的影响；二是国外旅游者对该国经济增长和发展的影响。

第一节 旅游经济增长与波动

一、旅游经济增长波动的含义及成因

（一）旅游经济增长波动的含义

旅游经济增长波动就是旅游业在发展中的波动，这种波动表现为旅游业的组成部分普遍而同期地扩张和收缩。旅游经济波动主要表现在旅游业产值的上升和下降、旅游业就业的增加和减少以及旅游产品价格等方面的波动，其特征可用波动高度、深度、幅度和平均位势等几个指标描述（见表11－1）。

表11－1 经济波动的衡量指标及类型

波动指标	含 义	类 型
高 度	波动的高度，也就是峰位，是指每个周期内波峰的经济增长率，它表明每个周期经济扩张的强度	高峰型 $P \geq 15\%$ 中峰型 $10\% \leq P < 15\%$ 低峰型 $P < 10\%$
深 度	波峰的深度，即谷位，指每个周期内波谷的经济增长率，它表明每个周期经济收缩的力度	古典型 $T < 0$ 增长型 $T \geq 0$

（续表）

波动指标	含　义	类　型
幅　度	波动的幅度或振幅，是每个周期内经济增长率的上下波动的离差，它表明每个周期内经济增长高低起伏的剧烈程度	强幅型 A≥10% 中幅型 5%≤A＜10% 低幅型 A＜5%
平均位势	波动的平均势位，即波位，是指每个周期内各年度平均的经济增长率，它表明每个周期经济增长的总和水平	高位型 G≥8% 中位型 5%≤G＜8% 低位型 G＜5%

资料来源：中国旅游业周期波动分析，旅游学刊，2002（2）

（二）旅游经济增长波动的成因

1. 从宏观的经济角度来看，旅游经济增长波动的原因是旅游经济本身的特点以及与地区、国家经济间的关联关系决定的。首先，因为旅游业受到季节的影响比较大，受到节假日的制约比较强，即在旺季旅游经济增长飞快，而在淡季则非常萧条。其次，它还受到一国或一地区的经济波动的影响，当一国经济萧条时，基本上所有的行业都处于萧条状态，旅游业也不例外。再次，旅游业还受到国外经济的波动的影响，特别是当旅游业严重依赖于某个外国国家时，就会受到这个国家或几个国家的经济波动的影响而产生增长波动，也就是所说的经济波动在国际间的传播。

旅游经济本身可以成为经济波动的根源，如在旺季，游客大量增加到某地区，使该地区的产品需求严重过剩，物价飞速上涨，因而引起周边地区的物价和需求也跟随上涨，而周边地区的物价和需求也不断向更远的周边地区传播，使经济有节奏地收缩和扩张，从而是就业、生产的扩张和收缩。这种由旅游产生的经济波动影响极为广泛，因为旅游业本身是一个庞大的产业，又是一个综合性产业，与其他产业的关联性极强，同时，它也是一个劳动密集型产业，它的波动影响到比一般产业更多的就业，而这些就业又通过收入的变化，影响到需求等，根据凯恩斯的加速原理和乘数原理，旅游经济的波动可以使整个经济产生波动，而整个经济的波动又反过来影响旅游经济的波动。

2. 从微观的经济的角度看，旅游经济增长波动的主要原因，应该是旅游产品的特点——易波动性。和一般产品相比，旅游产品又受到许多因素的制约，非常敏感，这就使旅游产品表现出易波动的特点。这些制约因素主要包括以下几个方面：

（1）构成旅游产品各部分之间的比例关系。旅游产品的生产与许多相关行业联系密切，如接待一定数量的旅游者，需要提供相应数量的客房、餐厅、交通工具、翻译、导游和游览空间等。这一特点要求旅游业内部和旅游业与其他行业之间都必须协调发展，只要某一个局部环节出现问题，就会影响旅游产品生产和销售的全局。

（2）季节和假日因素。四季变化对旅游活动具有极为明显地影响，造成了旅游业的淡旺季周期性波动。比如我国北方大连、青岛海滨地区，夏季海风习习，游客云集，冬季却北风呼啸，人迹稀少。与季节性变化相类似的是，由于人们日常生活中忙闲不同而带来的旅游产品周期性的差异。一到双休日或节假日，许多旅游景点、度假村以及旅馆、饭店人流滚滚，客满为患，而平时则往往客源不足，冷冷清清。

（3）政治、经济、社会等因素，也会对旅游产品的生产和销售产生影响。例如，政治因素中的社会动荡、暴力恐怖活动猖獗、国家间关系恶化、战争爆发等，经济因素中的通货膨胀、世界性经济危机等，自然因素中的灾害和疫病等，都会对旅游业造成损害。

二、中国国际旅游经济波动的过程与特征

（一）中国国际旅游经济波动历史过程分析

中国国际旅游经济波动是明显的，波动幅度比较大，波动性比较强烈。中国国际旅游外汇收入增长率在 1979 年至 2004 年的 26 年间的具体波动状况（具体数据参见表 11－2），按照波动过程，前后共发生 5 次较大波动：第一次波动发生在 1979 年至 1984 年，历时 6 年；第二次波动发生在 1985 年至 1992 年，历时 8 年；第三次波动发生于 1993 年至 1997 年，历时 5 年；第四次波动发生在 1998 年至 2000 年，历时 3 年；第五次波动则介于 2001 年至 2004 年，历时 4 年，目前尚未结束。从表中我们能够清楚看到，中国国际旅游外汇收入在 1979 年增速最高为 70.7%，但 3 年后则只有 7.4%，下降速度很快；1988 年中国旅游外汇收入的增长率还高达 20.7%，但第二年就猛降到 －17.20%；同样，2002 年中国旅游外汇收入增速高达到 14.57%，但 2003 年却骤然降至 －14.60%。中国国际旅游经济波动的剧烈程度由此可见一斑。

表 11－2　中国国际旅游外汇收入增长率的波动

年份	国际旅游收入增长率（%）	年份	国际旅游收入增长率（%）
1979	70.70	1992	38.70
1980	37.30	1993	18.70
1981	27.30	1994	56.36
1982	7.40	1995	19.25
1983	11.60	1996	16.81
1984	20.20	1997	18.37
1985	10.50	1998	4.37
1986	22.50	1999	11.88
1987	21.60	2000	15.08
1988	20.70	2001	9.67
1989	－17.20	2002	14.57
1990	19.20	2003	－14.60
1991	28.30	2004	47.87

资料来源：根据《中国旅游统计年鉴 2004》和中国旅游网（http://www.cnta.com）整理

（二）中国国际旅游经济波动特征分析

转型时期，中国国际旅游经济先后经历了 5 次较大的波动，虽然每一次波动的具体原因不同，波动状况有别，但我们还是能够通过深入分析 5 次波动的过程，发现其中的一些共性特征（见表 11－3）。

表 11－3　中国国际旅游外汇收入增长率 5 次波动变化表

波动序号	起止年份	高度（%）	深度（%）	幅度（%）	平均势位（%）
1	1979～1984	70.70	7.40	63.30	27.51
2	1985～1992	38.70	－17.20	55.90	16.91
3	1993～1997	56.36	16.81	39.55	25.07
4	1998～2000	15.08	4.37	10.71	10.35
5	2001～2004	47.87	－14.60	62.47	12.23
平均	\	45.72	－0.64	46.39	19.28

资料来源：根据《中国旅游统计年鉴 2004》和中国旅游网（http://www.cnta.com）整理

1. 波动的高度——始终保持为高峰型

中国国际旅游外汇收入增长率每次波动的高度都大于15%，5次波动的平均高度为45.72%，总体上看为高峰型增长。峰位高表明中国国际入境旅游一直有着较强的增长能力，同时也隐含着中国国际旅游外汇收入的稳定性较差，容易受到各种因素的影响。在多数情况下，如果峰位过高，扩张性过强，往往会使得随后的波谷过深，从而使整个波动的振幅过大，引发旅游经济的剧烈波动。

2. 波动的深度——古典型波动和增长型波动并存

5次波动的平均深度为-0.64，总体上看属于古典型波动，尤其是第2次波动和第5次波动分别出现了-17.20%和-14.60%的超低型谷底，这表明中国国际旅游外汇收入的绝对量在谷底年份出现了下降。而其他3次波动则均为增长型波动，绝对量在谷底年份并未下降，只是增长率较低。中国国际旅游外汇收入总体上呈现出古典型波动，这表明：中国国际旅游外汇收入增长率波动曲线国际旅游的抗衰退能力较差，容易受到各种不利因素的影响，显示出中国国际旅游经济的不稳定性。

3. 波动的幅度——始终为强幅型

中国国际旅游外汇收入增长率5次波动的平均振幅为46.39%，总体上看属于典型的强幅型增长。而如果单独从前4次波动来看，每次波动的振幅有依次下降的趋势，这说明中国国际旅游外汇收入增长正在逐渐趋向“稳定”。尽管如此，其仍属于强幅型增长。而在第5次波动中，由于受2003年“非典”的影响，又导致了高达62.47%的超强振幅，这些都表明中国旅游业可能会在相当长的时间内，在较大波动中发展。

4. 波动的平均位势——高位型

中国旅游外汇收入增长率在5次波动内的平均位势（即年递增平均值）为19.28%，为典型的高位型波动。高于这一平均位势的一共有两个波动，分别为第1次波动和第3次波动。而第4次波动和第5次波动都低于这一平均水平，这就说明波动的平均位势已在高位上略有减少的趋势。平均位势高，说明中国国际旅游外汇收入一直保持着较高的增长水平，而后两波动平均位势的下降，则表明这种增长水平有所下降，但是仍然较高。

中国国际旅游经济的波动主要是以中短波动为主。其总体特征可概括为：高峰位、强振幅、高位势和低波谷，这“两高、一强、一低”的特征，反映在中国国际旅游市场上，就是中国国际旅游总是呈现出“大起大落”的波动。总而言之，中国国际旅游外汇收入一直在较高的增长率水平上、一直在大的波动中取得发展，这充分体现了旅游业作为一个敏感性行业的特点。

三、中国国际旅游经济波动的因素分析

转型时期中国国际旅游经济波动剧烈，对中国旅游经济的健康发展造成了许多不利影响，而导致中国国际旅游经济波动的因素则非常复杂，且难以准确预测和人为控制。总体来看，影响中国国际旅游经济波动的主要因素涉及政治、经济、自然、心理等方面，很多情况下是众多因素的相互交织决定国际旅游经济波动的状况。

（一）中国国际旅游经济波动的政治因素

在经济发展过程中，各种政治事件的发生和重大政策的出台都会对经济产生重大影响，作为对外在环境变化敏感的国际旅游经济，所受到的影响往往更明显、更巨大。例如 1979 年中国国际旅游外汇收入增长率高达 70.70%，这是由于当时十一届三中全会地召开，中国实行了改革开放，这个重大的政策变化对中国国际旅游产生了巨大的影响。由此可看出，政策因素对中国国际旅游经济的影响巨大。

（二）中国国际旅游经济波动的经济因素

影响中国国际旅游经济波动的经济因素很多，比较复杂，既有投资、消费因素，也涉及财政、金融因素等。投资是推动社会经济发展的一个重要手段，同时它也是实现社会经济资源配置的具体形式，投资对于经济的增长有明显的抑制或推动作用。对中国旅游业的投资同样是影响中国国际旅游经济波动的一个重要因素。在改革开放初期短缺经济的背景下，中国发展旅游业的基础设施严重不足，大幅度增加对宾馆饭店等旅游基础设施的投资，对推动当时中国国际旅游经济发展产生了积极影响。相反，后来过量的楼堂馆所的大规模建设，对中国国际旅游经济没有更多作用，反而造成大量设施的闲置和浪费。

旅游收入是依靠旅游者的消费而取得的，而对旅游产品的总需求则主要是由消费需求构成的，因此，国际旅游消费需求的变化是国际旅游经济波动的重要原因。从理论上来说，旅游消费需求要受到旅游动机、支付能力和可自由支配时间三个条件的约束，在这里我们只考虑可自由支配收入的影响。在世界范围内，居民总体的可支配收入水平又受到了世界总体经济形势的影响，也就是

说我国国际旅游经济波动与世界的经济形势有一定程度的关联。1982 年的全球经济衰退使得我国的国际旅游需求出现了大幅度地萎缩，我国的国际旅游外汇收入的增长率出现了下降趋势。

金融因素是指由于某种原因而导致的金融市场上发生的一些变化，这些变化会对经济带来影响。1994 年中国的国家外汇管理体制发生变化，取消了长期以来执行的汇率"双轨制"，实行"汇率并轨"，使得中国的国际旅游外汇收入的增长率又出现了一个极大的高峰值。

财政政策和货币政策作为政府对国民经济实行宏观调控的两个最重要的手段，对国民经济的运行起着重大的影响作用。尤其是在我国，政府为了实现对旅游业的宏观调控，可能会适时地采取某些财政政策或货币政策，这些经济政策因素对我国国际旅游经济波动的影响也是巨大的。

（三）中国国际旅游经济波动的自然因素

自然因素主要包括：气候的变化、自然灾害（如地震、海啸、洪涝灾害）、传染性疾病，等等。中国在 1998 年经历了特大洪涝灾害，在 2003 年经历了"非典"风波，这两次特大自然灾害都给中国国际旅游造成了极大的影响，由于这些影响均为不利影响因素，因而分别造成了这两个年份旅游外汇收入增长率的下降（甚至出现了负增长）。

（四）中国国际旅游经济波动的心理因素

经济活动是人的活动，而人的行为又是在人的各种心理的驱使下进行的。因此，哈伯勒认为：人的行为的"心理乃是经济学研究对象的一个组成部分"。在经济波动中，心理因素主要是指人们在经济活动中对未来事态变化的种种预期。可以说，各种影响因素（不论是有利还是不利因素）都可以通过影响消费者和生产者的心理预期，对总需求和总供给造成影响，从而最终影响旅游经济波动。

中国国际旅游经济作为国民经济的一部分，影响国际旅游经济波动的因素绝不是单一的，而是多种多样的，是各种因素相互交织、共同作用的结果。总而言之，旅游经济是一个敏感性和脆弱性的经济，它很容易受到各种内、外因素的影响，从而表现出波动性较强的特点。

第二节 旅游经济发展模式

旅游经济发展模式大体可以分为两种基本类型：发达国家旅游经济发展模式和发展中国家旅游经济发展模式。在这两个基本类型的基础上，还可以根据不同标准，从不同角度对旅游产业发展模式进行再分析，以形成若干种更细化的模式变形。

一、根据旅游经济发展与国民经济的总体关系划分

从与国民经济发展的总体关系看，旅游经济发展模式分为超前型旅游经济发展模式和滞后型旅游经济发展模式两种。

（一）超前型旅游经济发展模式

该模式是指旅游经济发展超越国民经济总体发展阶段，通过发展旅游业来引发与其具有相关经济联系的产业发展，进而推进国家或地区经济进步的一种发展模式。超前型旅游经济发展模式一般需要该国家或地区拥有富集的高品位的旅游吸引物，能够形成巨大的足以降低其他因素负面影响的基本吸引力，从而能够形成足够大的外部需求，使得目的地能够通过吸引外部资金（包括国内其他地区的资金和国际资金）形成相应的旅游接待能力，推动旅游经济体系建设，带动国家或地区经济发展。当然，如果从国家范围看，这种超前型发展模式将可能首先在这些国家的经济基础较好的城市或地区实施，来全面带动以城市为主体的全国范围内的资源开发、设施建设和服务体系的建立，逐渐形成以中心城市为重心的旅游产业完整体系。

（二）滞后型旅游经济发展模式

该模式是旅游业成长滞后于国民经济总体发展水平，即在国民经济发展到一定阶段后，引起旅游业自然成长的一种发展模式。这种发展模式的主要特点是旅游供给体系是适应本国居民对旅游消费增长的需要而逐步形成的，反映了旅游活动是社会经济发展必然产物的客观规律的要求，是一种逻辑推进的发展模式。

二、根据旅游经济演进进程划分

从演进进程看，旅游经济可以分为延伸型和推进型两种发展模式。

（一）延伸型发展模式

该模式是一种先发展国内旅游，在国内旅游发展的基础上再发展入境旅游，并随着国民出游能力的发展而发展本国国民出境旅游，最终国内旅游、入境旅游和出境旅游全方位发展的模式。在延伸型发展模式中，政府发展旅游业尽管也有经济动机，但主要是从社会效益如改善国民生活质量、提高福利状况、增加社会就业以及维持社会稳定等方面考虑的。而且由于这是一种自然演进（或称常规型）的发展模式，因此相对而言可以充分利用成熟的基础设施，专门为发展旅游经济而进行的投资较少，旅游业表现为较好的投入产出率。

（二）推进型发展模式

该模式是一种先发展国际入境旅游，通过发展国际入境旅游接待推进本国旅游经济基本构架，并随本国社会经济的发展，逐步发展国内旅游，最终形成完整的旅游产业体系的发展模式。在这种发展模式中，政府发展旅游业有强烈的经济动机，追求的目标可能不是旅游产业内存的经济效益，而是强调旅游经济的波及效益，以利用旅游经济的综合性特点，通过对以国际旅游为主体的旅游产业的高强度经济投入，来全面带动国民经济相关产业的发展。因此，在这种旅游发展模式下，旅游产业的作用不仅仅是为经济建设获取外汇和回笼货币，已成为经济腾飞的突破口。但由于发展旅游的基础条件较差，因此需要为此进行专门投资，而且由于本国经济发展程度较低，往往需要从国外进口相应的设施、设备甚至人力资源，从而降低了旅游业的投入产出率，与发达国家延伸型发展模式表现出来的“投入少、见效快、收益大”的特征差距较大。在这种发展模式下，不仅对外部需求的影响能力有限，而且客观上存在国内需求与以国际入境旅游需求为导向的供给之间非混合的可能，加大了旅游经济运行的风险与成本。

推进型发展模式使得本国企业在国际化经营中更具有产业扩张的比较优势，能够在国际竞争中获得较好的竞争优势，获得更多的市场份额，并且能够通过对外投资的方式实施“黑字回流”，减少国内财富地纯外流。

三、根据旅游产业成长的协调机制划分

从协调机制看，旅游经济有市场型和政府型两种发展模式。

（一）市场型发展模式

该模式是指依靠市场机制，即以竞争为主要动力来推动旅游产业成长与演变的一种模式。在这种发展模式中，政府一般不对旅游产业的成长施加直接地影响，而主要由市场这只“看不见的手”自动调节旅游产业资源配置，调节旅游产业的成长过程和变动趋势。因此，这一旅游产业发展模式具有以下三个特点：其一，侧重于产业内部的自均衡、自调节过程；其二，政府主要通过一定的市场参数进行调节，因此作用力是间接的；其三，产业政策对旅游经济的影响主要侧重于市场需求方面。

（二）政府型发展模式

该模式是以政府规划或者通过制定产业政策来干预旅游产业的成长与演进的一种模式。这种模式虽然不排除市场调节，但是往往侧重于通过规划或旅游产业政策来规定各个历史时期的发展战略、目标以及实现这些战略和目标的途径、政策，从而达到整体推进旅游经济的发展。因此，这一发展模式一般需要具备两个重要前提：一是国家有干预和控制经济的历史传统；二是政府希望能够在短时期内快速推进旅游产业成长。

但是随着对市场和政府作用认识地深入，特定国家和地区发展旅游经济过程中市场和政府的作用逐渐被综合使用，在市场主导的发展模式中会强调政府对旅游经济发展的正面作用。在政府主导的发展模式中，也会通过有关服务和产品的采购以及将有关活动委托给企业等市场化的方式来改善政府主导的成果。因此，两者并不是“非此即彼”的替代关系。

第三节　旅游经济的环境影响及可持续发展

旅游经济和国民经济一样，在增长的过程中，会对生态环境产生有利和不利的影响，如旅游景点的建设会侵占其他产业的发展资源，旅游消费中会产生垃圾成堆等污染环境的不利影响以及美化环境等有利影响。

一、旅游对环境的影响及规划

旅游对环境的影响研究主要有两个方面。一方面是研究由旅游开发本身所造成的影响，另一方面是研究如何维持和提高旅游区的全面质量。旅游对环境既有正面影响，也有负面影响，这取决于旅游开发项目规划和管理的好坏。以下所列是主要的影响，这些影响不会都出现在同一个地区，因为他们的出现取决于旅游开发的类型和规模以及该地区的环境特点。

（一）负面影响

1. 水污染

如果饭店、度假区或其他旅游设施没有安装适当的污水处理系统，那么这些污水就会污染地下水。如果污水排泄口建在附近的河流或沿海水域，而污水又没有经过适当处理，那么这些污水就会污染水域，这在海滨度假区是经常发生的。例如，在泰国的芭提雅海滨度假区，饭店的污水出口安装在相邻的水域，而旅游者又在那里游泳。

2. 空气污染

旅游业被普遍认为是一个“干净的产业”，但旅游开发也会带来空气污染。如果一个地区旅游者使用的车辆和为旅游者提供的车辆过多，就会造成空气污染，特别是在重要的旅游景区，车辆废气排放系统保养不当会加重这种污染。另外，如果旅游开发项目规划不当，开发不好或正在建设中，那么在开阔的、没有植被的地方，空气中就会充满了尘埃并造成污染。

3. 噪音污染

大量的旅游者和旅游车辆可以产生噪音，有时游乐园、汽车和摩托车赛车道等旅游景点也可带来噪音，这些噪音可能会令人感到不适和烦躁。

4. 视觉污染

设计不好或设计不当的饭店和其他旅游设施也许会与当地的建筑风格和规模格格不入。旅游设施的布局规划不得当，景观的美化不到位，过度使用丑陋的大型广告牌，以及破旧不堪的建筑物和景观等都会使环境对旅游者和居民失去吸引力。

5. 过度拥挤和交通堵塞

游客数量过多（特别是在深受欢迎的旅游景点）以及交通拥挤所造成的与旅游相关的环境问题，都会引起当地居民的不满。

6. 土地使用问题

根据有效的规划原则，如果土地适用于诸如农业、居住、休闲等其他更有价值的用途或者应该加以严格地保护，那么旅游开发项目就不得优先使用。

7. 破坏生态平衡

有些类型的生态问题是由于对旅游业不加控制而造成的。例如，旅游者过度使用脆弱的自然环境会破坏生态平衡；在公园或保护区内，许多旅游者践踏植物，导致植物死亡或阻碍它们生长；旅游者采集稀有贝壳、珊瑚、海龟壳或其他诸如此类的东西（或者当地人采集后出售给旅游者）造成了某些生物种群的大量减少；船只、船只抛锚以及潜水者会毁坏和杀死珊瑚（珊瑚再生需要几十年的时间）；过分充填红树沼泽地，而这些沼泽地正是海洋生物的重要栖息地和水循环的重要场所。

8. 各种环境危害

正如任何其他类型的开发一样，旅游设施地点选择不当、工程设计不好可能会毁坏植物，破坏自然排水渠道，从而导致塌方、洪水以及河流和沿海地区的沉积。

9. 对历史古迹的破坏

过度使用或不当使用易被损坏的历史古迹场所，会因震动和涂鸦而使历史古迹遭到毁坏。

10. 废物处理不当

乱扔废弃物品是旅游区的普遍问题，因为那里有大量的游客以及有各种各样的旅游活动。如果度假区和饭店的固体废物得不到适当地处理，就会引发垃圾和害虫、疾病、污染等环境卫生问题，也会使度假区失去吸引力。

（二）正面影响

如果对旅游业加以很好地规划和管理，那么将有助于在以下的许多方面维护和改善环境状况。

1. 保护重要自然景区

旅游业有助于保护自然公园、户外娱乐活动和作为旅游景点的自然保护区并为此提供资金。如果没有旅游业，这些地区的生态环境有可能会恶化。

2. 保护历史古迹

旅游业有助于保护考古场所与历史古迹（作为旅游景点），并为其提供资金。如果没有旅游业，那么这些考古和历史场所就有可能会状况恶化或逐渐消失。

3. 提高环境质量

旅游业可以通过控制空气污染、水污染、噪音污染、垃圾和其他环境问题，促进环境地全面净化，并可以通过各种园艺项目、得体的建筑设计和更好的维护来进一步美化环境。

4. 美化环境

虽然这一好处带有一定的主观性，但是设计得当的旅游设施确实可以美化自然环境和城市环境，否则这些环境看上去会让人感到很单调乏味。

5. 改善基础设施

旅游的发展常常能改善地方的基础设施，如机场、道路、用水系统和污水处理系统、通讯等，从而促进经济增长，改善环境。

（三）环境规划的步骤

避免旅游对环境的负面影响，加强其正面影响的最佳办法就是在开发前进行环境规划。规划必须全方位、多层次地进行——全国、地区、景区的饭店、度假区和旅游景点都要进行规划。应该制定综合的规划，并且将其融入本地区的总体规划之中，规划最后还需要对环境影响作出评估。环境规划步骤与开发项目规划步骤是一致的，但环境规划更重视考虑物质环境和社会文化需要。以下就是环境规划各具体步骤。

1. 确定发展目标

旅游发展的总目标必须成为规划的基础，这些目标必须切实可行、互相协调。例如，一个地区规划的环境目标通常应该确保旅游发展不会产生严重的不利影响，并且通过发展旅游业来达到保护文化遗迹、发展国家公园等目标。

2. 调查现有状况

此类调查包括现有状况的各个方面，特别是环境的具体特征。例如，对一个海滨度假区的调查应该包括该地区的降雨、气温、湿度、阳光和风等气候和天气情况；陆地地貌和海底地形；海滩的范围和质量；海滩侵蚀情况；近岸水流等。调查还应该包括土地过去和现在的使用情况、居住和交通设施状况、文化和历史遗址、土地所有权问题以及这个地区现有的开发计划。此外，还应该调查该地区居民的社会经济特点。

现在人们越来越意识到环境检查的重要性，但是环境检查还没有得到普及。环境检查最初出现在制造业。制造业制定出了一种方法来检验一家公司是否遵守有关环境保护的规章条例。欧盟对环境检查做了如下定义：

环境检查是一种对各公司、管理人员和设备的环保情况进行系统和定期地评估并加以记录的管理手段，其目的是通过促使管理人员控制影响环境的行为和评估本公司的运作是否符合有关的政策——其中包括环保设备与标准的使用，来保护环境。

极少有旅游公司进行环境调查，但有些饭店已经这样做了。如果各国政府更加重视环境问题，就会通过立法来强制环境标准的实施。环境检查没有统一的方法。选择什么方法在很大程度上取决于旅游企业的性质和旅游活动的地点。新加坡等国家在环境立法和管制上有着很高的标准，而其他国家几乎没有任何环保立法。由于旅游业现在与可持续发展这一概念密切相关，因此环境检查作为一种规划和管理方法今后必然会得到更广泛地使用。

3. 分析与综合

规划步骤还包括几种互相关联的分析，如市场分析，对旅游人数和类型、住宿和其他旅游设施的预测等。此外，还应该分析旅游开发对社会经济的影响，拟开发旅游景点的类型以及所需交通设施、服务的类型和程度。分析物质环境特征是为了确定这个地区的接待能力，不同类型和水准的旅游开发对环境的影响，以及旅游开发与环境相融的程度。分析还包括全面评估资源，评估特定地区的最佳用途，这样就可以避免旅游业抢先占用有着其他更重要用途的地区。在总结各项分析结果时，应该用书面和图表形式把地区旅游开发的主要机会和问题列出来。

4. 制订规划

规划陈述最好以提纲形式明确地说明可供选择的几种方案，然后评估这些方案是否符合发展目标。评估可以发现有些发展目标不切实际，或彼此相互不协调需要加以修改。在经过选择和修改之后，最佳候选方案或最佳候选组合方案就成为最后的方案，另外，对最后方案应该进行详细的环境评估。

从环境的角度来看，最重要的分析方法之一就是确定规划区的接待能力。过度开发和旅游者的过度使用大概是导致环境恶化的主要原因。小岛、珊瑚礁、海滨地区、沙漠绿洲、山脉和湖泊这样的最具旅游潜力的地方，尤其容易因过度使用和过度开发而遭到破坏。此外，人文景观往往也难以承受过度地使用。

实际上，接待能力不仅仅是由具体的空间所决定的，还会受到其他条件的限制，如道路、供水系统、下水道系统等基础设施。此外，还有视觉污染和噪音侵扰等主观因素。没有统一的公式可以用来确定接待能力，接待能力是由受规划经验限制的主观和客观评估来确定的。

二、可持续发展的内涵

如果不顾及旅游经济的环境影响，旅游经济以及整个国民经济都无法可持续发展。什么是可持续发展呢？学界对可持续发展理解已经相当深刻，其核心是建立在经济效益、社会效益和环境生态效益基础之上的，既要使人们的旅游需求得到满足，个人得到充分发展，又要对旅游资源和旅游环境进行保护，使后人具有同等的旅游发展机会和权力。衡量其发展指标不单纯用旅游收入，而是从社会、经济、文化、环境等多项指标衡量。

参照1990年加拿大温哥华举行的《90全球可持续发展大会旅游组行动筹划委员会会议》，对旅游可持续发展的概念表述和世界旅游组织在《旅游业持续发展地方规划指南》中对可持续发展的定义，这里定义区域旅游可持续发展应该具有以下几点：（1）维持文化完整性；（2）为旅游者提供高质量的旅游经历；（3）促进旅游及其相关要素协调与公平发展；（4）特定区域的政府、社区、居民从中收益；（5）未来旅游开发赖以存在的环境质量得到保护；（6）合理的促进和管理机制。显然，目前旅游可持续发展的评价指标注重直接经济成本和经济效益，基础建设的完善性，简单的生态和环境保护，轻视了社区、地方居民、旅游效果、文化表现、公平参与等指标，特别是社区和居民等利益群体的态度对旅游发展影响很大。

可持续发展力是指区域旅游可持续发展的能力，其核心是反映区域旅游需求与供给的调度力，是一个区域旅游发展的综合能力，它以旅游资源和环境为吸引力，以政府主导为牵引力，以协调发展为加速力，以旅游市场影响为外推力，以区域旅游经营管理为内动力。旅游可持续发展能力具有动态性，因为它随不同条件调整而发生变化；它具有阶段性，同一区域不同时期的旅游可持续发展能力是不同的；它具有综合性，影响因素多，关联性强，要求区域相关旅游要素整合协调。

（一）国外有关旅游可持续发展的定义

在国外来看，比较权威的旅游可持续发展的定义有三个：

其中一个定义是1990年在加拿大全球可持续发展大会上通过的《旅游业

可持续发展行动纲领》草案中提出的。该草案认为旅游可持续发展是在保持和增强未来发展机会的同时满足目前游客和旅游地居民的需要；世界旅游组织顾问爱德华、英斯基普认为，可持续旅游就是要“保护旅游业赖以发展的自然资源、文化资源及其他资源，使其为当今社会谋利的同时也能为将来所用”；世界旅游组织在 1993 年出版了《旅游与环境》丛书，其中《旅游业可持续发展——地方旅游规划指南》一书对旅游可持续发展给出的定义是：“在维持文化完整、保持生态环境的同时，满足人们对经济、社会和审美的要求。它能为今天的主人和客人们提供生计，又能保护和增进后代人的利益并为其提供同样的机会。”这一定义是对旅游可持续发展理念地进一步总结，不仅指出了旅游业本身的特质，而且提出了“主人”和“客人”区际公平发展的思想，对旅游可持续发展的国际认定具有重要的指导意义。

（二）国内有关旅游可持续发展的定义

目前我国关于旅游可持续发展比较有代表性的定义有以下几种：

谢彦君认为，旅游可持续发展是指保证从事旅游开发的同时不损害后代为满足其旅游需求而进行旅游开发的可能性；田道勇认为，旅游可持续发展是指满足当代人的旅游需求，又不损害子孙后代满足其旅游需求的能力；汪剑明认为，旅游可持续发展是指在全世界范围实现旅游的环境资源保护目标、社会发展目标和经济目标相结合，在不超越资源与环境承载能力的前提下，促进旅游地持续发展，提高人类的生活质量。

从上述定义来看，虽然国内外不同学者的研究出发点、阐述的着重点和语言表达各有不同，但他们之间却存在着一个共同点，那就是对可持续旅游实质的揭示。可持续旅游发展的实质就是要求旅游与自然、文化和人类生存环境成为一个整体（参见《可持续旅游发展宪章》，1995 年），即旅游、资源、人类生存环境三者的统一，以形成一种旅游业与社会经济、资源、环境良性协调的发展模式。因此，对资源和环境的保护就成为旅游可持续发展的基本出发点。这一出发点要求旅游业的发展必须建立在生态环境的承载能力之上，避免对自然资源、生物多样性和生态环境造成负面影响；要求旅游业的发展能够有效地维护地方特色、文化和旅游胜地的特色，避免对当地文化遗产、传统风俗和社会生活方式造成负面影响，因为丰富多样的自然资源和文化遗产既是旅游业赖以生存发展的基础，也是旅游产品具有较强吸引力和特色的根本所在。一旦破坏了这些资源和环境，就破坏了旅游业赖以发展的基础条件，破坏了旅游产品特有的魅力，旅游业就不可能持续发展，甚至还会给后代人带来不可弥补的损失。

根据上述理论，旅游业可持续发展主要包含四重含义：

一是满足需要。发展旅游业首先是通过适度利用环境资源，实现经济创收，满足东道社区的基本需要，提高东道居民生活水平；在此基础上，再满足旅游者对更高生活质量的渴望（如获取更多的度假机会），满足其发展需要与享乐等高层次需要。在发展中国家，由于人类基本需要尚未得到完全满足，发展旅游业有别于发达国家经济与文化并重的情形，首先应体现为经济增长取向，正如马特（Munt）1992 年在谈到发展中国家旅游业可持续发展时所言，发展中国家政府在考虑可持续性时，始终首先将之视为一个能保证"可持续"财富增长的概念。在我国，"国家对旅游业的战略要求是多创汇，多回笼货币。同时，中国旅游业在整个国民经济中的地位，也主要取决于为国家创汇的数量"。(刘毅，1993)

二是环境限制。资源满足人类目前和未来需要的能力是有限的，这种限制体现在旅游业中就是旅游环境承载力，即一定时期、一定条件下某地区环境能承受的人类活动作用的阈值。它是旅游环境系统本身具有的自我调节的度量，而可持续旅游的首要标志是旅游开发与环境的协调。因此，作为旅游环境系统与旅游开发中间环节的环境承载力，应当成为判断旅游业是否能够可持续发展的一个重要指标。对于可再生资源（如动、植物），必须保证其利用与该资源的"可持续生产"一致，否则会使该物种濒临灭绝。例如以植物为原材料的旅游纪念品不能超过该物种的"可持续生产"；对于不可再生资源，可持续旅游业与其他产业一样，强调资源的节约利用、再利用和再循环。

三是发展机会的公平性。强调本代人之间、各代人之间应公平分配有限的旅游资源，一部分人旅游需要的满足不能以旅游区环境的恶化为代价，当代人不能为满足自己的旅游需求而损害后代公平利用旅游资源的权利。

四是发展战略的共同性。要实现可持续旅游这一全球性目标，必须采取全球性的发展战略和联合行动，在旅游业发展中既尊重所有各方因文化、历史和社会经济发展水平的不同而形成的差异，又要在保护环境与发展旅游方面采取国际统一行动，反对狭隘的政治观、区域观和民族观。

三、旅游业可持续发展的内容

（一）旅游资源保护

旅游资源是旅游业可持续发展的基础，自然生态环境和社会人文环境是旅游业可持续发展的前提。资源和环境保护成为旅游发展规划的一根主线，始终贯穿于旅游发展规划的各个方面。树立新的旅游发展观，从根本上说，是树立和贯彻旅游业可持续发展的观念和原则，不以破坏资源和环境，而以保护和改善资源和环境为发展旅游业的前提。

1. 水体旅游资源保护

（1）江河水体旅游资源的保护。严禁江河两岸的工矿企业和居民生活点直接向水中排放污水，污染严重的工矿企业实行“关、停、并、转”，或建立污水处理设施，居民生活点和旅游接待设施的废弃物也要进行集中处理。

（2）湖库水体旅游资源的保护。妥善处理好旅游开发、水面养殖与水库水质保护的矛盾，对江湖水库资源的开发、利用，要严格遵守不破坏水质的原则。要特别注意对湖库水体的防治工作，在湖库周边地区，积极发展生态农业，如鼓励施用农家肥料，使用无磷洗衣粉，定期对水库进行清淤等。开展水上游乐体育活动，要防止汽油、垃圾和生活污水污染。对城镇居民的生活用水水库，坝口上不得开发旅游项目。

（3）滨海水体旅游资源的保护。对以海洋、海滨（及沙滩）、海鸟为主体的海滨旅游资源，要统一开发和保护。建筑物和防波堤不能离海岸线过近，宾馆、餐馆、游乐场等永久性设施的建筑一般原则上应离海岸线 80 ~ 100 米。沿海的工矿企业的工业污水和旅游区（点）的生活污水，经过处理达到一定标准后才可排放到深海区，尽量减少对近岸海域地污染。对于各项海滩游乐、体育活动要切实加强管理，及时清除各类废弃物，确保沙滩的整洁。各游览海域的交通游览和渔用机动船只，要防止机油和燃油的“跑、冒、滴、漏”，减少对海水的污染。

（4）瀑布水体旅游资源的保护。禁止在瀑布上游和景观所及范围内开办工矿企业，以避免对瀑布景观造成破坏。瀑布上游要栽种保护水源林，不得砍伐林木。在瀑布周围加强绿化，以防水土流失，破坏瀑布景观。建立瀑布蓄水系统，保障全年正常观赏。

（5）温泉水体旅游资源的保护。有计划地开采温泉资源，注意对温泉水脉的保护。应在科学测定温泉流量的基础上，适度开发浴池、温泉宾馆等设施，防止过度开发，以防止水源枯竭。开发温泉疗养项目，应对泉水质量进行科学测定，并在医疗保健部门指导下制定科学的疗养方案。游客使用后的温泉水也应进行适当处理，防止出现新的污染。

确定各类水体的水质标准。城市饮用水质达标率大于95%，江、湖、水库、海水的水质标准参照当地环保规划的要求，确定适当的指标。旅游地的水质标准应高于居民地的一般标准。

2. 地质地貌旅游资源的保护

（1）山体旅游资源的保护。在旅游区内禁止破坏山体环境的任何开发建设。修公路、架设索道、建造房屋等要统一规划，精心设计，科学施工，要与周围山地环境相互协调。对修建索道要持谨慎态度，要全面评估它的经济效益、社会效益和环境效益。索道选址要尽量隐蔽，尽可能减少对环境和景观的负面影响。在旅游景区和游览道路的景观范围内，严禁开采山石、毁林垦荒等破坏植被和景观的活动，保持山体林木风貌的整体性和观赏性。对一些较珍贵或环境容量较小的景区（点），要采取提前预约以及实行二次门票等控制手段。在山地旅游区的外围，开辟新的旅游线路和项目，对游客进行分流，缓解山上环境容量压力。对景区实行短期轮换封闭制度，使其得到休养生息，恢复其原有生态环境质量。山上的各类接待设施，应配备污水、粪便、垃圾等集中处理设施和器具，防止对环境特别是对山下环境的破坏。

（2）溶洞旅游资源的保护。防止溶洞开发过程中的建设性破坏，禁止在洞内进行有可能破坏溶洞生态环境和景观风貌的建设。防止损害、偷盗、销售溶洞资源，严格控制在奇石市场大批量销售钟乳石等溶洞资源，从市场环节上杜绝盗采钟乳石等不法行为。控制洞内瞬时游客容量，防止游客排出的二氧化碳和照相机闪光灯对钟乳石等景观地侵害。在保护已开发溶洞的同时，防止近距离、低水平地重复性开发。新开发溶洞项目，必须对其景观特色、客源状况、交通条件等进行全面分析，确定其开发价值、规模和时序。对大部分溶洞要保持其原始自然状态，适度开发营业性的溶洞探险旅游项目。

在精心编写溶洞导游词，增加导游词趣味性的同时，应提高导游词的科学性，通俗地说明溶洞的地质结构、形成原因和科学价值等。其他有科学和观赏价值的地质地貌资源，如生物化石、典型地质构造、奇特山石、自然灾变遗迹、标准地层剖面等，应分别根据不同情况提出保护措施。

3. 生物旅游资源保护

（1）森林及植物旅游资源的保护。严格执行《中华人民共和国森林法》，通过各种形式开展法制宣传。凡在自然保护区和森林公园内开发旅游项目，必须编制保护与开发相结合的规划，在区内设置生态环境保护展示室、宣传栏，在导游词中加强生态环境保护的科学内容。

加强对森林资源的科学管理，合理开发、利用森林资源。严格控制计划外采伐，积极营造薪炭林和开发沼气等能源，以解决当地居民的用柴问题。加强森林防火、防病虫害等工作，森林公园内要有专职或兼职消防人员，配备消防器材、设施，如观望台、对讲机、灭火器等，对森林病虫害要加强观察、预测，采取适当措施及早控制和消除。在旅游开发和接待过程中，要防止对森林资源地破坏，要加强对游客的宣传教育，禁止（或控制）野炊、吸烟，防止采摘花木枝叶。

在自然保护区和珍稀濒危植物保护中心，应严格执行《中华人民共和国自然保护区管理条例》，不得在它的核心区内开展任何旅游活动，在试验区内有控制地开展有组织地观光、科考、科普活动，但不得建永久性的住宿、餐饮、娱乐和其他大型设施。在缓冲区内可开展观光、科普旅游活动，建少量面积小，高度低，与周边环境协调的旅游接待设施。风景名胜区、自然保护区内尽量少建或不建永久性的大规模的住宿设施，实行“区内游，区外住”、“山上游，山下住”。对生态敏感地段的旅游实行“定量、定点、定线、定时”的保护性管理措施。

森林公园和自然保护区内要设陈列展示中心，向游客介绍生态知识，发放宣传品；海滨岛屿的珊瑚礁、红树林等珍稀生物要采取抢救性保护措施，划拨保护经费，当地要有专门机构和人员保护珊瑚礁，要严惩炸取珊瑚礁的违法行为，严禁和取缔在市场上销售珊瑚制品；对古树名木进行分类登记、定期检查、隔离保护、专人监护。

（2）动物旅游资源地保护。严格执行《中华人民共和国野生动物保护法》等国家有关保护野生动物的法律、法规，坚决打击滥捕乱杀、走私贩卖等违法活动。要禁止和严惩餐馆中出售和食用野生保护动物的行为，这是保护野生动物的有效手段。严格保护野生动物的生存环境，维护其正常的生态系统，建立珍稀、濒危野生动物繁育基地。对珍稀、濒危动物的考察旅游活动，要制定科学、周密的活动方案，经有关主管部门的审批后进行，限定时间、地区和人数，并收取稀有资源保护费。

4. 文物古迹旅游资源的保护

（1）贯彻执行“抢救第一、保护为主、合理开发、永续利用”的方针，严格遵守“修旧如旧”的原则，同时保持其原来的建筑形式、结构，保存原来的材料、工艺，尽量保持其原有的历史风貌。防止周边工矿企业和居民生活的污染物对文物古迹的污染和破坏。

（2）划分绝对文物的保护区、环境影响区、环境协调区等规划保护范围，在不同的区域只允许开展相应的活动和项目。对一些珍贵的景点和景观，要采取高价格手段，以限制游客数量，保护文物古迹和游客自身安全。对木结构为主的古建筑，要特别注意防火、防蚁灾、防雷击等。对珍贵文物古迹．要采取物理、化学、生物和工程等手段，对其进行有效保护，如增加防护栏，建造防水设施，在表面粉刷化学涂料等。

（3）妥善处理好经济建设与文物古迹保护的关系，根据两者的重要程度和价值大小，制定相应的解决办法。在一般情况下，经济建设、城镇建设以不破坏文物为前提，如果发生矛盾，以保护文物为主；在必要时，对文物采取整体搬迁等办法进行抢救。对有历史价值、建筑价值的古民居、村落、街道等要进行抢救性地保护，并申报文物保护单位。

（4）已列为和准备申报世界文化或自然遗产名录的景物，是中国文化和自然的珍品、旅游的精华。它们不仅属于中国，也属于世界；不仅为这一代人观赏、造福，而且要为世世代代人观赏、造福。对这些景物的保护、管理、开发要慎之又慎，来不得半点的马虎和疏忽。

5. 社会旅游资源的保护

（1）对于原始的民族地区的风情民俗，应保持其质朴淳厚的风格，继承优良文化传统，同时吸收外来的进步思想和生活观念，并通过经济发展和旅游开发，逐步提高当地居民的生活质量，在保持地方和民族特色的基础上，实现现代化。

（2）对于少数民族的建筑、服饰、饮食、歌舞、节庆、习俗、体育竞技、手工艺品等，要大力挖掘，发扬精华，去其糟粕，加工提炼成各类旅游产品。对民间流传的山歌、民间故事等要进行抢救性的记录、录音、录像。在少数民族地区尽量不建人造的“民族村”，对于移植到城市和旅游区内的民族村寨，要尽量真实地反映少数民族的风貌，避免过分商业化、现代化。

（二）旅游生态环境的保护

1. 大气环境

主要旅游城市、乡镇和景区（点），要调整燃料结构，普及（管道）液化气、民用型煤或清洁煤，实行集中供热，淘汰污染严重的燃煤锅炉和燃烧器具，减少二氧化硫排放量，控制酸雨扩大趋势。加快对汽车尾气的治理，逐步普及使用无铅汽油，推广使用天然气汽车，提高汽车尾气的达标率。扩大城市烟尘控制区面，对一些城市的老城区要逐步增加烟尘控制区覆盖面积。旅游城镇空气污染指数要控制在 100 内，大气环境质量控制在国家二级标准内，以自然风光为主的旅游地大气环境质量要达到国家一级标准。

2. 水体环境

认真贯彻执行《水污染防治法》、《水污染物排放许可证暂行办法》等有关水环境保护的法律、法规。完成水环境功能区划定和饮用水源保护区划定工作，实施排污许可证申报登记和排污许可证制度，逐步实施排放污染物总量控制。加强废水处理设施的管理，提高其运转率、处理率和达标率，主要旅游城市逐步建设污水处理厂。禁止向地下水体排放污染物，加强地下水保护，划定地下水源保护区，饮用水源水质、水功能区和地表水要全部达到国家规定标准，城市饮用水质达标率大于 95%。控制近岸海域的污染趋势，按近岸海域环境功能区和海洋环境功能区的要求，合理开发利用海洋资源，达到国家规定的与功能相适应的海洋水质标准。

3. 噪声环境

在旅游城市的城区，限制和禁止汽车鸣笛。在可游览的江河、湖泊和水库里使用低噪音的游览船只。城市建成区噪声平均值小于 58 分贝，城市交通干道噪声平均值达到 62 ~70 分贝，旅游区和旅游交通线上的噪声平均值应低于上述指标。

4. 废弃物处理

旅游城市、乡镇要建立污水、垃圾和粪便无害化处理设施。应有足够的符合标准的旅游厕所，厕所的布局及男女厕所内的厕位间比例要合理，厕所均为水冲式或环保型，厕位间普遍设有隔板和门，备有卫生纸，有严格的管理制度，无异味、无秽物。对不具备污水、垃圾和粪便无害化处理设施的旅游区（点），须将其废弃物送到附近的城镇集中处理，山地旅游区（点）普及免冲水式旅游厕所。主要旅游交通道路上，建立包括卫生间在内的旅客服务站。旅游车船上，配备必要的废弃物收集器具，防止直接向外倾洒。旅游地和居民生活区的垃圾逐步实行分类回收、处理。城市逐步提高生活垃圾无害化处理率，最低不得低于50%。

5. 植树绿化

在旅游城市、乡镇、景区（点）、水源地、海岸线、江河上游、道路两旁植树种草，净化空气，防止水土流失。确定主要旅游城市和旅游区的绿化覆盖率指标。城市建成区的绿化覆盖率不得低于10%，要开辟建设城市绿地广场，提倡垂直绿化、阳台绿化和屋顶绿化。

6. 自然灾害防治

对自然灾害的预防和治理也是对旅游的自然生态环境保护的重要部分。对旅游活动产生不利影响的自然灾害主要有洪涝、台风、风暴潮、地震、滑坡、泥石流等，特别是洪涝灾害的破坏程度和后果最为严重。旅游发展规划必须充分考虑自然灾害的不利影响，采取各种措施将其造成的损害减小到最低程度。

建立自然灾害信息系统，及时通报自然灾害的详细情况，使游客科学安排旅游活动。完善防洪工程体系，加强主要旅游城市的防洪排涝设施建设，旅游景区（点）的设施建设要充分考虑防洪、排涝的要求。所有旅游基础设施和接待设施，应按相应的防震、抗震标准进行建设。沿海城市及近海岸的旅游设施，其建设要注意防止台风和风暴潮的影响。

三、环境影响评估和环境影响容量控制

（一）旅游环境影响评估

旅游发展规划中，应包括旅游对自然生态环境和社会人文环境的影响评估，主要内容包括：对生态环境和自然旅游资源的影响；对历史文化旅游资源的影响；对社会文化和社会旅游资源的影响；对当地居民的生计、生活方式和心理的影响。

旅游的环境影响评估要从当地的实际出发，全面地、历史地、辩证地进行，从定性与定量的结合上，客观地分析自然影响与社会影响、经济影响与文化影响、积极影响与消极影响、现实影响与潜在影响、主导影响与次要影响。

进行旅游环境影响评估，要收集领导看法、专家意见、游客评价、居民反映。在专家意见中，既要听取旅游专家的意见，也要听取地质地貌、生物生态、文化文物、环保卫生、社会经济等专家的意见，方方面面都要听。对同一

现象，由于视角不同、观念差异，可能会出现截然不同的评价。在科学的环境影响评估基础上，有针对性地提出发展积极影响、遏止消极影响的对策和办法。

对于以下评估内容，均需要根据其影响的类型和程度加以评估。

1. 空气污染；
2. 地表水污染，包括河流和溪流、湖泊和池塘、沿海水域；
3. 地下水污染；
4. 当地供水系统污染；
5. 平时和高峰期的噪音污染；
6. 固体废物处理问题；
7. 污水处理及洪水问题；
8. 生态系统破坏问题，包括陆地、水域、植物和动物的栖息地；
9. 旅游项目区土地使用和循环问题；
10. 旅游项目附近地区土地使用和循环问题；
11. 环境容量预测和控制；
12. 平时和高峰期行人及车辆拥挤问题；
13. 环境美化问题；
14. 电力和通讯问题；
15. 环境卫生问题，如疟疾、霍乱等疾病；
16. 对历史古迹和文化遗址的破坏；
17. 对重要的和有吸引力的环境特色的破坏，如大树等；
18. 土地流失和塌方等问题；
19. 地震、火山爆发、飓风等环境灾害可能带来的灾害。

（二）环境影响容量控制

对重要的旅游区（点），特别是不可再生的脆弱、稀缺的旅游资源地段应进行环境容量的预测，提出控制旅客流量的措施。

1. 环境容量的三个方面

（1）自然生态环境容量。指旅游目的地的土地、水域、森林、草原、植被、湿地面积，大气质量、温度、湿度、负离子等空气因素，珍稀动植物等生物因素，在某单位时间内（年、月、日、时）能容纳多少游客才不会破坏自然生态环境质量。

（2）社会环境容量。指旅游目的地的经济实力、基础设施规模、生活资料供给能力，以及当地居民对外来文化的接受或容忍程度，在单位时间内（年、月、日）能接纳多少游客，才不会引起当地居民的反感和导致当地社会环境的破坏。

（3）游客心理和生理容量。指旅游者所能接受和满意的游人数量。只有旅游目的地的居民与游客双方共同接受和满意的人流量，才是旅游地合理的环境容量。在这个容量范围内，旅游目的地的自然生态环境质量不会降低，自然、人文和社会资源不被破坏，本地居民的生活质量不会降低，外来游客的旅游质量得到保证，主客双方都感到满意。

目前，我国居民出游集中在周六、周日和假日，尤其集中在国庆、五一、元旦、春节四大节日和暑假，不少地方出现了节假日旅游玩不畅、住不下、吃不好、行不顺，乘兴而去、败兴而归的状况。

2. 旅游环境容量的含义及测算方法

（1）旅游环境容量的含义

在宏观方面，旅游环境容量是指一个较大的区域，如一个城市或区域性的旅游地所能接纳的游客容量。决定该容量的主要因素有：交通运客能力、住宿供给能力、供水能力、供电能力等基础设施条件。可采用国家建设部发布的《城市规划编制办法》及其《实施细则》中的有关规定，结合当地旅游住宿设施状况进行测算。在微观方面，旅游环境容量是指一个旅游区（度假区、风景区、自然保护区、森林公园、主题公园等）、旅游点（寺庙、游乐场、博物馆、名人故居等）的所能承载的最大容量。决定该容量的主要因素有：可游览面积，可进入的线路或“瓶颈”容量，水、电、住宿等供给能力。

（2）测算方法

一个旅游区（点）的总容量一般用面积容量法、线路容量法和“瓶颈”容量法三种方法测算。

单位规模指标（平方米/人）＝游览面积（平方米）/合理容量（人）

游览面积（平方米）＝合理容量（人）×单位规模指标（平方米/人）

周转率＝每日可游时间（小时）/游人平均逗留时间（小时）

合理容量（人）＝风景游览面积/单位规模指标×周转率

高峰日容量（人次/日）＝合理容量×周转率

年容量（人次/年）=全年可游天数×平均日容量

或：年容量=（全年高峰日数×高峰日容量）+（全年普通日数×普通日容量）

实地观察和调查也是测算游客容量的可靠办法。在不同季节（春夏秋冬或旺季淡季）、不同日子（节假日和平日）、不同时段（早中晚或上下午）统计游客人数、游览宽松或拥挤状况，可大体测算旅游区（点）合理容量、最高容量、最佳容量。

为了保护环境与资源，保证旅游质量，可采用的办法有：开辟新的游览、度假、娱乐区（点），扩大旅游面积，分流游客；合理组织区（点）内旅游线，疏导游客错开主景点的游览时间；用季节差价、时日差价，调节游客量，错开高峰日（时）；通过发布信息、安民告示，引导游客选择适当地点、时间出游。有序开发，留有余地。旅游资源的开发要分区、分期、分批地有序推进，留有充分的余地。对于目前没有条件开发的旅游资源，要以保护为主，留给后代去开发。未来是在高科技基础上的信息时代，知识经济社会的发展与变革，是我们无法想象的；未来人的旅游观、资源观、产业观也是今人所无法预料的。旅游开发是千秋万代的事业，旅游发展规划要留出充分的地域和时间空间，让后人按他们的理念去开发。

[资料]

西藏旅游经济发展探析

旅游业是西藏经济发展的主导产业之一。在西部大开发和青藏铁路通车的良好宏观背景下，西藏旅游经济将显示出更大的发展潜力。在西藏总体发展水平还比较低的条件下，要实现西藏经济的跨越式发展，根本途径是坚持发展西藏支柱产业和特色产业，尤其是充分发挥和利用西藏旅游经济发展的比较优势，获取比较利益。

一、理论源流：比较优势原理

比较优势原理是基于国家或地区贸易的基础上提出来的，主要有亚当·斯密的“绝对优势”学说、大卫·李嘉图的“相对优势”学说和赫克歇尔·俄林的“比较禀赋优势”学说。

亚当·斯密的“绝对优势”学说认为，贸易的基础是各国或地区之间生产技术的绝对差别，如果一个国家或地区集中生产并出口自己的优势产品，引入自己的劣势产品，其结果比自己什么都生产有利，但“绝对优势”学说不能解决没有绝对优势的国家或地区的贸易问题；大卫·李嘉图的“比较优势”学说认为，贸易的基础并不限于生产技术上的绝对差别，只要各个国家或地区之间存在生产技术上的相对差别，就会产生出生产成本和产品价格的相对差别，从而使各个国家或地区之间在不同的产品生产上具有比较优势，彼此之间的分工和贸易便成为可能，每个国家或地区都集中精力生产并出口其各自具有比较优势的产品，引进具有劣势的产品，从而获得比较利益。按照“比较优势”学说，贸易双方只要通过正确的比较，“两优相权取其大，两劣相权取其小”，就可以获得比较利益。

赫克歇尔·俄林的“比较禀赋优势”学说认为：不同的商品需要不同的生产要素比例，而不同的国家或地区之间彼此拥有的生产要素的比例不同，在生产那些能够比较密集的利用其较充裕的生产要素的商品时，就必然会有比较利益产生。因此，每个国家或地区应出口运用本国或地区充裕的生产要素所生产的商品，引进运用本国短缺的生产要素所生产的商品，这将使本国或本地区的资源及各种生产要素得到最有效地利用，发展自己的优势产业，使贸易双方都获得比较利益。

二、研究视角：西藏旅游经济发展的比较优势

1. 自然生态环境比较优势。独特的高原自然生态环境使西藏处处是蓝天碧水，充盈天籁之音。它拥有从原始森林到高山草甸、从土肥草茂的藏南农区到高寒山地荒漠、从广阔无垠的高原草场到世界著名的喜马拉雅山大峡谷等地理奇观，它是藏羚羊等野生动物的天然聚居地，也是冬虫夏草等珍贵中草药的发源地。这种原始的自然生态环境正是人们所向往的新奇、自然、返璞归真为特征的“回归大自然”的理想之地，对于旅游观光、科考、探险无疑有着得天独厚的比较优势。

2. 宗教人文环境比较优势。西藏是藏族人民聚居地，藏族人民悠久的历史和古老的传统文化以及藏传佛教形成了其独特的文化体系，使西藏极具神秘色彩和诱惑力。它不但有灿烂的文化，辉煌的古刹、俊俏的冰川雪峰，还有那充满神秘的雪域情调的神山圣湖，吸引了全世界的朝圣者来此朝圣沐浴以求功德。这在吸引对藏族文化有着浓厚兴趣者和佛教徒们方面有着绝对优势。

3. 产业政策环境比较优势。西藏旅游经济的高速发展，一方面应归功于国家的技术、资金的对口援藏政策和自治区的产业政策。各类行业的援助不仅为西藏的基础设施建设、各项事业的发展、各类人才的培养等发挥了关键的作用，也为西藏旅游业的发展奠定了坚实的物质基础。同时，自治区把旅游产业作为西藏主导产业和特色产业之首，给予了各种技术和经济政策保障。与我国的其他省区相比，西藏旅游产业所处政策环境的比较优势是十分明显的。

4. 旅游资源比较优势。西藏的旅游资源主要有以下三类：一是高原自然景观。作为“世界屋脊”的西藏拥有丰富的立体景观，高山、草原、林海、冰川、河谷、珍稀动植物应有尽有。如世界最高峰珠穆朗玛峰，世界大峡谷之——雅鲁藏布大峡谷，怒江、澜沧江、金沙江三江并流的奇异景观等，均给人以巨大的冲击力和震撼力，以纯净无污染的原始状态给人以不可抗拒的吸引力；二是历史宗教文化景观。藏民族有着相当悠久的历史，在独特的自然条件和社会环境下创造了博大精深的文化。而这些历史的、宗教的、文化的传统，都较系统地保存并体现于遍及西藏各地的大小寺院、建筑、壁画、雕塑等文物古迹，如布达拉宫、扎什伦布寺、萨迦寺、大昭寺等；三是高原民族民俗风情。西藏人民在高原特殊的自然环境中形成了极富特色的民俗风情，并以完全不同的风格全面展示了高原都市、农村和牧区独特的风俗文化，把独特的高原民风渲染得淋漓尽致。西藏的旅游资源对中外游客的吸引力无疑具有很强的比较优势。

5. 旅游产业比较优势。旅游产业与其他产业相比具有高度的外向性和关联性，旅游业所产生的人流、物流、信息流可以打破西藏地区的封闭性，为其他产业的发展开拓生存空间，改善生存环境，培育出新的经济增长点。尤其是对其他产业发展构成制约的、独有的自然环境和封闭的人文环境，反而构成了西藏旅游业独特的优势因素。因此，西藏发展旅游产业比发展其他产业具有显著的比较优势。

综上所述，西藏旅游业相比于内地的旅游业具有比较优势，西藏发展旅游产业可获得比较利益。

三、比较与反思：基于比较优势的西藏旅游经济发展对策

1. 加强旅游资源保护，实现西藏旅游经济健康和谐发展。目前，西藏旅游经济发展所依托的旅游资源、生态环境和人文环境等方面虽具有比较优势，但这种比较优势具有相对性和动态性。比较优势的消长取决于对自身比较优势

载体的保护、培育和发展程度。随着西部大开发政策在西藏地纵深推进，青藏铁路的建成和开通，西藏旅游对外开放力度地逐渐扩大，进藏游客将不断增加，这在一定程度上会推动西藏旅游经济的发展，同时也必定会对西藏旅游所依托的比较优势，产生负面影响。因此，应转变观念，明确思路，采取措施，在保护资源的前提下进行有效开发，尽可能在保持原始自然风光的基础上开展生态旅游、在尊重和保留地域文化多样性的基础上开展民族风情和宗教文化游、在严格保护的前提下开展文物古迹游等，以实现旅游资源、旅游产业、旅游经济地科学发展。

2. 创建精品旅游胜地，提升西藏旅游经济核心竞争能力。充分发挥比较优势，吸引更多的游客是西藏旅游经济发展的直接目标。西藏旅游业总体上是以传统文化观光旅游为主，其他旅游形式为辅，旅游缺乏多样性，市场潜力有限，没有充分发挥西藏旅游资源的比较优势。因此，应充分发挥西藏具有比较优势和绝对优势的旅游资源，如藏东三江流域高山峡谷区、雅砻河国家级旅游资源区、雅鲁藏布江深切峡谷区、珠峰自然保护区等适合发展生态旅游以及民族特色旅游的世界极品旅游资源，创建国际精品旅游胜地，推出各种旅游精品，不断提升西藏旅游产品的档次和水平，以培育稳定的客源市场，实现西藏旅游经济地持续发展。

3. 实施大旅游产业战略，培育西藏旅游经济整体比较优势。西藏在旅游基本要素方面具有比较优势，但在旅游经济得以良性循环的支撑条件方面又存在不足。为此，西藏应实施大旅游产业战略，即以旅游业为龙头调整优化产业结构，按照旅游业与其他产业的关联度，分轻重缓急整体实施大旅游产业战略，切实构建起以旅游业为支柱产业的新型产业集群，培育西藏旅游经济的整体比较优势。具体来讲，就是要在政府加大旅游产业投入、扩大西藏旅游开发程度和旅游产业政策倾斜力度的同时，多方筹集资金，加强西藏基础设施建设和旅游景点的建设，不断改善和提高西藏旅游的可进入性和吸引力；加快对外开放的步伐，吸引国内外资金进入西藏旅游经济领域，促使西藏旅游经济的经营理念、资金、人力资源、管理水平等的整体提高；进一步发展西藏教育事业，提高全区人民整体素质特别是旅游从业人员等窗口行业的人员素质，引导全区人民树立旅游经济发展无边界观念，提高大旅游产业的整体服务能力和管理效率。

（资料来源：http：//blog. sina. com. cn/s/blog_ 4a1065a50100069b. html）

【思考题】

1. 旅游业不能可持续发展的原因是什么？

2. 旅游业是否存在对经济增长的不利影响？

3. 出境旅游是否能够促进经济增长？

4. 国内旅游对经济增长的作用大还是国际旅游对经济增长的作用大？为什么？

5. 旅游经济波动会对就业带来什么影响？

6. 旅游经济波动的原因是什么？

7. 应该如何应付旅游经济的波动？

第十二章 旅游经济运行调控

旅游市场是旅游经济运行的基础，利用价格机制对旅游资源进行调节，然而我国旅游市场存在社会服务质量体系不健全，法律基础不完善等客观现实，使市场的调节作用不能完全地发挥。为了弥补市场作用不足，作为市场机制的补充，要求政府参与旅游经济运行调控，即需要利用宏观调控克服旅游市场缺陷。旅游经济运行调控在于分析其存在原因，即分析市场失灵与政府参与调控原因，在此基础上构建旅游经济运行社会服务质量体系、完善法律规制建设及进行政府旅游管理创新。

第一节 旅游市场失灵及政府干预

一、旅游市场失灵及原因

（一）旅游市场失灵

对旅游市场失灵的理解可以借鉴市场失灵的概念，市场失灵是指通过市场价值规律这个看不见的手无法实现资源最佳配置、效率最高的情况，市场失灵是市场机制在不少场合下会导致资源不适当配置，即导致无效率的一种状况。

旅游市场失灵是指在一般情况下，旅游相关供给厂商主要根据市场信号进行自我调节、自我决策、自主运营，市场机制在旅游经济的运行中发挥基础性作用，但是市场价值规律这个看不见的手无法实现资源最佳配置、效率最高的情况。

（二）旅游市场失灵的原因

市场失灵原因是当商品或服务的边际社会收益超过边际社会成本时，市场无法或不愿意提供该类产品或服务。

旅游市场失灵的原因主要包括旅游产业经济运行中因外部性、公共产品等原因导致的市场失效，以及对旅游市场垄断行为。

旅游产业经济运行中外部性指旅游活动过程中造成周围环境改变，使得环境卫生水平下降、污染状况恶化、植被破坏以及文物古迹的破损等情况。此种外部性一般指经济学中的负外部性。

大部分旅游产品具有公共产品特性，具有非竞争性与非排他性，其生产来源于自然环境、公共供给（部分私人供给），需求来源于广大的消费者（旅游者），在旅游者利用旅游资源后，会对环境及旅游资源造成改变或损害。此时除必要的经济措施，大部分要由政府进行管理。

旅游市场的垄断行为主要是指旅游资源的独特性，地方可以利用旅游资源的独特性垄断旅游产品的价格，包括门票价格、其他旅游社会服务产品的价格等。

二、政府对旅游市场干预

（一）政府的角色

政府的角色是旅游业中既重要又复杂的一个方面，它包括各项政策和各种政治理念，中央政府对旅游行业的干预只是相对较近期的行为。随着旅游成为一种大众时尚并在二战结束后不久达到高峰，政府的参与随之增多。在20世纪80年代的经济繁荣期，政府开始转向市场经济并逐步淡出旅游业的经营，而更多的是通过培养旅游社会服务体系、加强法制建设鼓励大众旅游、扶持旅游行业地快速发展，进而实现对旅游产业发展的宏观调控。

如欧洲经济合作组织进一步扩大，一些较富裕的工业化国家也纷纷加入，已拥有24个成员国，其中美国和日本在重新组建的经济合作与发展组织中占有举足轻重的地位。虽然有关旅游业的活动开始减少，但经济合作与发展组织在此期间发表了一篇著名的报告《1966年旅游业的发展和经济增长报告》，这是第一次从政府层面上来审视政府在旅游业及其政策制定中所扮演的角色。

这份报告强调，各国政府在制定旅游政策时有多种选择：

（1）确定适当的旅游增长速度，鼓励大众旅游或倾向于较慢而有选择的增长。

（2）国有企业和私营企业各自在旅游业发展中所起的作用。

（3）在国家和地区发展计划中应给予旅游业优先发展的程度。

（4）确定是否可以把旅游业与国民经济其他增长部门等同对待或者旅游业是否需要特殊的行政和信贷政策。

在国外现实中政府所扮演的角色为：

（1）利用规划调节旅游行业发展。公共运输行业，包括交通运输、铁路和航空，大部分都是由国家来控制。旅游业和度假区的发展大部分依赖于政府规划，在二战后最初的几年里，主要依赖国家补贴和财政的重点扶持。国家旅游政策反映出了一种通过刺激对外贸易和外汇收入使收益最大化的简易途径，并逐渐成为地区发展计划的有力支撑。

虽然政府的政策和措施远不尽如人意，而且实行起来不够充分，但是很少有人争论政府是否在旅游业中扮演着恰当的角色，或者从专业的角度来理解各种规模的政府干预的必要性及其结果。

（2）保护国家遗产和环境方面的文化效益，为本国及国外游客在休闲和娱乐方面带来的社会效益及经济效益。国家在发展旅游的同时，利用行政、法律及经济手段维护旅游环境的完整，保护国家文化遗产。在为国内外公民提供休闲与文化环境同时，获得社会及经济效益。

（3）利用旅游发展产业从创汇向创造就业转化。随着时间的推移，国家政策和政治结构难免会发生一些变化。从战后经济恢复至1960年这段时间里，赚取外汇是旅游业的主要目标，至少在欧洲是如此，在20世纪70年代，贫穷地区和经济衰退地区的经济发展成为更重要的目标，之后，创造就业机会又成为许多地区的主要任务。

（4）政府调控旅游经济运行的能力受到挑战。社会和环保目标对旅游业产生了强有力地影响，而这些影响对旅游业的发展起到了一定的制约作用。某些社会和文化目标开始带有政治色彩，例如消费者保护主义和绿色运动，这些目标是为了迎合当地居民而非旅游者，它们通常利用规章限制旅游业发展，降低财政支出对旅游业的扶持力度。政府结构的变化，尤其是在权力下放、私有化、市场化方面的发展趋势，进一步削弱了政府通过直接干预来支持旅游业的能力。

（二）政府调控旅游经济运行的主要职能

在早期，中央政府很少或几乎不参与旅游事务。直到20世纪30年代经济大萧条之后，政府才开始意识到，旅游作为一种经济和社会力量，对国家和地方的经济将产生重大影响。当时，政府对旅游的干预主要出于经济上的考虑。

随着经济发展与时代进步，政府调控旅游经济运行的职能逐步完善，可以概括为，政府对旅游经济运行的产业规划职能、旅游经济运行组织职能、旅游产业协调发展职能、旅游产业发展监控职能、合作与扶持职能。

1. 旅游产业规划职能。中央与地方政府把旅游产业发展作为新兴产业制定其发展规划，在总结分析旅游业发展现状和面临形势的基础上，制订国家与各地区旅游产业发展规划纲要。其中包括，对旅游产业发展现状和趋势分析，分析国家或当地旅游产业的发展状况及发展中存在的问题，优势与劣势、机会与威胁。在分析基础上，确定旅游产业发展思路和目标，其中一般包括国家或地区旅游产业发展要遵循的原则，如坚持可持续发展原则、坚持市场导向原则、坚持改革创新原则、坚持突出特色原则、坚持以人为本原则、坚持产业化组织原则；制定发展战略，如精品名牌战略、外向带动战略、产业集聚战略等；明确发展目标。规划旅游产业空间布局与旅游产业发展任务，最后明确旅游产业发展的保障措施。

2. 旅游经济运行组织职能。就是中央与地方政府通过自身的机构和人员对已经制定的产业规划、产业政策及路线加以具体实施。包括对政府管理旅游产业机构的科学设置、有效调配和运用，对产业发展规划目标和任务加以分解并运用自己的力量加以实施，对执行计划的人员进行选配、培训、考核和组织，对财力、物力进行必要的行政筹集和供应。

3. 旅游产业协调发展职能。旅游产业协调发展职能就是要协调好与旅游产业相关政府各部门之间、部门内部人与人之间、各种活动之间的内在联系，使之协同有序。协调的主要内容包括：政策性协调（防止政策前后矛盾）、计划协调、职权协调、人事协调、机构协调等。

4. 旅游产业发展监控职能。政府的监控职能是两个方面：①监督职能，监督各级政府及其他部门对旅游相关法规的执行情况，政府行使监督职能，不仅要及时检查违法活动，而且更要采取强有力的措施及时制止违法活动；②控制职能，就是对管理活动进行监督、检查并及时反馈，使管理活动按计划进行并取得预期的效果。

5. 合作与扶持职能。旅游业在相对自由的市场条件下发展得很快。更为高效、安全和快捷的新型交通运输工具，尤其是铁路的发展，极大地促进了旅游客流量；新的度假地和一些大型的城镇在很短的时间内就建立起来；同时，一种有效的公私合作关系确保了度假地或旅游地区的繁荣。

现代旅游业主要是通过市场经营和政府资助这一方式发展起来的，而每个度假区为争夺生意而激烈竞争。事实上，最激烈的竞争经常发生在两个相邻的旅游度假区之间，即使它们可能是为了本地区的一个共同的利益。然而在早期，旅游者主要依靠公共交通，并且没有多少流动性，他们只是呆在自己所选择的度假区，一直到很久以后，随着流动性和旅行频率的增加，地方旅游、地区旅游、甚至是全国旅游才变得可行而且很有必要了。

（三）政府干预的内容

政府对于旅游经济干预的内容主要包括：经济性干预、政治性干预、福利性干预、慈善性干预、社会性干预以及行政性干预，这些干预常常同时出现，互相融合。

对旅游经济的经济性干预是政府干预的主要内容，经济性干预主要通过干预营销、税收来完成。历史证明，大多数国家政府在国际营销方面进行着干预，度假区允许征收过夜税。然而从总体上来说，在西方民主国家里，国家的干预非常有限，规模也很小，主要是把旅游业当作一项对外贸易和创汇途径来促销。

最为典型的是在欧洲经济复苏阶段，旅游业第一次不只是因为具有赚取外汇的潜力而受到重视，而且还作为一项重要产业被放在了优先发展的地位，因此也成为偿还为恢复战后经济所借巨额美元贷款的一种手段。欧洲经济合作组织成立了旅游委员会，该委员会制定了复苏旅游业的计划，取消了对旅游业在外汇、海关、护照和签证等方面的诸多限制。在政府的资助下，通过 1949 年新组建的欧洲旅游委员会，西欧一些国家的国家旅游局在美国掀起了一场“来欧洲旅游”的大型促销活动。

在这个时期，大多数欧洲政府在本国经济复苏计划中，都对旅游业给予高度重视，以财政、金融、计划和其他形式的资助实行国家干预。当然，这个阶段是政府较多参与经济和工业事务的阶段。当时的欧洲国家，包括许多社会主义国家，在很大程度上实行的是半计划经济，而不是后来很受欢迎的以市场为导向的市场经济。

对旅游干预的福利性、慈善性以及社会性。这主要表现为对一些特殊群体，如人口中的弱势人群提供资助。这些特殊群体通常是穷人，他们既无法享受假期或追求休闲，也不是商业部门锁定的对象。这种非商业性和非赢利性的干预中有一些是慈善性的、福利性的，甚至是政治性的。

当然，政府的间接干预还是很多的，如通过国家铁路系统干预交通，以及对博物馆、文化遗产、艺术和体育设施的文化支持等，但是，其主要动机是为了本地居民而不是旅游者的利益。

一般来说，政府认识到公有部门必须承担的职责包括保证健康与安全、维护公平贸易、保护消费者利益和进行交通基础设施——如公路、铁路和港口建设，这些都是本国民众最为关注的。政府与私人企业共同提供娱乐设施，保护环境和当地独特的文化遗产。

虽然政府在以上领域里较为活跃——通常是把原来为本国民众提供的服务项目提供给“外来游客”，但是往往缺乏真正符合游客利益的协调方式，可能会为游客们做些事情，但往往总是很勉强、很粗糙的，并且没有旅游服务供应商地必要参与。

在地区和地方层次上，特别是在度假区，国有企业通常提供诸如公园、运动场所、会议室、音乐厅、展览中心和交通等设施和服务。这些工程中的许多都十分庞大，并且通常在很大程度上需要商业企业地参与。除此之外，市政府，特别是度假区政府，必须承担起一些有关营销、信息、接待和产品开发等方面的基本职责。

第二节　政府扶持旅游社会服务质量体系建设

一、旅游社会服务质量体系概念

对于旅游社会服务质量体系概念，各种文献还没有统一的理解和含义，本文认为，“旅游社会服务质量体系是指为了使服务质量符合所设定的标准，达到满足顾客期望程度，由各项子系统组成的相互作用、相互联系的整体”。旅游社会服务体系包括旅游者系统的社会服务体系、旅游业系统的社会服务体系。

旅游者系统的社会服务体系包括专门旅游者、被吸引旅游者、普通旅游者的旅游服务体系；旅游业系统的社会服务体系包括旅游饭店业、旅行社业、旅游商品业、旅游餐饮业、旅游景区服务体系。其中旅游业系统的社会服务体系是旅游服务体系主系统的主体，而其本身也是一个复杂的系统，由食、宿、行、游、娱、购六个子系统构成，他们相互协调、相互配合，共同支持着旅游业这个庞大的体系，使得旅游业这一主系统得以正常运行。在旅行者旅游期间，旅游饭店、旅行社与旅游景区在这一系统中处于主要地位。

二、旅游业系统的社会服务体系组成

1. 旅游饭店业

饭店业是旅游产业的重要组成部分，它不仅是接待旅游者的主要部门，而且是旅游收入的主要来源，据有关资料统计，旅游饭店业收入占世界旅游产业总收入的50%左右。旅游期间专门旅游者如运动员、教练员、裁判员及体育官员等将由政府安排在指定的饭店、运动村及大学校园入住，他们肩负起接待专门旅游者的主要责任，而来自世界各地的旅游者则由其他饭店接待。这就要求旅游目的地的各大饭店应积极改善自己的硬件设施及软件环境，完善自身的经营模式，搭建信息管理平台，借鉴先进管理模式的同时突出自己的主题与特色，体现出本地的传统文化与品位。因此饭店应根据自身特点相应增加部分的投入，以满足旅游者的需要，同时旅游者对经济型酒店的需求也会增加，因此，旅游行业部门应加强对中低档饭店的等级评定及改造其在经济安全的前提下提供舒适的环境和便捷的服务，保证旅游者对各档次饭店的需求。

2. 旅行社业

旅行社是旅游服务供应企业与游客之间的中介组织，是旅游产品的设计者和销售者，旅行社不仅是旅游产业的组成部分，而且是旅游业的支柱产业之一。旅行社不仅是组团与接团的中介组织，更是旅游产品的设计者。面对众多的国内外旅游者，旅行社在传统产品的基础上应开发精品线路与特色线路，尤其是针对特殊旅游者的特色产品。同时只提供行、宿的自由性还应引起旅行社的关注，还应加强对多语种翻译、导游、领队等的培训，提高导游人员的素质，提升其服务质量。由于旅游经济与赛事经济、假日经济的带动作用和辐射效应，旅游期间旅游城市周边地区也将成为旅游的热点地区，因此旅行社在设计市区及近郊旅游线路的同时，应与周边省市的旅行社联合推出区域旅游线路，这不仅可以缓解赛事、假日等旅游期间游客集中度高给各旅游区带来的压力，而且带动和促进了周边旅游业的发展，将旅游经济的效应发挥到最大。

3. 旅游景区

旅游景区是旅游者旅游活动得以实现的物质载体，是旅游业系统中的重要环节。旅游者旅游期间，各景区除了最大限度地发挥自身原有的特色外，还应组织各种参与性强的活动，尤其是针对特殊旅游群体的活动，如文化艺术活动、中外大学生知识问答、业余滑雪竞赛、有获奖运动员参加的各种活动等，使旅游者可以在主题旅游外体验到其他的激励与刺激，体验到旅游目的地的热情，使旅游活动不仅仅局限于观光游览，而且成为旅游者交流与互动的平台，成为中外游客尽享欢乐的舞台。因此，旅游服务系统的建立不仅要使食、宿、行、游、娱、购各大子系统的内部功能更加完善，最主要的是将这六大子系统纳入到旅游服务系统这一大系统中运行，建立共同的营销系统整体促销，节约成本，扩大辐射面。

有的文献认为旅游社会服务体系就是旅游服务质量体系，是以旅游企业（包括旅游区、宾馆、饭店、旅行社等）为载体提供的服务产品或信息满足旅游者物质和精神需求程序的一个系统。根据旅游者的旅游购买过程，可将此系统分为旅游购买行为前、中、后三个服务质量子体系。

三、我国旅游服务质量体系存在的问题及原因

（一）我国旅游服务质量体系存在的问题

1. 功能性质量不稳定。功能性质量是指服务结果的质量，属于服务的可见部分，由于目前众多的旅游企业在服务质量体系中各个子系统之间缺乏有效的衔接机制，造成无法向旅游者提供高质量的旅游产品，特别是在旅游旺季，游客量的增大更加大了各子系统之间的衔接难度，主要表现在：

（1）旅游企业内部纵向衔接不完善，往往顾此失彼。比如某旅游景点在客源充足时，只注重眼前利益，而忽视了环境卫生质量和景点秩序，且提供服务的随意性大。例如一项对在杭州旅游者的调查报告发现，认为杭州市各旅游景点秩序卫生条件好的只占总数的8.74%，而认为差的却占6.47%，大于5%的基本限度，从中可反映出杭州旅游中的部分问题。

（2）旅游企业之间横向衔接不完善。比如各宾馆饭店与交通部门的票务预定系统不完善，经常出现错误，最终导致游客滞留，引起游客的不满。

2. 技术性质量欠佳。技术性质量是指服务过程的质量，是服务的可感知部分。目前不少旅游企业对技术性质量不够重视，服务缺少可信度。具体表现为：

（1）服务意识淡薄。现代旅游业的员工必须具备的服务意识有：第一，

自我角色意识。服务人员在岗位服务期间必须进入服务角色，也就是一定要揣度客人的感受心情与需求，向客人提供所需的服务；第二，企业声誉意识。服务人员在向客人提供一切服务时，其服务程序、服务质量标准及服务效率等方面均要以维护企业的声誉为准则；第三，合作意识。服务人员的工作岗位，工作职责虽然有明确分工，但是相互之间必须密切合作，时时刻刻要视游客的需要为自己的工作或服务目标，绝不能机械地站在自己的岗位上，要有团队合作意识；第四，优质意识。即服务速度迅速，服务质量优良。我国旅游服务在以上四方面均存在不同程度的不足，具体表现为视宾客的呼叫为麻烦；对各种消费层次的客人不能一视同仁，重视高消费群体，轻视普通消费者；将自己的喜怒哀乐情绪带到工作岗位；对集体的效益声誉不关心，只注重自己的工资福利；部门间协调不到位，存在服务空白地带；接待顾客投诉时互相推诿，不能承担责任，服务速度慢等。

（2）服务态度冷漠。步入旅游企业的客人是企业经济效益的重要来源和日常经营的重要对象。这就要求服务员对待客人态度要和蔼、热情、不卑不亢、大方有礼。而这又要通过恰当的仪表、得体的举止、热情的语言来表现。但我国旅游服务遇到宾客要求时急躁、厌烦、办事马虎、与宾客争吵以及语言不健康、衣冠不整洁，举止不端庄的现象依然存在。例如：心情烦躁时在宾客面前绷着脸，没有好颜色；不顾及客人心理，染头发、蓄胡子、穿金带银；服务时出现前扶后靠、摇腿跷脚等不雅观的表情。服务态度与服务质量是紧密联系在一起的，没有良好的态度，就不会有良好的服务质量，也势必影响我国旅游业的发展。

3. 服务水平个性化比较差。第二次世界大战结束至今，现代旅游业已经过四、五十年的发展，服务水平有了阶段性地提高。最初旅游业经营者给顾客提供标准化、规范化等相对呆板的服务方式，然后针对顾客的个人需求，提供个性化服务，再给顾客提供超值的享受服务；发展到今天，推出只要顾客不提出违反法律的要求就无条件满足的金钥匙服务。服务水平日益提高，顾客如上帝般享受的心理感受也日益满足，但旅游服务的整体水平与国际水准仍有一定的差距。我国的旅游企业制定了各式各样的管理模式、服务标准，详细规定了员工的岗位职责、服务程序、接待方式，以及员工未按规定操作所必须承受的处罚等，这种规定使管理有章可依，但也从制度上束缚了员工的服务灵活性，使得服务方式规范而呆板，缺乏随机应变的条件。

4. 信息不完善。就目前我国旅游服务质量体系而言，旅游管理部门或旅游企业向旅游者提供的信息严重不足或属无效信息，旅游者明显处于劣势。主要表现为：信息的非交互式，主要是管理者流向游客的单向沟通，旅游者只是信息的被动接收者；信息内容单一，大多为固定信息，缺乏实时信息或可满足用户特殊需要的信息；横向沟通缺乏，办事程序复杂，效率低下；对旅游者的售后服务信息关注不够，反馈信息得不到合理及时地反应，应急措施得不到保障。

（二）我国旅游服务质量体系存在问题的原因

1. 服务质量体系缺乏相应的规章制度。目前我国还没有设立专门协调各旅游企业之间服务质量信息沟通方面的机构，使各行业无法了解到服务体系的最新动态。其次，规章制度的不健全及不合理，不仅使有些企业有漏洞可钻，也不能促使企业更好发展，特别明显的是，在一些旅游中介机构中目前尚无相应规章制度对其形成约束。同时，随着中国加入 WTO，各地旅游企业提前对外开放，而很多地区都还在实行地方保护主义，这样既不能保证高质量的服务，也不利于地方旅游业的发展。另外，旅游业存在多头管理、行业标准的可操作性差，没有相应的应急或补救措施或条款等问题。

2. 服务功能与市场需求不符。旅游企业在面对旅游者的前期决策过程中，往往没有切身考虑到旅游者的特殊需求及自身所特有的功能，忽视了产品的服务特性，因而不能正确识别细分市场的特殊需求，导致制定或承诺的服务质量无法反映旅游者的需求。例如，作为历史文化名城的杭州，不少景点的管理权分别属于不同等级的文物保护单位，而这些景点的管理者在如何保护文物上较为重视，但对其旅游功能缺乏足够的认识，对其特殊的服务性及细分市场了解甚少，从而影响了旅游景点的经济和社会效益，杭州的于谦故居以及良渚文化遗址门可罗雀的现象即证明了这一点。另一方面，不少旅游企业在前期促销宣传时，常会对有特色的服务夸大其词，而忽视了相应的配套服务的提供，导致旅游者对服务质量产生不合理的高期望。

3. 实际提供的服务与旅游者所体验的服务差距大。首先，这是由于我国的旅游企业缺乏相应的高素质人才造成的。我国的教育水平比较落后，文盲较多，在有文化的人口中，受过高等教育的专门人才比例偏小。这种大的国情环境，加之旅游业作为新兴产业专门教育尚未跟上等原因导致旅游业从业人员整体文化素质偏低，绝大多数只有初高中学历。这种情况又影响到心理素质、职业道德素质、接受能力和应变能力等方面。因此，心理素质欠缺，缺乏吃苦精神和献身旅游业的坚定意志；职业道德素质低，不能正确处理个人私利与社会公利的矛盾；工作马虎，社会责任感不强，态度恶劣等现象比比皆是，这些现象严重影响我国旅游业的形象和旅游业地进一步发展。

其次，我国的旅游企业管理也相对落后。我国现代意义上的旅游企业从20世纪70年代末期才开始出现，比世界旅游企业的现代化晚了20多年，短时间所积累的管理经验不足和缺乏专门人才等因素，使旅游服务的管理也相对落后，具体表现为：管理理念唯上级是从，强调绝对服务，因而导致上下左右关系紧张，对旅客服务不和谐，计划管理和组织管理不到位，造成人力资源和设施资源地双重浪费。由于缺乏整体规划，在人力资源和设施资源的问题上，我国普遍存在新企业与大企业技术装备先进，设施豪华，但对旅客的软件服务跟不上，缺乏管理经验和熟练的服务技能等问题。而老企业与小企业存在设施落后但管理经验足，服务技能熟练但缺乏更新的现象，企业内部设施应用方面也缺乏有效地监督，以致设施造价高，应用不合理。在人力资源管理方面，重约束而轻激励，赏罚不明导致员工缺乏工作激情。因此，不论是国内旅游业大环境还是企业内部小圈子，都形成人力资源和设施资源双重浪费的现象。

4. 没有重视旅游者的购买后行为。旅游者体验服务后，就进入购买后行为阶段，而旅游企业的管理者常会对这一阶段不够重视甚至忽视。如果旅游企业不能预计到或无法接收到关于旅游者购买后的心理感受，就不能采取具体有效的对策来弥补，进而会损害企业的形象，同时旅游企业也无法及时发现服务体系中存在的问题，更无法及时地完善，因此形成恶性循环。

四、政府扶持我国旅游服务质量体系的对策

（一）加快规章制度的建设

加入WTO以后，中国旅游业对外提前开放，使旅游企业的外部环境发生重大改变，而我国旅游企业由于长时间的地方保护机制，滞后了市场的进程，阻碍了企业体制改革，延缓了现代企业制度的建立。因此，在贯彻落实我国的旅游管理条例等现有法律法规文件的基础上，应进一步落实旅游佣金制，以规范市场秩序；其次，必须通过进一步完善法律法规体制来打破地方保护机制，引进市场竞争体制，以促进旅游业的正常发展。

（二）形成良好的管理机制

旅游服务质量的提高有赖于良好的管理机制，也就是说，只有形成良好的管理机制、管理模式，才能提高服务质量，要做好这方面的工作，首先必须意识到现行管理机制对提高服务质量存在着制约作用。由于缺乏管理经验，我国旅游企业大多沿用外国企业的管理机制，这一借鉴既有弥补经验不足的长处也存在不完全适合国情的缺陷，并不完全适用于我国企业。其次，将意识上升为行动，建立适合我国旅游企业的管理机制：一是建立以总经理为首的经营管理系统，依据国家法律和企业规定治理企业；二是设立职工民主管理制度，成立职工代表大会听取和审议总经理的工作报告、企业的发展规划以及企业的资金应用和用人情况；三是在企业内部实行经济责任制，增强职工的工作责任心，充分发挥他们工作的主动性、积极性和创造性；四是实行岗位责任制，明确职工的职责范围、操作要求和应承担的责任等。

（三）增强服务的文化氛围

增强服务的文化氛围包括两个方面：一是提供高素质的服务人员，二是布置高品位的服务环境。根据服务心理学分析，服务环境的布置，如色彩、温度、湿度、光线均会影响服务心理，从而影响服务质量。因此，服务环境的布置要遵循三条原则：一是有自己的特色品位，即个性；二是档次要高；三是要便于操作。例如，敦煌一家外形为汉代城堡的饭店，大堂地面采用青石和莲花青砖铺就，钥匙坠上刻着古代文字，加上穿着古装的服务员，环境的文化个性达到了极致。服务台的高度，灯光的亮度创造的工作环境又使服务员操作起来毫不费力，每一位工作人员都以饱满的精力接待每一位客人，客人的享受心理得到了极大满足。

（四）关注旅客购买后行为

建立信息反馈系统，旅游企业要关注旅游者购买后的行为原因分析，加强售后服务管理。这样既可减少旅游者购买后的抱怨和投诉，又有利于树立企业信誉；这对保持老顾客与开发新客源都是至关重要的。因此，作为管理者，不仅要能预计旅游者购买后的行为倾向，同时也要及时处理反馈信息，以使在下一次销售过程中避免再出现类似的错误。作为旅游企业，既可以在客人旅游结束或离开饭店时主动登门访问，也可以向返回的顾客寄送意见征询单或直接打电话征询，在征询旅游者意见或建议时，应同时送上小礼品或之后针对游客反馈信息发回执单，这样会让旅游者感觉到自己的建议受到重视，不仅会消除不好的感知或不安的心理，还有可能为企业赢得良好的口碑。同时，对企业来说，又可以及时处理管理体系的漏洞，提高服务质量。

总而言之，旅游服务质量体系的提高，是一个长期的过程，处理我国旅游服务中存在的问题，应结合旅游业的实际，进行坚持不懈地努力，才能取得良好成效。

第三节　政府完善旅游企业的规制建设

政府对旅游企业的规制主要是通过中央政府和地方政府的产业规制进行的。而这些规制主要是一系列的法规体系组成的。

一、中央政府的产业规制体系

中央政府的法律法规体系包括：

1. 旅游法

国际上，许多重视旅游业并积极推动其发展的国家都有关于旅游行业的专门立法，如埃及的《旅游法》。有些国家甚至形成了完善配套的旅游法规体系，如韩国政府早在1961年就颁布实施《旅游振兴法》，在20世纪70年代制定实施了一系列法律，如《旅游基本法》、《旅游商业法》、《旅游促进和发展法》、《旅游地开发法》、《旅游促进与发展基金法》等，健全了旅游法律体系。

长久以来，我国由于旅游业发展起步晚，发展条件不成熟，始终没有形成《旅游法》，使得旅游部门在推动行业发展中处于被动的地位。近年来，随着旅游业发展的日趋成熟，旅游产业规模不断扩大，行业内对加强法制建设的呼声越来越高，出台《旅游法》的时机渐趋成熟。

（1）《国务院关于进一步加快旅游业发展的通知》

2001年年初，国务院召开了全国旅游发展工作会议，并于当年发布了《国务院关于进一步加快旅游业发展的通知》（国发［2001］9号通知），充分肯定了中国旅游业取得的巨大成就和在促进对外开放、推动国民经济增长、增加就业、消除贫困和提高人民生活质量等方面发挥的重要作用。

《通知》提出了加快旅游业发展的一系列指导思想和加快旅游业发展的工作重点，并出台了加大对旅游业的支持力度、深化改革、着力改善旅游交通配套条件、发挥价格杠杆作用、进一步培育旅游市场需求、进一步扩大旅游业对外开放、进一步简化旅游者出入境手续等一系列加快旅游业发展的政策措施，其中的大量内容都全部或部分地与《旅游法》应涉及的内容相关。《通知》还明确提出："要抓紧制定完善促进旅游业发展的有关法律、法规，加强执法队伍建设，规范执法行为，强化有关部门的联合执法，提高依法行政水平。"

（2）酝酿中的《旅游产业政策》

1999年，国家经贸委回函国家旅游局，同意启动《旅游产业政策》的制定工作。产业政策也将把旅游业坚持依法治旅、依法兴旅，健全和加强旅游法制体系，提高旅游法制化水平作为总的指导原则。《旅游产业政策》若能取得实质进展，也将为《旅游法》的出台打下良好的基础。

2. 行政法规

目前在旅行社管理当中发挥直接作用的是由国务院颁布的两个行政法规：《旅行社管理条例》和《导游人员管理条例》。

（1）《旅行社管理条例》

1985年，国务院颁布了《旅行社管理暂行条例》，是旅游行业第一部由国务院发布的行政法规，1988年国家旅游局发布了实施细则。1996年10月25日，李鹏总理签发第205号国务院令，正式颁布《旅行社管理条例》，它和随后国家旅游局第5号局长令颁布的部门规章《旅行社管理条例实施细则》，共同构成了当时旅行社进行行业管理的基本框架。中国加入世界贸易组织后，根据新形势的需要，国务院又于2001年12月11日对《旅行社管理条例》进行了必要地修订，增加了针对外商投资旅行社的特别规定。

（2）《导游人员管理条例》

经国务院批准，国家旅游局于1987年12月1日颁布了《导游人员管理暂行规定》，对旅行社主要构成部分的导游人员行为加以初步规范。1999年5月14日，朱镕基总理签发第263号国务院令，颁布《导游人员管理条例》，对导游人员管理作出了明确规定。

3. 部门规章

国家旅游局颁布的各项部门规章，也是对旅行社实行行业管理的重要法律依据。现在仍然有效的部门规章主要有：1995年1月1日国家旅游局令第2号颁布的《旅行社质量保证金暂行规定》和国家旅游局令第3号颁布的《旅行社质量保证金暂行规定实施细则》；同年国家旅游局和财政部联合颁布的

《旅行社质量保证金财务管理暂行办法》；1997 年 3 月 27 日国家旅游局令第 7 号颁布的《旅行社质量保证金赔偿暂行办法》和同年国家旅游局及财政部联合颁布的《旅行社质量保证金财务管理若干问题的补充规定》；1997 年 5 月 8 日国家旅游局第 8 号令颁布的《旅行社经理资格认证管理规定》；同年颁布的《关于首批出国旅游领队审核、培训、颁证等工作的紧急通知》；1999 年 8 月 27 日颁布的《导游证管理办法》；1997 年 3 月 8 日国务院批准，国家旅游局、外交部、公安部、海关总署联合颁布的《边境旅游暂行管理办法》；国务院 1997 年 3 月 17 日批准，国家旅游局、外交部联合颁布的《中国公民自费出国旅游管理暂行办法》；国家旅游局 1999 年颁布的《旅行社业务年检办法》；1998 年 10 月 29 日国务院批准，国家旅游局、外经贸部联合颁布的《中外合资旅行社试点暂行办法》和 2001 年 5 月 15 日国家旅游局颁布的《旅行社投保旅行社责任保险规定》等。

4. 行业标准

国家旅游局是国家技术监督局核准的综合类、旅游设施类、旅游服务类三大类行业国家标准和行业标准的归口管理部门。目前，国家旅游局已经颁布的国家标准和行业标准当中，GB/T15731 - 1995《导游服务质量》、GB/T16766 - 1997《旅游服务基本术语》和 LB/T004 - 1997《旅行社国内服务质量》等与旅行社管理有较密切的联系。

二、中央政府对旅行社的主要规制领域和内容

上述各项法律和规章主要从旅行社行业的进入、旅行社服务质量、旅行社从业人员、旅行社日常管理等几个方面加以规制。

1. 旅行社进入规制

《旅行社管理条例》中明确规定："申请设立国际旅行社，应当向所在地的省、自治区、直辖市人民政府管理旅游工作的部门提出申请，省、自治区、直辖市人民政府管理旅游工作的部门审查同意后，报国务院旅游行政主管部门审核批准。申请设立国内旅行社，应当向所在地的省、自治区、直辖市管理旅游工作的部门申请批准。""旅游行政管理部门应当向经审核批准的申请人颁发《旅行社业务经营许可证》，申请人持《旅行社业务经营许可证》向工商行政管理机关领取营业执照。未取得《旅行社业务经营许可证》的，不得从事旅游业务。"

2. 服务质量规制

在《旅行社管理条例》当中，对于旅行社服务质量有明确要求，第二十四条规定，因下列情形之一，给旅游者造成损失的，旅游者有权向旅游行政管理部门投诉：旅行社因自身过错未达到合同约定的服务质量标准的；旅行社服务未达到国家标准或者行业标准的。

对于服务质量更具体和详细的要求来自旅游服务相关标准，目前已经出台的如《旅行社国内旅游服务质量要求》。《质量要求》对于旅游产品、旅游产品的提供、旅游接待服务、旅游服务质量的保证和监督，都提出了明确的规定和要求。

在旅游接待服务中，要求旅行社应按组团合同、与散客约定的内容和标准为旅游者提供服务；旅行社应向旅游者公开就餐标准，不得降低或克扣餐饮标准；旅行社选订的旅馆应符合所承诺的标准；应按承诺安排游览点，未经旅游者同意，不得擅自增减游览项目等，国家旅游局还发布了推荐使用的《国内旅游组团标准合同》。

对旅行社服务质量的规制手段，主要是通过质量保证金制度来实现的。《旅行社质量保证金暂行规定实施细则》第十八条规定，保证金赔偿的范围是：旅行社因故意或过失，未达到合同约定的服务质量标准而造成旅游者的经济权益损失；旅行社的服务未达到国家或行业规定的标准而造成旅游者的经济权益损失；因旅行社歇业、解散、破产或合并而造成预收旅行费损失；国家旅游局认定的其他应该用保证金赔偿的情形。

当旅行社出现上述的服务质量问题，旅游者向旅游行政管理部门提出赔偿请求后，由旅游管理部门依照规定的程序审理并作出相应处理。

3. 人员资格要求

(1) 经营管理人员资格管理

在旅行社的设立要求中，已经阐述了《旅行社管理条例》及其《实施细则》中对于经营管理人员的要求。此外，1997 年 5 月 8 日，国家旅游局第 8 号令还颁布了《旅行社经理资格认证管理规定》，作出更具体的要求。旅行社经理资格证书包括，《国际旅行社总经理资格证书》、《国际旅行社部门经理资格证书》、《国内旅行社总经理资格证书》和《国内旅行社部门经理资格证书》。经营管理人员报考资格证书有条件限制，要求报考国际旅行社总经理（副总经理）资格证书人员，应当具有大学专科以上学历，在旅行社部门经理岗位工作三年以上，或从事其他旅游经济管理工作五年以上。旅行社总经理（副总经理）资格考试科目为：《旅行社经营管理》、《政策与法规》；旅行社部门经理或同级业务主管人员资格考试科目为：《旅游经济》、《专业知识与实务》、《政策与法规》。2001 年，对于旅行社经理资格认证管理的权限下放到省级旅游局。

（2）导游人员资格管理

中国对导游资格的取得有着严格的规定和要求。早在 1988 年 1 月国家旅游局颁布的《关于颁发中华人民共和国导游证书的暂行办法》中，就规定了导游证书由国家旅游局统一制作，导游人员在工作中必须随身携带等内容。1994 年，国家旅游局颁布《导游等级评定意见》、《导游等级评定标准》和《导游等级评定实施细则》，建立资格认证制度和等级制度。

1999 年颁布的《导游人员管理条例》第三条规定：国家实行全国统一的导游人员资格考试制度。具有高级中学、中等专业学校或者以上学历，身体健康，具有适应导游需要的基本知识和语言表达能力的中华人民共和国公民，可以参加导游人员资格考试；经考试合格的，由国务院旅游行政部门或者国务院旅游行政部门委托省、自治区、直辖市人民政府旅游行政部门颁发导游人员资格证书。《条例》第四条中又强调："在中华人民共和国境内从事导游活动，必须取得导游证"。《条例》还对导游人员的执业规范进行了明确规定。

4. 旅游安全管理

（1）一般安全规定

1990 年 2 月 20 日，国家旅游局颁布《旅游安全管理暂行办法》，1994 年又颁布《旅游安全管理暂行办法实施细则》。因为它们是针对所有旅游安全管理机构及旅游业务经营单位的，所以旅行社也要执行相应的规定。

《实施细则》第六条规定：旅行社、旅游饭店、旅游汽车和游船公司、旅游购物商店、旅游娱乐场所和其他经营旅游业务的企事业单位是旅游安全管理工作的基层单位，其安全管理工作的职责是：设立安全管理机构，配备安全管理人员；建立安全规章制度，并组织实施；建立安全管理责任制，将安全管理的责任落实到每个部门、每个岗位、每个职工；接受当地旅游行政管理部门对旅游安全管理工作的行业管理和检查、监督；把安全教育、职工培训工作制度化、经常化；培养职工的安全意识，普及安全常识，提高安全技能，对新招聘的职工，必须进行安全培训，考核合格后才能上岗；新开业的旅游企事业单位，在开业前必须向当地旅游行政管理部门申请对安全设施设备、安全管理机构、安全规章制度的检查验收，检查验收不合格者，不得开业；坚持日常的安全检查工作，重点检查安全规章制度的落实情况和安全管理漏洞，及时消除安全隐患；对用于接待旅游者的汽车、游船和其他设施，要定期进行维修和保养，使其始终处于良好的安全技术状况，在运营前进行全面的检查，严禁带故障运行；对旅游者的行李要有完备的交接手续，明确责任，防止损坏或丢失；在安排旅游团队的游览活动时，要认真考虑可能影响安全的诸项因素，制定周密的行程计划，并注意避免司机处于过分疲劳状态；负责为旅游者投保；直接参与处理涉及单位的旅游安全事故，包括事故处理、善后处理及赔偿事项等；开展登山、汽车、狩猎、探险等特殊旅游项目的，要事先制定周密的安全保护预案和急救措施，重要团队需按规定报有关部门审批。

（2）专门规定

除上述内容以外，针对重大旅游安全事故，国家旅游局还于 1993 年颁布了《重大旅游安全事故报告制度试行办法》、《重大旅游安全事故处理程序试行办法》，针对漂流等危险性较强的旅游项目，于 1998 年制定了《漂流旅游安全管理暂行办法》。

（3）保障或赔偿

自 1997 年 9 月 1 日起开始实行的《旅行社办理旅游意外保险暂行规定》，是国家旅游局根据《中华人民共和国保险法》和《旅行社管理条例》的有关规定所制定的。其所称的旅游意外保险，是指旅行社在组织团队旅游时，为保护旅游者的利益，代旅游者向保险公司支付保险费，一旦旅游者在旅游期间发生意外事故，按合同约定由承保保险公司向旅游者支付保险金的保险行为。2001 年，国家旅游局颁布《旅行社投保旅行社责任保险规定》，对投保旅行性责任险作出新的规定，新规定发布后，暂行规定已被废止。

5. 业务特许制

除了由于国际社和国内社的分工体系对旅行社经营入境旅游接待业务划分出明确的范围之外，根据中国发展旅游业要“大力发展入境旅游、积极发展国内旅游、适度发展国际旅游”的指导方针，在经营出境旅游业务方面实行特许制。《中国公民自费出国旅游管理暂行办法》规定：“中国公民自费出国旅游主要以团队形式进行。团队是指由有经营权的旅行社组织的、二人以上的出国旅游团。”

中国公民自费出国旅游必须有组织、有计划、有控制地发展。国家旅游局根据《旅行社管理条例》和旅行社经营入境旅游业绩，审批特许经营中国公民自费出国旅游业务的旅行社，向公安部备案，并对外公布，未经批准的单位和个人不得经营此项业务。

1997 年，国家旅游局对外公布了首批《特许经营中国公民自费出国旅游业务的旅行社名单》。2000 年，又根据实际情况对这一名单进行了调整，目前调整为中国国际旅行社总社等 65 家。在对出境游旅行社资格实行特许制的同时，对于每个旅行社出境旅游人数还实行配额管理。《中国公民自费出国旅游管理暂行办法》规定："国家旅游局根据总量控制原则，对组团社组织团队出国旅游实行配额管理，按组团社接待入境旅游人数的一定比例核定其组织团队出国旅游的人数，并统一印刷、编号发放《中国公民自费出国旅游审核证明》。""组团社按照国家旅游局核定的出国旅游配额人数组团，办理参游人员报名、收费等手续，填写《审核证明》。""《审核证明》经国家旅游局或所在地省级旅游行政管理部门审验合格后加盖审核章。没有审验合格的《审核证明》，公安机关不予办理出国旅游手续。"

6. 业务年检制度

《旅行社管理条例》规定："旅游行政管理部门应当依法加强对旅行社和外国旅行社常驻机构的监督管理，维护旅游市场秩序。""旅行社应当接受旅游行政管理部门对其服务质量、旅游安全、对外报价、财务账目、外汇收支等经营情况的监督检查。""旅游行政管理部门对旅行社一年进行一次年度检查。旅行社应当按照旅游行政管理部门的规定，提交年捡报告书、资产状况表、财务报表以及其他有关文件、材料。"

国家旅游局 1999 年颁发 118 号文颁布了《旅行社业务年检办法》。明确规定了旅行社年检工作的方式、参检范围、项目内容、年检结论等。办法规定：所有在年检年度内经旅游行政部门批准设立并领取业务经营许可证，经工商行政管理机关登记注册并领取营业执照的旅行社，均应当参加年检；国家旅游局和各省级旅游局是全国和本地区的年检主管机关；参检旅行社通过送报《旅行社业务年检报告书》的方式接受检查，年检主管机关应当根据需要对参检旅行社进行现场检查；年检的内容主要包括旅行社的资产、人员、机构设置等基本情况，旅游业务经营情况，贯彻行业法规规章情况等三个方面。

三、地方政府对旅行社业的管理

在旅游业大发展的形势推动下，各地普遍建立起了地方性的旅游法规，从1995年到目前为止，全国已经有海南、河南、河北、山东、湖南、云南、山西、四川、重庆、辽宁、广西、陕西、新疆、湖北、安徽、北京、内蒙古、贵州、江西、甘肃、江苏和黑龙江等22个省区市出台了由地方人大常委会通过的《旅游管理条例》。

作为在各地行政区域内对进行旅游资源开发和设施建设、从事旅游经营、参与旅游活动、实施旅游管理的组织和个人进行约束的法规，地方性的旅游管理条例中都要涉及对旅游经营者的规范和要求，旅行社作为旅游业的重要组成部分在法规当中一般都有专门的条款。不过从多数条例中可以看出，其规范基本上还是建立在国务院颁布的《旅行社管理条例》基础上。

以最新出台的《江苏省旅游管理条例》为例。从取得资格、遵守的原则、内部管理、价格管理、安全管理等方面提出了几项适用于所有旅游经营者的要求："旅游经营者应当依法取得资格，遵守诚实信用、公平竞争、规范服务的原则和公认的商业道德。""旅游经营者应当完善内部管理制度，加强对从业人员的职业技能培训、职业道德教育和法制教育，不断提高服务质量。""旅游经营者应当遵守价格法律、法规，公开服务项目，实行明码标价，保证服务质量。""旅游经营者应当建立安全管理责任制，配置必要的旅游安全设施和设备；应当加强设施和设备的日常维护保养，保证安全运转。"

1. 专门针对旅行社的内容

（1）经营许可

经营旅行社业务，必须按照国家规定，经旅游管理部门审核批准，取得《旅行社业务经营许可证》后从工商行政管理部门领取营业执照。未取得《旅行社业务经营许可证》的，不得经营旅游业务或者以业务交流合作、咨询服务等名义变相经营旅游业务。

（2）旅游合同

旅行社应当与旅游者签订合同，提倡使用国家或者省发布的合同示范文本。旅行社使用自制旅游格式合同的，应当事先送当地工商行政管理部门审查，旅游合同应当就下列内容做出明确约定：

旅游行程安排，包括游览景点线路、住宿标准、餐饭标准、娱乐标准、购物次数和时间、乘坐交通工具种类和档次等、旅游服务价格、违约责任。

（3）出境游

旅行社组织出境旅游，应当选择境外依法设立、信誉良好的旅行社，并签订出境旅游书面合同后方可承担接待工作。因境外旅行社违约，使旅游者权益受到损害的组织出境旅游的境内旅行社应当先承担赔偿责任，然后再向境外旅行社追偿。

（4）其他

旅行社应当按照国家规定缴纳质量保证金，不按照规定足额缴纳质量保证金的，不得经营旅行社业务。

2. 专门针对导游人员的内容

（1）资格。导游人员从事导游活动，应当依法取得导游证，无导游证的不得进行导游活动。导游人员进行导游活动，必须经旅行社委派，不得私自承揽导游业务。景区景点的导游人员管理办法，由省人民政府参照国务院《导游人员管理条例》另行规定。

（2）行为规范。导游人员进行导游活动时，应当佩戴导游证，做到举止文明，语言规范、服务质量符合国家标准。

导游人员不得有下列损害旅游者合法权益的行为：

擅自增加、减少旅游项目或者中止导游活动；

向旅游者兜售物品或者购买旅游者的物品；

欺骗、胁迫旅游者消费或者与经营者串通欺骗、胁迫旅游者消费；

以明示或者暗示的方式向旅游者索要小费或者其他物品；

法律、法规禁止的其他行为。

（3）权益。导游人员进行导游活动，有权拒绝旅游者提出的侮辱其人格尊严或者违反其职业道德的要求。

3. 专门的旅行社管理办法

个别省区还结合本地实际出台了专门的旅行社方面的管理办法。如上海市人民政府令第 77 号颁布，于 2000 年 2 月 1 日起施行的《上海市旅行社管理办法》，其主要内容，除了将国务院《旅行社管理条例》一些内容和规定具体化之外，在很多方面都有所变化创新。与《旅行社管理条例》及《实施细则》相同的内容有：（1）管理部门由旅游部门对旅行社实施行业管理；（2）许可制度需由旅游行政管理部门许可后方可经营；（3）年检制度。旅游行政管理部门每年对旅行社进行一次检查；（4）其他。

4. 将《旅行社管理条例》从《实施细则》内容更具体化的方面

（1）设立分社的要求。《上海市旅行社管理办法》对设立分社提出了具体的要求：有固定的营业场所和必要的营业设施；有必需的管理和经营人员，包括具备任职资格的分社负责人1名，专职财会人员。经营国际旅游业务的，应当具有3名以上外语导游员。

（2）对旅游合同的要求。《旅行社管理条例实施细则》中对合同要求有三项，旅游行程、旅游价格和违约责任。《上海市旅行社管理办法》中则要求包含旅行社名称及地址、价格、行程安排、合同中止条件、违约责任、签约地点和时间等在内的详细内容，并对违约通知对方的时间和违约金的数量作出明确规定。

（3）其他。《上海市旅行社管理办法》中，还把散布在不同国家旅游管理规章当中的条款改造后一并纳入到《办法》当中来。如重大安全事故报告制度，特殊旅游项目管理，禁止不正当竞争和小费、回扣限制，质量保证金管理、投诉受理等。

5. 将《旅行社管理条例》及《实施细则》内容变化创新方面

（1）对经营管理人员资格要求。《旅行社管理条例实施细则》要求持有国家旅游局颁发的《旅行社经理任职资格证书》的总经理或副总经理1名，部门经理或业务主管3名，上海的《办法》中取消了对资格证书的要求，只要求企业负责人1名，部门负责人3名。

（2）设立分支机构条件。《上海市旅行社管理办法》中，对旅行社设立分社和营业部提出不同的要求，由于没有对营业部和分社作出明确区分，关于旅行社设立营业部的规定实际上降低了《实施细则》对于设立分社的条件要求。

四、地方政府的创新管理体制

各地根据自身的实际情况，总结和摸索出了对于旅行社及从业人员管理的一些新办法，比较突出的有旅行社经营权招标制、末位淘汰制、服务质量公示制、导游人员IC卡管理制等。

1. 旅行社经营权招标制

广州旅行社经营权招标制起源于邓小平南方重要谈话之后。当时旅行社数量急剧上升，1994 年广州采取“准市场化”手段——公开投标，以控制旅行社的数量和质量。七年间，广州共进行了 3 次旅行社投标工作。广州目前的 121 家旅行社中，近一半由此途径进入市场。2001 年 7 月，在广州市国内旅行社经营权招标大会上。15 家企业通过投标方式，进入旅游市场，这是广州最后一次实行旅行社招标制。从 2002 年起，广州旅游市场将率先对全省、全国实行全面开放。招标形式的终结，标志着广州旅游业已完全打破壁垒，进入大开放时期。这次投标底价为 10 万元人民币，通过一次性暗投应价方式进行。23 家在广州注册的企业和个人经过较量，最后胜出的“标王”应价为 38 万元人民币，其他中标单位的标价大多超过底价 1 倍以上。

这项制度由于将审批透明化，因而获得很多地方的认可。内地的一些地区也在开始试行旅行社经营权招标制。但是，由于招标的标的物为行政审批权，因而在合法性上还存在疑问。

2. 旅行社末位淘汰制（或称记分淘汰制）

近年来，河南、陕西、安徽、大连等地的一些旅游管理部门，针对旅行社数量增加较快，违规经营屡禁不止的情况，开始试行旅行社末位淘汰制。也就是对于每年经营业绩差、违规行为严重的旅行社，进行停业整顿甚至吊销经营许可证的处罚。如大连市决定，2000 年旅行社年检实行末位亮黄牌制和淘汰制，对国际旅行社后 2 名、国内旅行社后 10 名，视情节亮黄牌或吊销经营许可证。2001 年，陕西省宝鸡市对旅行社也实行动态量化考核末位淘汰制。根据《宝鸡市旅行社行业动态量化考核管理办法》的规定，量化考核总分为 100 分，考核采取扣分制和随机抽查、旅行社互评，年终扣分最多的旅行社将自动淘汰。此办法已于当年 3 月下旬在全市旅行社范围内实行。管理部门希望这一措施的出台，将促使旅行社在招徕能力、服务质量、宣传促销等方面有所改进。

安徽省今年开始试行《安徽省旅行社动态量化管理办法》，全省旅行社将根据业绩进行综合排名，连续排名末位的旅行社将被淘汰，各市旅行社淘汰率在 10% 左右。此《办法》规定：省、市旅游行政管理部门将对所属国际、国内旅行社遵守行规、经营业绩和质量保证金缴纳情况进行业务年检，并实行综合排名和末位淘汰制。国际社连续两年为后 3 位的，取消国际社经营资格，或降为国内社。国内社 5 项指标如连续两年排名为后 10 位，取消国内社经营资格，一年内不得重新申请开办旅行社。

3. 服务质量公示制

服务质量公示制是指行业管理部门通过一定的手段，将服务质量好、依法经营的旅行社向社会公示的制度。具代表性的有江苏的诚信旅行社评选和西安的服务质量信息月报制度。

为规范江苏全省旅游市场，积极引导旅游经营者依法经营，诚实守信，切实维护旅游消费者的合法权益，进一步宣传和扩大江苏省品牌旅行社的形象和影响，促进全省旅游业持续、快速、健康发展，江苏省消费者协会、江苏省旅游局于2000年4月开始，在全省旅游行业开展了“诚信旅行社”评选活动。这一活动，经历了宣传发动、企业报名、消费者评议、有关部门考核验收等步骤。经省消协和省旅游局共同审议，江苏海外旅游公司、南京海外旅游有限公司等62家旅行社被评定为“江苏省2000～2001年度诚信旅行社”。

西安市旅游局从2001年5月起，在旅行社行业中实行服务质量信息月报制度，要求旅行社指定一名质量信息员，每月将质量信息汇总填报，并于下月5日前报至西安市旅游质量监督管理所，由质监所对这些信息进行汇总分析，适时在全行业通报。此项制度旨在强化对旅行社服务质量信誉等级管理，增强行业管理的针对性，提高旅行社服务质量水平，树立当地旅游业的良好形象。

4. 导游人员IC卡管理制

浙江省旅游局下发了《关于进一步改进和加强我省旅行社管理工作的意见》，并在全国率先开发了IC卡导游证，与全省各地实行电脑联网，对导游员的违规行为实行扣点，加大管理力度，提高管理效率。通过在IC卡内存入导游人员的基本信息和管理信息，有效地加强了对导游工作的计点管理，建立和完善了导游信息资料库；同时省内各地旅游局通过联网，加大了对导游的管理力度，促使导游人员在上岗时技术规范操作。除个别城市外，浙江省基本实现了导游人员的电脑化联网管理。福建省旅游局也专门下发《福建省导游行为处罚记分办法（试行）》，对导游人员实行记分管理，规定每年度最高被扣分累计为10分，扣满10分者，导游证由省旅游局批准收回，取消其导游资格并予以公告。

目前，国家旅游局已根据一些地区取得的经验，准备在全国推行导游人员的IC卡管理体系，初步拟选择5个省市开展试点工作。

5. 其他制度

各地还有许多创新管理制度。如上海旅委明确提出，上海不再新办国有独资旅行社，今年将吸引各种不同所有制性质、不同区域、不同要素形式的资本，来参与投资、改制、重组上海旅游企业，重点探索建立一批多元化投资为主体的国内旅行社，改变其国内旅行社国有单一投资主体的形式。

山东省为了加速旅行社的发展，加快国内旅行社企业经营机制的转变，逐步在全省旅行社行业形成以公有制为主体、多种形式所有制共同发展的格局，出台各种政策，鼓励兴办中外合资旅行社、私营国内旅行社，吸引各大旅行社或旅游集团来设立分支机构，推出旅行社网络化经营，旅行社可以异地设立“网络分支机构”。

山东省旅游局与省工商局联合发出通知，在全省开展试办私营国内旅行社工作。试办私营国内旅行社，要坚持积极探索，严格审批，坚持质量，逐步发展的方针，根据各市地实际情况，采取先行试点，逐步推开的方式，有组织、有计划地开展审批工作，在审批上严格执行《旅行社管理条例》、《旅行社管理条例实施细则》等国家有关法律法规，坚持国有、集体、私营一视同仁，不得随意提高或降低审批标准和条件。私营国内旅行社的审批主要包括三种类型：由自然人或合伙人投资设立的旅行社；2 人以上 52 人以下自然人共同出资设立的旅行社有限公司；自然人与国有企业或集体企业共同出资设立的旅行社有限公司（私人投资超过 51% 及私人控股）。设立私营国内旅行社应具备以下条件：符合《旅行社管理条例》所规定的设立国内旅行社的所有条件，须具有下述任职资格的经营管理人员：①持有国家旅游局颁发的《旅行社经理任职资格证书》的总经理或副总经理 1 名；②持有国家旅游局颁发的《旅行社经理任职资格证书》的部门经理。

[案例]

北京市旅行社等级划分与评定工作述评

为了维护旅游消费者、旅游经营者以及旅游企业员工的合法权益，促进旅游市场规则的建立与完善，北京市旅游局和北京市质量技术监督局正式颁布实施了地方标准《旅行社等级划分与评定》。无论是从国内还是从国际范围内看，该标准的制订与实施都具有原始创新意义。

一、制度创新的时代要求

从消费需求的角度来看，北京市旅游市场已经从早期单一的入境旅游市场发展成为入境、国内、出境、出京和本地居民在京休闲五大市场并存的格局。无论是规模还是结构，中国公民特别是北京市民的旅游活动越来越成为市场的主导力量。外地来京旅游者的接待质量和本地旅游者权益保护，越来越受到旅游行政管理部门和全社会的重视。对于普通旅游者来说，由于旅游市场内在的信息不对称，如何选择那些有品质保障的旅行社，以作出正确的消费决策，并不是件容易的事情。对于一个产品集成化程度高、空间范围广的服务产业而言，我们需要一个有效的“信号”传递机制。在旅游发达国家和地区，该机制可以通过企业的品牌加以实现。而对于发展中的国家和地区来说，由包括政府行政主管部门在内的权威机构出面“发信号”，则是可行的过渡性的制度安排。

随着市场的繁荣，北京市旅行社产业正在进入一个快速成长的新阶段。目前北京市共有旅行社844家，其中国际旅行社239家，国内旅行社605家，另有700多家旅行社门市部。随着2008年北京奥运会的召开，旅行社主体还会进一步扩容。如何引导北京市旅行社业从一种规模偏小、结构分散、技术含量低的现状，逐渐走向一个规模强大、市场集中、管理科学，更具知识和技术竞争力的产业集群，培育北京市的优秀旅游服务品牌，使其在全国乃至全球享有更高的知名度，是一个亟须解决的现实问题。

我国行政管理体制和行业管制正在面临一个急剧变迁的进程。无论是对消费者权益的保护，还是对行业的监管，都在强化法制的色彩。政府和企业之间的互动关系，应该在新的形势下有所探索和突破。北京市旅行社市场的开放程度越来越高，行业规模不断扩大，市场持续繁荣，政府监管体系的转型应该更加趋于合理，从国际运行的经验上来看，旅行社的监管越来越强调一种综合的监管，间接的监管。

二、旅行社等级标准的现实作用

可以预计，旅行社等级划分与评定工作的展开，必将对北京市的旅游市场的持续繁荣和旅行社产业又好又快的发展产生积极的促进作用。

首先，标准有助于旅游者消费权益的保护。旅游产品往往是一种非标准化产品，在空间范围越来越大的市场环境下，对消费者权益保护便成为一个全球性的难题。正由于其非标准化的特性，消费者在消费旅行服务产品之前很难对其服务质量进行直观和量化的评价。旅行社等级划分与评定标准的出台，为旅游者提供清晰可见的消费决策依据。在地方标准的正式文本中，列有专门的章节来强调游客满意度以及游客投诉管理，并通过专家随团暗访的形式掌握旅行社服务过程中各项关键指标的达标程度。

其次，有利于旅行社品牌培育和产业结构的优化。旅游产品的特性决定了品牌在产业转型升级的重要性。一个没有品牌的旅行社产业，注定是一个旅游服务的交易成本高昂的产业，也是一个市场化发育程度低下的产业。作为一种服务品质的信号，品牌搭建起旅游批发商、旅游零售商、旅游代理商和旅游与旅行服务需求者之间的桥梁。站在市场繁荣和产业成长的高度，我们要积极倡导并促进旅行社从企业和产品两个维度进行品牌创建、宣传、使用和维护工作。本标准着重强调了旅行社的品牌培育和产品创新，并赋予了大比重的分值。更为重要的是，那些进入了 AAA 级以上的旅行社，可以借助政府的公信力来强化自己的品牌推广工作。

第三，旅行社等级的划分与评定可以为政府部门和有关机构的旅行产品采购提供依据。相对于居民旅游市场的需求，政府和机构采购市场同样是旅行市场需求的重要组成部分。在其进行旅行产品采购时，基于时间成本的考虑无法逐一对 844 家旅行社进行大规模地判断和鉴别，因而旅行社等级划分也是为政府服务贸易采购提供甄别依据。事实上，那些进入高等级序列的旅行社将会得到旅游行政主管部门的优先推荐。

最后，从行业发展角度看，旅行社等级评定标准的出台有利于培育、引导旅行社资源（财务、人力、科技、信息等）向有竞争优势的大型旅行社集中。标准中有关旅行社运营体系的条文，有利于引导和促进旅行社商业模式的规范与创新。从以人为本的理念出发，标准关注企业利益和员工利益之间的均衡配置，突显了对导游合法权益的保障。毕竟，旅游者的需求满足和权益保障也好，旅游市场秩序的构建与优化也好，都需要从业人员自身的权益保障和职业认同。

三、制度创新的现实意义

本标准是旅游行政主管部门在新的历史条件下，对旅行社的监管体系创新所做的一次有效尝试，即从市场准入监管逐渐过渡到运营监管。目前，《旅行社管理条例》只是从市场准入的角度对旅行社进行监管，而对进入市场后的旅行社还缺乏有效的监管手段。本标准从基本条件、经营业绩、营业条件、服务项目和管理机制等五个方面对旅行社的经营情况进行等级划分，为旅游行政管理部门对旅行社的市场行为进行正向的引导提供了可操作的政策工具。需要说明的是，本标准是推荐性的地方标准，而非强制性的。也就是说，旅行社参与评定是以自愿为基础的。政府旅游行政主管部门对行业的影响只能是在不断提高自身权威性的前提下，提高旅游领域的公共服务能力，才能有效地引导企业走向政府所倡导的方向。在这个意义上，本标准也是对政府自身行政能力提升的挑战。

作为全国第一个旅行社等级评定的地方标准，它的出台对全国的旅行社行业监管具有积极的借鉴和指导意义。旅行社自身的特点决定了对旅行社进行等级划分的难度，长期以来并未出台类似旅游饭店业的星级划分与评定标准。北京市旅行社等级划分评定地方标准的出台具有原创意义和示范作用，也势必为全国各个地方的旅行社等级标准的制订，以及本领域内国家标准的出台提供参考。

由于是全国第一份旅行社等级划分评定地方标准的案例，尽管在标准的研究和起草过程中征求多方面的意见与建议，并对若干家旅行社进行了试评，现在也正式评定了两批四 A 和五 A 级旅行社，但标准本身仍然存在着进一步地调整的空间。在今后一个时期时，我们还需要及时地总结经验，根据旅游市场发展和旅行社行产业成长的新要求，适时对其进行必要地调整和修订。

作为一个学者，我衷心地期望这一标准能对中国旅游市场的繁荣与发展，对旅行社产业地创新与可持续发展提供长期的制度保障，并在制度创新的意义为世界旅游范围内的旅游行政管理贡献中国的智慧。

【思考题】

1. 你认为旅游社会服务体系应该有哪些部分构成？为什么？
2. 你认为我国旅游服务质量存在哪些问题？怎样解决？
3. 你认为旅游市场存在哪些市场失灵？怎样解决这些市场失灵？
4. 你认为你所在地的政府对旅游业的管制政策和法律有什么不足？
5. 你认为政府对旅游业的管制是提高了效率还是降低了效率？
6. 你认为政府管制旅游行业或企业的主要依据是什么？为什么？

参考文献

[1] 厉新建，张辉著．旅游经济学——理论与发展．东北财经大学出版社，2002

[2] 王宗魁编著．旅游规划与开发．辽宁大学出版社，2002

[3] 韩东林．转型时期中国国际旅游经济波动：原因、特征及对策．统计教育，2006（04）

[4] 杨萍，李云霞．花卉业与云南省旅游经济增长．经济问题探索，2006（09）

[5] 卢江勇，张玉梅，过建春．海南旅游经济增长的实证分析．安徽广播电视大学学报，2005（02）

[6] 宋忠升．旅游经济增长极．招商周刊，2004（02）

[7] 李正欢．论中国旅游经济增长的特征与政策选择．经济与管理，2003（07）

[8] 张辉，厉新建，秦宇．旅游经济增长点战略实现路径分析．商业经济与管理，2000（06）

[9] 王大悟，魏小安主编．新编旅游经济学（修订本）．上海人民出版社，2000

[10] 伦纳德·J·利克里什，卡森·L·詹金斯著．程尽能等译．旅游学通论．中国旅游出版社，2002

[11] 周玲强等编著．旅游区经营管理．浙江大学出版社，2006

[12] 田里编著．旅游经济学．高等教育出版社，2004

[13] 王健编著．旅游法教程．南开大学出版社，2002

[14] 韩寿祥主编．旅游法规教程．中国商业出版社，2003

[15] Elias Soukiazis and Sara Proença , Tourism as an alternative source of regional growth in Portugal: a panel data analysis at NUTS II and III levels, Volume 7, Number 1 / 2008（04）

[16] [美] 斯蒂格里茨．经济学（第二版）．中国人民大学出版社，1998
[17] 黄亚均，郁义鸿．微观经济学．高等教育出版社，2000
[18] 林南枝．旅游经济学．南开大学出版社，2000
[19] 张辉．旅游经济学．陕西旅游出版社，1999
[20] 邹海梅．现代旅游经济学．青岛出版社，1998
[21] 中国人民大学复印资料．旅游经济
[22] 国家旅游局．中国旅游统计年鉴．中国旅游出版社，1998
[23] 魏小安．中国旅游业：产业政策与协调发展．旅游教育出版社，1993
[24] 张建春，金世胜．旅游经济学．高等教育出版社，2001
[25] 威廉·瑟厄波德．全球旅游新论．中国旅游出版社，2001
[26] 张伯山．旅游文献检索与利用．南开大学出版社，1998
[27] WTO. Recommendations on Tourism Statistics
[28] Witt, Stephen F. and Luiz Moutinho. Tourism Marketing and Management Handbook, New York: Prentice - Hall, 1998
[29] 曾廷忠．旅游导论．四川人民出版社，1996
[30] 王大悟，魏小安主编．新编旅游经济学．上海人民出版社，1998
[31] 刘伟，朱玉槐著．旅游学．广东旅游出版社，1999
[32] 何光伟主编．新世纪、新产业、新增长．中国旅游出版社，2000
[33] 屈云波主编．旅游业营销．企业管理出版社，1999
[34] 蒋一帆主编．酒店营销 180 例．东方出版中心，1998
[35] 吴必虎著．地方旅游开发与管理．科学出版社，2000
[36] 喻晓航，齐善鸿等．管理学原理．南开大学出版社，1997
[37] 丁季华主编．旅游资源学．上海三联书店，1999
[38] 张辉．旅游经济学［M］．陕西旅游出版社，1991
[39] 张建春等．旅游经济学．高等教育出版社，2001
[40] [美] 约瑟夫·派恩，詹姆斯·H·吉尔摩．体验经济［M］．机械工业出版社，2002
[41] [美] B. H. 施密特．旅游经济学［M］．南开大学出版社，2000
[42] W. M. Janice Wu "A qualitative and quantitative of Hong Kong's image

as a tourist destination", Complation of Staff Research Publications 1999

[43] Briggs, S., Successful Torism Marketing: a Practical Handbook [Z]. 1997, KoganPageLimited

[44] Donald S. Tull, Dell., Hawkins, Marketing Research [Z]. 1989, New York: Macmillan Publishing Company

[45] Fletcher, K. Marketing Management and Inforamtion Technology [Z], 2ndedn, 1995, Prentice Hall: Hemel Hempstead

[46] Foley, M., John Lennon, Gillian Maxwell, Hospitality, Tourismand Leinsure Management [Z]. 1997, Cassell

[47] Hard, L., Successful Business Strategy: Howto Wininthe Market place [Z]. 1987, London: Kogan Page

[48] Heath, E., Geoffrey Wall, Marketing toruism Destination [Z]. 1991, John Wiley&Sons

[49] 汪恒，唐玉娥．需求价格弹性在旅游经济中的应用与研究．北京第二外国语学院学报，2001（3）

[50] 牟红．论旅游经济发展中的政府资源配置．江苏商论，2002（12）

[51] 高太平．现代旅游经济发展的四大特点．当代经济，2003（10）

[52] 李正欢．论中国旅游经济增长的特征与政策选择．经济与管理，2003（07）

[53] 宣作明，任国光．利用价格杠杆作用，促进旅游经济的发展．价格月刊，2003（02）

[54] 广西财政高等专科学校课题组．内地旅游经济发展中存在的问题研究（一）（二）．广西财政高等专科学校学报，2004（02）（07）

[55] 王兆峰．西部地区旅游市场存在的问题及对策．企业经济，2004（01）

[56] 赵涛．旅游市场调查与问卷抽样技术．广西大学硕士论文，2002

[57] 苗学玲．旅游商品概念性定义与旅游纪念品的地方特色．旅游学刊，2004（01）

[58] 舒伯阳．我国出境旅游市场的发展趋势及管理政策研究．中国软科学，2004（11）

[59] 王秀兰，甘枝茂．陕西省入境旅游市场分析及发展对策．干旱区资

源与环境，2003（01）

[60] 田喜洲．旅游市场效率及其博弈分析——以旅行社产品为例．2003（06）

[61] 罗辉杰，汪向群．我国散客旅游市场的现状与对策研究．商业研究，2003（24）

[62] 魏遐，吴必虎．峰值期国内旅游市场需求关系研究——以 1999 年国庆假日旅游潮为例．人文地理，2000（06）

[63] Morrell，P. "Airlines sails and distribution channels：the impact of new technolngy"［J］. Turism Economics，1998，41）：5－19

[64] Opperman，M. "Using database marketing in the tourism industry-gaining competitive advantage"［J］. Tourism，1997 45（1－2）：13－28

[65] The concept of life cycle：Application to the Tourist Product. Journal of Travel research，1997（fall）2

[66] www. cnta. gov. com

[67] www. travel. tom. cn

[68] www. ctnews. com. cn

[69] www. tourism-research. com

[70] www. chinattn. com. cn

后　　记

旅游经济学是将西方经济学理论、方法运用到旅游管理 的一门科学。它涉及到多方面基础知识，如管理、旅游学、景区规划等。因而，这在一定程度上造成编写教材难度。此外，由于旅游经济学涉及的内容相当广泛，旅游经济学编著的作者对于其内容界定也不相同，所以，市场上现有旅游经济学教材中内容存在一定的差距还没能形成一个统一的体系。

本书着重介绍旅游经济的基本理论、基本方法和技术，围绕着旅游经济学的核心内容，旅游市场供求、旅游产品构成、旅游收入及投资、旅游经济结构及运行为主线进行阐述，以使读者正确地把所致这门学科的基本内容。

本书是由黄山学院赵士德副教授任主编，黄山学院教师罗明和哈尔滨师范大学万立军博士任副主编。赵士德副教授提出整体编写方案，各位老师参与编写。各章执笔人分别为：第一章，第二章，赵士德；第三章，万立军；第四章、六章，鲍军；第八章、九章、十章，罗明；第七章，牛利民；第十一、十二章，万立军，罗明。罗明、钱丽萍与河北工业大学蒋冰晶博士参与文字修改与资料核对方面的大量工作，在此一并表示衷心地感谢！

由于作者时间和精力有限，书中难免会有不妥之处，恳请广大读者批评指正。

作　者

2009 年 3 月